Professionalisierung von Personalentwicklung

Cornelia Knoch

Professionalisierung von Personalentwicklung

Theorie und Praxis für Schulen
und Non-Profit-Organisationen

Springer Gabler

Cornelia Knoch
Zürich, Schweiz

ISBN 978-3-658-07671-9   ISBN 978-3-658-07672-6 (eBook)
DOI 10.1007/978-3-658-07672-6

Die Deutsche Nationalbibliothek verzeichnet diese Publikation in der Deutschen Nationalbibliografie; detaillierte
bibliografische Daten sind im Internet über http://dnb.d-nb.de abrufbar.

Springer Gabler
© Springer Fachmedien Wiesbaden 2016

Gedruckt auf säurefreiem und chlorfrei gebleichtem Papier

Springer Fachmedien Wiesbaden ist Teil der Fachverlagsgruppe Springer Science+Business Media
(www.springer.com)

Werte kann man nur durch Veränderung bewahren.
Richard Löwenthal

Dank

Mein besonderer Dank gilt allen Personen, die sich für die Fallbeispiele im Buch zur Verfügung gestellt haben. Die persönlichen Einblicke in den Berufsalltag dieser Personen und in die Sicht von Personalentwicklung in ihren Organisationen sind eine tragende Säule dieses Buches. Ich danke darum herzlich meinen Interviewpartnern sowie den Autoren, die zum Gelingen dieses Vorhabens beigetragen haben: Claudio Tamò, Ieva Kimonte, Martin Heimo, Petra Siewert-Weidler, Petronella Vervoort, Pia Elisabeth Liehr, Reto Valsecchi und Roland Bender. Die Zusammenarbeit mit diesen Personen war jederzeit von hoher Kooperation gekennzeichnet und hat durchweg Freude gemacht. Ich bedanke mich für die erlebte Offenheit und das Vertrauen in meine Person und mein Tun. Darauf bin ich stolz.

Besonders bedanken möchte ich mich auch bei meiner Ansprechpartnerin beim Springer Gabler Verlag, Stefanie Brich. Auch diese Zusammenarbeit habe ich ausgesprochen kooperativ und vertrauensvoll erlebt. Ich bedanke mich außerdem für die Freundlichkeit, die sie mir im Prozess immer entgegenbrachte.

Darüber hinaus möchte ich mich bei meinen Freunden und bei meiner Familie bedanken, die in unterschiedlichster Weise Anteil am Buch genommen haben. Mit kleinen und großen Gesten haben sie mich unterstützt und mir immer wieder gezeigt, dass sie mein Interesse an diesem Projekt teilen. Auch das hat zum Gelingen des Buches beigetragen.

Abschließend möchte ich mich bei meinem Mann bedanken. Er war am dichtesten am Prozess. Herzlichen Dank an ihn für seine Motivation auf dem Weg hin zum Buch.

Vorwort

Vermutlich gibt es wenige Themen, die ähnlich kontrovers verstanden und gelebt werden wie die Personalentwicklung in Organisationen. Je nach Zugang und Sichtweise wird der Personalentwicklung viel oder wenig Relevanz beigemessen und dem Thema mit Interesse – oder Gleichgültigkeit begegnet. Dabei, so meine persönliche Erfahrung, spielt es keine Rolle, ob es sich um ein Profit- oder ein Non-Profit-Unternehmen handelt: Personalentwicklung steht und fällt mit den Personen, die sich zu diesem Thema „berufen" fühlen und die die Ausgestaltung von Personalentwicklung in einer Organisation verantworten. Das schließt alle Mitglieder einer Organisation ein – ob Führungskräfte, die Mitarbeitende „entwickeln", oder ob Mitarbeitende, die ihre Entwicklung in ihre eigenen Hände nehmen.

In meiner beruflichen Laufbahn, die mich einerseits in die Unternehmensberatung und Bankenbranche führte, andererseits ins Umfeld von Schulen, habe ich Personalentwicklung aus unterschiedlichsten „Warten" erlebt und aktiv gestaltet – zuletzt als Leiterin eines Lehrganges für Personalentwicklung an einer schweizerischen Hochschule, der Schulleitende qualifiziert, die Entwicklung „ihres" Lehrpersonals zu unterstützen.

Schulleitende im Primar- und Sekundarbereich im Kanton Zürich sind seit jüngster Zeit per Gesetz angehalten, das Personal ihrer Schule zu „entwickeln". Da auch die Funktion der Schulleitung in der Volkschule grundsätzlich neu ist, gibt es bis heute weder ein tradiertes Bild von der Führung einer Schule noch von Personalentwicklung. Vor dem Hintergrund eines solchen Paradigmenwechsels Impulse für das Führungshandeln und die Unterstützung von Entwicklung bieten zu können, ist eine große Chance – und Herausforderung zugleich: Das Bedürfnis, vorschnell nach Rezepten oder „Checklisten" aus der schulnahen Verwaltung zu greifen, ist in der Praxis groß. Gerade dann, wenn das Umsetzen von Reformen und der berufliche Alltag wenig Raum für Reflexion und Differenzierung des eigenen Handelns geben.

Pionier- und Umbruchphasen benötigen „Freigeister", die den Willen haben, auszuprobieren, Erfahrungen zu machen und zu gestalten. Führungspersonen, die nicht einfach nur „Wege nachgehen", sondern ein System von innen heraus bewusst und begründet akzentuieren. An dieser Stelle leistet das Buch einen Beitrag – nicht, indem es repetitiv Methoden der Personalentwicklung wiederauflegt (das wurde bereits in vielen und in sehr guten Publikationen getan). In diesem Buch geht weniger um das Wie (welches sich leicht erschließt, sind die Schwerpunkte erst einmal gesetzt) – sondern um das Was. Das ist die Voraussetzung, möchte man die Entwicklung seiner Mitarbeitenden tatsächlich wirkungsvoll unterstützen.

Aus diesem Grund setzt das vorliegende Buch einen ersten Fokus auf den aktuellen und den historischen Kontext von Personalentwicklung. Gerade der historische Kontext hilft dem Leser und der Leserin zu verstehen, warum heute die Verständnisse von Personalentwicklung teilweise diametral auseinanderliegen. Dieser Kontext ist immer auch mit Werten besetzt, die die Elemente von Personalentwicklung bestimmen und „Reifegrade" von Personalentwicklung ausbilden. Um dieses Phänomen zu erkennen und zu verstehen, hilft der Blick in die Praxis. Hier setzt das Buch einen zweiten Fokus: Führungspersonen aus dem Non-Profit-Bereich wie Stiftungen und stiftungsnahe Organisationen und Führungspersonen aus Schulen (von der Grundstufe bis zur Hochschule) erzählen von ihrem ganz persönlichen Umgang mit Personalentwicklung. Diese individuellen, subjektiven Einsichten aus der Praxis laden zur Auseinandersetzung ein. Sie bieten somit eine weitere Grundlage neben der Theorie, die dazu beitragen soll, die individuelle Position im Spannungsgefüge zu verstehen, um die Entwicklung von Mitarbeitenden im Führungsalltag und in der eigenen Organisation bewusst auszurichten und mit den entsprechenden Inhalten zu füllen. Aus diesem Grund setzt das Buch einen dritten Fokus: die Ausarbeitung eines Konzepts von Personalentwicklung – oder das konstruktive Hinterfragen eines bestehenden Konzeptes. Das Instrument dazu sind diagnostische Fragen entlang der Ausgestaltungsgrade von Personalentwicklung.

Auf diese Weise schafft das Buch die Voraussetzungen für ein aktives Konzept von Personalentwicklung, das nicht „in einer Schublade landet", sondern die Funktion eines kontinuierlich wachsenden Gedankenmodells einnimmt und so den sich akzentuierenden Reflexions- und Referenzrahmen von Personalentwicklung abbildet – zum Zweck der Unterstützung der Entwicklung von Mitarbeitenden und damit der Organisation selbst.

Zürich, im Frühling 2015   Cornelia Knoch

Inhaltsverzeichnis

Dr. Cornelia Knoch Inhaberin der Dr. Cornelia Knoch Beratung und assoziierte Partnerin der Unternehmensberatung RMW consult AG. Sie begleitet Kulturentwicklungsprozesse in Unternehmen, coacht Führungskräfte in gewinnorientierten und Non-Profit-Organisationen und ist als Dozentin und Referentin für Personalentwicklung und Führung tätig. Sie entwickelte und leitete den Studiengang Personalentwicklung an der Pädagogischen Hochschule Zürich für Schulleitende und war in Führungs- und Stabsfunktionen im Human Resources in der Unternehmensberatung, Bank und Finanzdienstleistung in Deutschland und in der Schweiz tätig.

Arbeitsschwerpunkte: Personalentwicklung und Führung. Unterstützung von Kulturentwicklungsprozessen. Coaching von Führungskräfte in Non-Profit und Profit-Organisationen.

Dr. Cornelia Knoch, Gemeindestrasse 25, CH-8032 Zürich, ckn@rmwconsult.ch

Verzeichnis der Interviewpartner

Martin Heimo Schulleiter Primarschule Bühl, Otelfingen, Kanton Zürich, Schweiz. Seit 2000 an der Schule Bühl in Otelfingen als Mittelstufen-Lehrperson, seit 2006 Schulleiter. Lehrdiplom 2006.

Aktuelle Arbeitsschwerpunkte: Fragen zur Unterrichtsentwicklung.

Primarschule Otelfingen, Bühlstrasse 9, CH-8112 Otelfingen, schulleitung@ps-o.ch

Pia Elisabeth Liehr Mitglied der Geschäftsleitung, Bereich Mitglieder & Verbandsentwicklung Bundesverband Deutscher Stiftungen, Berlin, Deutschland. Seit 2005 im Bundesverband Deutscher Stiftungen, seit 2011 Mitglied der Geschäftsleitung und Leitung (mit Personalverantwortung) des Bereichs Mitglieder & Verbandsentwicklung. 1995-2005 Leitung der Geschäftsstelle Staatsoper Unter den Linden in Berlin. Studium der Betriebswirtschaftslehre in Mannheim bis 1994.

Aktuelle Arbeitsschwerpunkte: Optimierung interner Abläufe in einer wachsenden Organisation, strategische Planung neuer Kooperationen/ Netzwerke, Beratung von Stiftungen u. a. in den Themenfeldern strategische Organisationsberatung, Fundraising und Zustiftungen, Planung und Optimierung im Bereich Personalentwicklung.

Bundesverband Deutscher Stiftungen, Mauerstraße 93, 10117 Berlin, pia.liehr@stiftungen. org, www.stiftungen.org

Petra Siewert-Weidler Stab Personal, BBQ Berufliche Bildung gGmbH, Stuttgart, Deutschland. BEM-Fachberatung beim Bildungswerk der Baden-Württembergischen Wirtschaft e. V.. Lehrbeauftragte an einer Hochschule, freiberufliche Referentin, Beraterin. Seit 2001 für die Personalentwicklung bei BBQ Berufliche Bildung gGmbH verantwortlich. Studium mit Diplom Sozialarbeit (FH). Zusatzausbildung als Coach und Prozessbegleiterin, Trainerin in der Erwachsenenbildung.

Aktuelle Arbeitsschwerpunkte: Personalentwicklung und Fachberatung Betriebliches Eingliederungsmanagement, Vereinbarkeit von Beruf und Familie/Pflege, Projektleiterin, Coach und Beraterin.

Bildungswerk der Baden-Württembergischen Wirtschaft e. V., BBQ Berufliche Bildung gGmbH, Stuttgarter Str. 9-11, 70469 Stuttgart

Claudio Tamo Schulleiter Schule Auzelg, Kanton Zürich, Schweiz. Schulischer Heilpädagoge. Seit 1991 an der Schule Auzelg. Schulleiter seit 2006. Davor Primarlehrer und schulischer Heilpädagoge an der Schule Auzelg. Ausbildung zum Primarlehrer und zum schulischen Heilpädagogen, Weiterbildung mit Zertifizierung in den Themen Führung, Betriebswirtschaft und Personalentwicklung in Non-Profit-Organisationen.

Aktueller Arbeitsschwerpunkt: Fragen zur Schulführung.

Schule Auzelg, Opfikonstr. 151, CH-050 Zürich, claudio.tamo@schulen.zuerich.ch

Verzeichnis der Autoren und Übersetzer

Roland Bender Bereichsleiter Personal, Robert Bosch Stiftung, Stuttgart, Deutschland. Dozent an der Dualen Hochschule Stuttgart, Fachrichtung Dienstleistungsmanagement für Non-Profit-Organisationen. Seit 1987 bei der Robert Bosch Stiftung, bis 1990 Projektleiter im Bereich Wohlfahrtspflege, ab 1990 Gruppenleiter, ab 2005 stellvertretender Bereichsleiter für EDV (Organisations-/ Controllingaufgaben). Seit April 2013 Bereichsleiter Personal. Vor der Tätigkeit bei der Robert Bosch Stiftung Mitarbeiter bei der SEL-Stiftung. M.A., Sozialwissenschaftler und Fachkaufmann für Organisation.

Aktuelle Arbeitsschwerpunkte: Personalmanagement in Stiftungen.

Robert Bosch Stiftung GmbH, Heidehofstraße 31, 70184 Stuttgart, roland.bender@bosch-stiftung.de

Petronella Vervoort Head of International Education & Training. Deputy Head of Department International Business, Zürcher Hochschule der Angewandten Wissenschaften (ZHAW), School of Management & Law, Winterthur, Schweiz. Ehrenamtliche Beraterin von kulturellen Institutionen, Fachberaterin und Expertin an Kantonsschulen. Seit 2004 Dozentin und Kadermitglied in verschiedenen Funktionen/Abteilungen an der ZHAW. Seit Oktober 2013 Head of International Education & Training. Vor der Tätigkeit an der ZHAW Musiklehrerin, Kantonsschullehrerin, Mitarbeiterin einer Großbank (Bereich Kommerz), Führungssupport in einem internationalen Industrie-Konzern (Bereich Forschung & Entwicklung), Training Solutions Expertin IT-Start-up. Studium der Wirtschaftswissenschaften und Wirtschaftspädagogik, Universität St. Gallen HSG.

Aktuelle Arbeitsschwerpunkte: Entwicklung des Internationalen Weiterbildungsmarkts, Bedarf an Executive Trainings.

ZHAW, School of Management & Law, Winterthur, petronella.vervoort@zhaw.ch

Ieva Kimonte CEO Creativity Castle, gemeinnützige Organisationen im Bildungsbereich. Gründerin „Resilience", gemeinnützige Organisation mit Programmen für Eltern mit behinderten Kindern. Seit 2011 Direktorin Creativity Castle. Arbeitstätigkeiten in den Bereichen Management, Vortragstätigkeit, Training, Beratung und Forschung. Master in Psychologie an der Universität Lettland.

Aktueller Arbeitsschwerpunkt: Einfluss von Leadership auf die Unternehmensumwelt, Mitarbeiterleistung und die langfristige Entwicklung einer gesamten Organisation.

Lacplesa Street 70-4, LV-1011, Riga, Latvia, www.kimonte.lv, www.radosumapils.lv, ieva@kimonte.lv

Laura Preissler hat den Bericht von Ieva Kimonte aus dem Englischen ins Deutsche übertragen. Im Sommer 2014 Abschluss Masterstudium „Arts and Heritage: Management, Policy and Education" an der Universität Maastricht. Bachelor-Diplom in Kulturwissenschaften mit Schwerpunkt Ethnologie an der Universität Luzern. Wissenschaftliche Ausstellungsassistentin (temporär) am Museum der Kulturen Basel. Mitwirkung bei den Vorbereitungen für die im Oktober 2014 eröffnete Dauerausstellung „StrohGold" am Museum der Kulturen Basel. Besondere Forschungsinteressen: Verwandtschafts- und Medizinethnologie. Gegenwärtig Planung eines Forschungsprojekts über die Nutzung der Neuen Reproduktionstechnologien in Afrika.

l.preissler@student.maastrichtuniversity.nl

Reto Valsecchi Schulleiter der Sekundarschule Dietlikon. Schulleitungs- und Personalkoordinator an der Schule Dietlikon. Seit 1998 Lehrperson in Dietlikon (bis 2010), ab 2001 Schulleiter, ab 2008 Schulleitungs- und Personalkoordinator. 1998 Abschluss Sekundarlehrerausbildung, Universität Zürich, 2012 MAS-Abschluss Bildungsmanagement, Pädagogische Hochschule Zürich.

Aktuelle Arbeitsschwerpunkte: strategische und operative Personalentwicklung an Schulen, Qualitätsentwicklung, 360°-Feedback an Schulen, Kompetenzentwicklung von Lehrpersonen, strategische Ausrichtung von Schulen, Initiieren von nachhaltigen Change-Prozessen, Führen von Führungskräften an Schulen und anderen Non-Profit-Organisationen.

Schule Dietlikon, Sekundarschule, Bühlstrasse 2, CH-8305 Dietlikon, sek@schule-dietlikon.ch

Einführung

- ▶ Einordnen
- ▶ Verstehen
- ▶ Ableiten
- ▶ Entwickeln
- ▶ Ausgestalten

Zielsetzung und Aufbau des Buches

Das Buch hat das Ziel, zum Nachdenken über die Ausgestaltung von Personalentwicklung im Bildungskontext und darüber hinaus anzuregen und eine Diskussionsgrundlage für alle diejenigen anzubieten, die sich erst in jüngster Zeit mit dem Thema Personalentwicklung auseinandersetzen. Angesprochen werden sollen aber auch die Personengruppen, die die über Jahre gewachsene Personalentwicklung in ihrer Organisation konstruktiv hinterfragen möchten.

Damit ist das Buch Fach- und Praxisbuch in einem. Es ist insbesondere an Führungspersonen in der Schule und im Non-Profit-Bereich adressiert, die in einer Phase ihres Berufsweges angekommen sind, in der sie einerseits mehr zu den theoretischen Hintergründen von Personalentwicklung und über die Zugänge wissen möchten, andererseits dieses Wissen nutzen möchten, ihr Verständnis und Tun unter Berücksichtigung ihrer individuellen Erfahrungen zu differenzieren und für die Entwicklung von Mitarbeitenden einzusetzen – und so schließlich zur Entwicklung der Organisation, in der sie tätig sind.

Das vorliegende Buch hat darum die Absicht

- die Verschiedenartigkeit der Definitionen und praktischen Ausgestaltungen von Personalentwicklung zu erfassen und einzuordnen,

- Bewusstheit über die Zugänge zur Personalentwicklung mit den im Hintergrund liegenden Menschenbildern und Werten herzustellen,

- das individuelle Verständnis von Personalentwicklung zu differenzieren,

- ein Diagnoseinstrument zur Analyse und zum Aufbau eines Konzeptes von Personalentwicklung an die Hand zu geben,

- dazu beizutragen, die Entwicklung der Mitarbeitenden aktiv und bewusst zu gestalten
  und in die tägliche Führungsarbeit zu integrieren.

Damit dies gelingt, verknüpft das Buch relevante Impulse und aktuelle Erkenntnisse
aus Theorie und Wissenschaft mit realen Fallbeispielen aus dem Kontext von Schule und
von Non-Profit-Organisationen. Beide Bereiche arbeiten nicht gewinnorientiert. Das ermöglicht Vergleichbarkeit, das Bilden von Hypothesen und zeigt Gemeinsamkeiten und
Unterschiede auf.

Aus diesem Grund integriert das Buch didaktische Elemente im Sinne eines „roten
Fadens":

- *Beispiele* dienen der Veranschaulichung der dargestellten Inhalte und stellen diese in
  einen Gesamtzusammenhang.

- *Fragen* am Ende einer Sinneinheit oder eines Kapitels unterstützen die Reflexion und
  den Transfer in die persönliche berufliche Realität. So kann das Verstehen und das Vernetzen mit der eigenen Erfahrungswelt hergestellt werden.

- *Synthesen* stellen immer wieder die Verknüpfung von Theorie und Praxis sicher und
  ermöglichen Einsichten in Interdependenzen. Das ▶ Kap. 4 *Konzept für Personalentwicklung* vernetzt zum Beispiel Inhalte aus den theoretischen Grundlagen mit den
  Fallbeispielen. Die Vernetzung liegt im Hintergrund eines Diagnoseinstruments. Dieses Instrument ermöglicht den Entwurf eines passgenauen Konzeptes für Personalentwicklung oder unterstützt die Analyse eines bestehenden.

Vor diesen Hintergrund

- wirft ▶ Kap. 1, *Personalentwicklung im wirtschaftlichen und gesellschaftlichen Kontext: Dynamiken des gegenwärtigen Umfelds im deutschsprachigen Raum*, ein Blitzlicht
  auf aktuelle Dynamiken des Arbeitsmarktes im deutschsprachigen Kontext, innerhalb
  dessen sich Organisationen im Bildungskontext und darüber hinaus derzeit bewegen.[1]
  Schlussfolgernd werden vier Prämissen für die Entwicklung von Mitarbeitenden formuliert, die den Fokus der Personalentwicklung in Organisationen bestimmen sollten.

- analysiert ▶ Kap. 2, *Theoretische Grundlagen*, die historischen Entwicklungsstränge
  von Personalentwicklung, die die Unterschiedlichkeit der Definitionen von Personalentwicklung heute begründen. Das Verstehen der Entwicklung und der im Hintergrund

---

[1] Grundsätzlich müssen sich fast alle Organisationen zurzeit mit den Implikationen auseinandersetzen und Schlüsse für ihr „Überleben" ziehen.

liegenden Menschenbilder ist eine Voraussetzung, um das Spannungsfeld der Verständnisse von Personalentwicklung zu erfassen. Aus diesem Grund widmet sich das Kapitel auch den Werten, die im Hintergrund von Personalentwicklung liegen. Das Klären der Werte ist eine weitere Voraussetzung, die Unterschiedlichkeit von Personalentwicklung zu verstehen. Sie führt schließlich zur Differenzierung von Reifegraden von Personalentwicklung. Das dazugehörige empirische Modell bildet den Abschluss des Kapitels.

- bietet ▶ Kap. 3, *Einblicke in die Praxis von Personalentwicklung - Schulen, Stiftungen und ähnliche Organisationen als Fallgeber*, Fallberichte aus der Personalentwicklung an. Führungspersonen aus Stiftungen, nicht-gewinnorientierten Organisationen sowie aus Schulen von der Grundstufe bis zur Hochschule berichten über ihr organisationales Verständnis von Personalentwicklung, den individuellen Herangehensweisen und Schwerpunktsetzungen. Fragen am Ende der Fallbeispiele dienen der Reflexion und Unterstützen das Einordnen in die jeweiligen Reifegrade von Personalentwicklung. Transfermöglichkeiten in den persönlichen Berufskontext werden ausgelotet. Damit die Fälle „objektiv" vergleichbar sind, ist der Kern der Fragen gleich. Eine Fokusfrage differenziert und wirft den Blick auf einen ausgewählten Aspekt.

- stellt ▶ Kap. 4, *Konzept für Personalentwicklung*, entlang sogenannter Ausgestaltungsgrade von Personalentwicklung ein Diagnoseinstrument für die Personalentwicklung in der eigenen Organisation zur Verfügung. Die Fragen helfen, bestehende Konzepte zu evaluieren oder ein neues und passgenaues Konzept zu entwickeln. Des Weiteren gibt dieses Kapitel einen Überblick über die Funktionen der Maßnahmen von Personalentwicklung. Dieses Wissen unterstützt die Führungsarbeit in Fragen zur Entwicklung der Mitarbeitenden. Das Modell der lebenszyklusorientierten Personalentwicklung bildet den Abschluss des Kapitels.

- zeichnet ▶ Kap. 5, *Resümee*, die Struktur des Buches nach und fokussiert noch einmal die relevanten Kernaussagen des Buches.

Zwei Vorbemerkungen vor dem Start der Lektüre:

Das Buch hat nicht das Ziel, „Methoden" der Personalentwicklung darzustellen. Das darum, weil bereits eine enorme Vielzahl von (guten) Veröffentlichungen zu diesem Thema vorliegt. Der interessierte Leser kann allerdings unter „Anmerkungen"[2] in diesem Buch wertvolle Anregungen für die weiterführende Lektüre entnehmen.

Im vorliegenden Buch wird immer wieder auf die Begriffe *Organisation* und *Mitglieder* zurückgegriffen. Referenzrahmen ist im Wesentlichen das Verständnis von *Organisation* nach Kieser und Walgenbach (2010)[3], die Organisationen als *soziale Gebilde* beschreiben, die „dauerhaft ein Ziel verfolgen" sowie eine „formale Struktur aufweisen" und dazu dienen, die *Aktivitäten der Mitglieder* auf das besagte Ziel hin auszurichten. Mit Mitglieder sind dabei alle diejenigen gemeint, die *formal* eine Beziehung mit eben

---

[2] Vgl. Anmerkungen.

[3] Vgl. Kieser et al. (2010), S. 6 ff.

dieser Organisation eingegangen sind.[4] Dies sind im Verständnis dieses Buches in erster Linie die Mitarbeitenden einer Organisation, die in einer vertraglich geregelten Arbeitsbeziehung mit eben dieser Organisation stehen. Da es nicht die Absicht des Buches ist, Organisationen als Institutionen aus der theoretischen Perspektive heraus zu erfassen, stehen dem interessierten Leser zur weiteren Lektüre Hinweise in der Literaturliste[5] zur Verfügung.

Literaturverzeichnis

Argyris, Chris; A. Schön, Donald (1996). Die lernende Organisation. Grundlagen, Methode, Praxis. Stuttgart: Klett-Cotta.

Kieser, Alfred; Walgenbach, Peter (2010). Organisation. Stuttgart: Schäffer-Poeschel Verlag.

Sanders, Karin; Kianty, Andrea (2006). Organisationstheorien. Eine Einführung. Wiesbaden: VS Verlag für Sozialwissenschaften.

Schreyögg, Gerd (2008). Organisation. Grundlagen moderner Organisationsgestaltung. Mit Fallstudien. Wiesbaden: Gabler GWV Fachverlage GmbH.

Anmerkungen

Fußnote 2: Methode

Literatur zu Methoden der Personalentwicklung liegt, wie bereits erwähnt, zahlreich vor. Die hier vorgestellte Auswahl ist subjektiv und soll Anregung bei der gezielten Suche und Vertiefung bieten: Um eine Übersicht über Methoden und ihre Inhalte und Ziele zu erhalten, vergleiche Knoch (2001). Eine Darstellung zur Vielfalt von Methoden liefert auch Peterke (2006). Zu den Entwicklungsmaßnahmen entlang der Personalprozesse vergleiche Becker (2013), ebenso zum systematischen Einsatz von Personalentwicklungsmaßnahmen vergleiche Becker (2011). Zum Einsatz der Methoden entlang von Analyse, Intervention, Evaluation und Transfer vergleiche Sonntag (2006). Zum Fördergespräch und den Instrumenten von Förderung vergleiche Mentzel (2004). Zur Standortbestimmung vergleiche Graf (2009). Standortbestimmung – Kernelemente einer lebenszyklusorientierten Personalentwicklung. In: Zölch et al. (2009), S. 197 ff. Zu CBT-basierten Lernformen vergleiche Trost und Jennewein (2011). Zu in Schulen gebräuchlichen Personalentwicklungsmaßnahmen mit dem Ziel der „Förderung" und „Fortbildung" vergleiche Buhren und Rolff (2009).

---

[4] Vgl. Sanders et al. (2006), S. 16: Die Art der Beziehung bestimmen nach Sanders und Kianty die Blickwinkel der Organisation und die des Mitglieds. Diese können bspw. Nutzenüberlegungen und Erwartungen einschließen. Vgl. Thesen von Argyris (ebda.), welcher Organisationen eine hohe Abhängigkeit von den *Eigenschaften* ihrer Mitglieder zuschreibt. Vgl. dazu auch Aussagen zum dritten Reifegrad von Unternehmens- und Personalentwicklung unter ▶ Abschn. 2.4 im vorliegenden Buch.

[5] Vgl. Kieser et al. (2010), Sanders et al. (2006), Schreyögg (2008).

Personalentwicklung im wirtschaftlichen und gesellschaftlichen Kontext: Dynamiken des gegenwärtigen Umfelds von Organisationen im deutschsprachigen Raum

Personalentwicklung in einer Organisation ist immer in ein Umfeld, in einen außerhalb der Organisation liegenden Kontext eingebettet. Dieser nimmt direkt oder indirekt Einfluss auf die Aspekte der Personalentwicklung in einer Organisation, zum Beispiel bei Schwerpunktsetzungen: Fehlen bspw. Lehrpersonen in einer Schule, sollte die Personalentwicklung Lösungen anbieten können.

Äußere Faktoren nehmen folglich Einfluss auf die Ausrichtung und die Gestaltung von Personalentwicklung in einer Organisation. Aus diesem Grund kann Personalentwicklung nicht losgelöst vom Kontext und dem Umfeld einer Organisation betrachtet werden, denn sie akzentuiert sich im „organischen" Wechselspiel von innen und außen.

Dieses Kapitel skizziert die derzeit relevanten Wechselwirkungen zwischen

a. den demografischen Entwicklungen und dem deutschsprachigen Arbeitsmarkt sowie

b. den „Kräften" der Wissensgesellschaft[1] im 21. Jahrhundert und dem (deutschsprachigen) Bildungskontext.

Ein Blick auf diese „machtvollen" Kontextfaktoren gibt wichtige Informationen für den Fokus von Entwicklung in den Organisationen selbst.

1.1 Wechselwirkung Demografie und Arbeitsmarkt

Vergleicht man die Geburtenraten mit den Sterblichkeitsraten der letzten 20 Jahre, so zeigte sich die Sterblichkeitsrate im Jahr 1998 in der Schweiz zum ersten Mal höher als die Geburtenrate im gleichen Jahr. Allerdings zieht im Gegensatz zur deutschen Entwicklung

---

[1] Vgl auch Straubhaar (1997), S. 15: „Die Volkswirtschaft des 21. Jahrhunderts wird eine ‚Knowledge-based Economy' sein (OECD 1996). Was bereits Adam Smith und Alois Schumpeter erkannten, findet hier seine Fortsetzung: Die Kompetenz der Menschen durch einen Lernprozess aus weniger mehr und aus Altem Neues zu machen, war, ist und wird die wichtigste Triebkraft wirtschaftlichen Wachstums sein."

die Geburtenrate in der Schweiz wieder an und wies bereits 2007 einen Geburtenüberschuss aus – mit moderat steigender Tendenz bis heute[2]:

In Deutschland ist die Sterblichkeitsrate seit den frühen 70er-Jahren höher als die Geburtenrate.[3] Im europäischen Vergleich werden sowohl in Deutschland als auch in Österreich weniger Kinder im Verhältnis zur jeweiligen Bevölkerungszahl zur Welt gebracht: 2013 rangierte Deutschland im EU-Vergleich mit einer der niedrigsten Geburtenrate auf dem vierten Platz (8,5 Geborene je 1000 Einwohner), Österreich auf dem zehnten Platz (9,4 Geborene je 1000 Einwohner).[4] Sowohl Deutschland als auch Österreich verzeichnen eine negative Geburtenbilanz, wobei sich der Vergleich der Geburten- und Sterblichkeitsrate in Deutschland mit 11,1 Gestorbenen je 1000 Einwohner[5] prekärer darstellt als in Österreich, wo sich die Geburten- und Sterblichkeitsrate in etwa die Waage halten.

Statistiken weisen darauf hin, dass der Anteil der erwerbstätigen Personen in der gesamten deutschsprachigen Bevölkerung in den kommenden Jahren sinken wird. Sie prognostizieren eine weitere Verschiebung des Schwerpunktes der Bevölkerungsstruktur in Richtung ältere Menschen. Parallel zu diesem Trend steigt die individuelle Lebenserwartung, wozu auch eine im Vergleich zu früher deutlich optimierte medizinische Versorgung beiträgt. So wird sich in Zukunft die gesamte deutschsprachige Bevölkerung tendenziell verstärkt aus älteren, zum Teil nicht erwerbstätigen Menschen zusammensetzen – und weniger aus jüngeren, erwerbstätigen Menschen.[6]

Eine derartig „polarisierende" Entwicklung bringt auf die Zukunft gerichtet Auswirkungen auf das Altersvorsorge- und Gesundheitssystem mit sich und schafft kurz- und mittelfristig deutliche Herausforderungen für den Arbeitsmarkt.[7] Ein aktuelles Beispiel zur Altersstruktur von Lehrpersonen im Schuldienst zeigt dies eindrucksvoll auf:

Beispiel Überalterung von Lehrkräften – Deutschland, Österreich, Schweiz

Der OECD-Bericht im Jahr 2012[8] stellte insbesondere die Überalterung von Lehrkräften als eine der Herausforderungen für den Bildungskontext in den kommenden Jahre heraus. So ist zwischen 1998 und 2010 insbesondere in Deutschland, in Österreich, in Norwegen und in der Schweiz der Anteil der 50- und über 50-jährigen Lehrer im Sekundarbereich (bis und mit Gymnasium) von 28,8 auf 34,2 Prozent gestiegen. Am deutlichsten sichtbar wurde dieser Anstieg in Österreich (+ 22 %). In Deutschland lag er bei + 10 % und in der Schweiz[9] bei + 9 %.

---

[2] Vgl. Zahlen Vimentis (2013), Internetverweise und Anmerkungen.

[3] Vgl. Buck et al. (2002), Anmerkungen.

[4] Vgl. Zahlen der Wirtschaftskammer Österreich WKO für 2013, Internetverweise.

[5] Vgl. Zahlen des Statistischen Bundesamtes Deutschland für 2013, Internetverweise.

[6] Vgl. Zölch et al. (2009). Vgl. Internetverweise, Anmerkungen.

[7] Vgl. Interview zur Arbeitsmarktstudie der Bertelsmann Stiftung, Anmerkungen.

[8] Vgl. OECD (2012). Vgl. Tagesanzeiger (2013). „Schweizer Lehrer werden immer älter", Internetverweise.

[9] Bundesamt für Statistik (BFS) (Hrsg.) (2013). Vgl. Internetverweise.

> Um negative Folgen aufzufangen empfiehlt die OECD, in Zukunft noch mehr Anreize für den Lehrberuf zu schaffen – dies insbesondere für Absolventen der Gymnasien in den von der Überalterung der Lehrkräfte betroffenen Ländern.

Der aktuell auf breiter Ebene konstatierte Mangel an Fachkräften[10] im deutschsprachigen Raum steht in Zusammenhang mit eben jenem Phänomen der demografischen „Schieflage"[11] im deutschsprachigen Raum. Ein mit mehr und weniger Erfolg praktizierter Lösungsweg beinhaltet das Anwerben ausländischer Lehr- oder Fachkräfte – je nach organisationalem und regionalem Bedarf. Weitere Lösungswege bedürfen noch der Erprobung und Evaluation. Ein Beispiel aus der Schweiz illustriert den Umgang mit dem Mangel an Lehrpersonen an der Volkschule.

Beispiel Lehrkräftemangel Schulen – Schweiz, Kanton Zürich

Im Kanton Zürich in der Schweiz verzeichnen die Behörden seit mehreren Jahren an den Volksschulen einen Mangel an Lehrpersonen. Die Engpässe werden vorwiegend pragmatisch gelöst, das heißt der Zugang zum Lehrberuf öffnet sich vorsichtig für Angehörige aus anderen Berufsfeldern: Spezielle Selektionsverfahren ermöglichen sogenannten Quereinsteigenden den Einstieg in den Lehrberuf. Diese qualifizieren sich nach erfolgreich bestandener Auswahl in einem eigens konzipierten Studiengang an der regionalen Hochschule für den Lehrberuf. Das Studium umfasst, je nach Stufe, eine erste, etwa ein bis eineinhalb Jahre dauernde Phase an der Hochschule selbst, gefolgt von einer zweiten, sogenannten berufsintegrierten Phase, in der die Personen bereits an einer Schule unterrichten. Diese Phase dauert etwa ein bis zwei Jahre.[12]

Darüber hinaus können Wiedereinsteiger oder Rückkehrer in den Lehrberuf kostenlos Unterstützungs- und Weiterbildungsangebote an der Hochschule nutzen, die ihnen ihre Arbeitsaufnahme an den Schulen erleichtern helfen sollen.[13]

2013 hat sich der Lehrermangel leicht entspannt. Nach Einschätzung der zuständigen Behörden weisen allerdings die mittel- und längerfristigen Prognosen auch weiterhin auf einen Lehrermangel hin; dies vor allem wegen der deutlich steigenden Schülerzahlen und der Verschiebung des Schuleintrittsalters.[14]

---

[10] Vgl. Definition von Becker (2010) zur Terminologie von Fachkräften, Anmerkungen.

[11] Vgl. Interview mit dem Präsidenten der Bundesagentur für Arbeit im Handelsblatt (2013), Internetverweise.

[12] Vgl. Informationen der PH Zürich zum Quereinstieg in den Lehrberuf, Internetverweise.

[13] Vgl. Informationen zum Wiedereinstieg vom Volksschulamt der Bildungsdirektion des Kantons Zürich, Internetverweise.

[14] Vgl. Informationen zum Lehrermangel vom Volksschulamt der Bildungsdirektion des Kantons Zürich (2015), Internetverweise.

In einer zugleich schrumpfenden und alternden Gesellschaft wird das Ringen um Stellenbesetzungen, die besondere Qualifikationen erfordern, weiterhin den Fokus bestimmen. Dabei stellt sich für jede Organisation die Frage, wie sie nicht nur effizient, sondern auch effektiv die für ihre Organisation passenden Arbeitnehmenden findet. Nach Felfe (2012)[15] wird vor dem Hintergrund des Mangels an Fach- und Führungskräften insbesondere die Beschaffung und Bindung von Mitarbeitenden an Bedeutung gewinnen. In diesem Zusammenhang wird die Integration von Mitarbeitenden mit unterschiedlichem kulturellem Hintergrund vermutlich ebenso eine besondere Rolle spielen wie die Wiedereingliederung von Frauen ins Erwerbsleben, die sich für die Erziehung ihrer Kinder aus der Berufstätigkeit zurückgezogen haben.

Ein Beispiel aus dem Profitbereich, der Umgang einer schweizerischen Kantonalbank mit dem Fachkräftemangel, illustriert einen Lösungsansatz.

Beispiel Fachkräftemangel Profit-Organisation – Schweiz, Kanton Graubünden

Zur Lösung des oben beschriebenen Problems hat sich eine schweizerische Kantonalbank das Ziel gesetzt, neben der Bindung zwischen der Bank und den Mitarbeitenden die Ansprache (potentieller) weiblicher Arbeitnehmerinnen zu verstärken. Dafür hat sie im Rahmen einer Organisationsentwicklung ihre vom (regionalen) Umfeld differenzierenden Attraktivitätsmerkmale herausgearbeitet, die sie als Arbeitgeberin auszeichnen. Diese Attraktivitätsmerkmale bündelt und deklariert die Bank in einer klaren und einfachen Unternehmensmission, die das Arbeiten und Leben in der Organisation durchzieht. So setzt die Bank als Arbeitgeberin speziell auf die regionale Verbundenheit mit ihren besonderen Charakteristiken (*Lebensqualität*) und rückt Aspekte wie *Gestaltungsspielräume* und *Fairness* in den Fokus der Arbeitsbeziehungen und -gestaltung.

Die Bank bietet für weibliche Arbeitnehmende besondere Leistungen an, die helfen, etwaige berufliche und familiäre Anforderungen noch besser in Einklang zu bringen. Sie übernimmt zum Beispiel Kosten für eine externe Kinderbetreuungen und bietet unter anderem auf das Unternehmen und seine Aufgaben abgestimmte Integrationsprogramme an, die die individuelle Wiedereingliederung ins Arbeitsleben nach einer Auszeit aus familiären Gründen ermöglichen.[16]

1. Trifft der Fachkräftemangel auch Ihre Organisation?

2. Wie gehen Sie mit dieser (potentiellen) Herausforderung um?

3. Vergleichen Sie bitte das Beispiel für den Lehrkräftemangel im Non-Profit-Bereich und das Beispiel für den Fachkräftemangel im Profit-Bereich. Wodurch unterscheiden sich beide Beispiele?

---

[15] Vgl. Felfe (2012), S. 15 ff.
[16] Vgl. „GKB erhält Auszeichnung als Top Arbeitgeber 2013", Internetverweise.

4. Welche Vor- und Nachteile sehen Sie bei der Wiedereingliederung von Lehrkräften sowie bei der Wiedereingliederung von Fachkräften in den skizzierten
Beispielen?

Neben dem Mangel an besonders qualifizierten Personen in bestimmten Berufen stellt die
demografische Entwicklung den Arbeitsmarkt vor eine weitere Herausforderung:

In einer Zeitspanne von bis zu 17 Jahren wird mit dem gesetzlich festgelegten Pensi-
onseintrittsalter die zurzeit stärkste Altersgruppe der Arbeitnehmenden den deutschsprachigen Arbeitsmarkt verlassen – und damit eine ganze Generation, die Generation der
sogenannten *Babyboomer*.[17] Sie umfasst nach Bruch et. al. (2010) die Altersgruppe zwischen 1955/56 und 1965.[18]

Diese Jahrgänge bilden momentan (noch) in einer Organisation, die bis zu vier Generationen beschäftigen kann, die tendenziell größte Alterskohorte und damit eine die Unternehmenskultur maßgeblich prägende Generation ab. Die Frage, wie Organisationen mit
dem sich durch die Pensionierungen dieser geburtenstarken Generation einhergehenden
Wissensverlust und Kulturwechsel umgehen werden, wird darum in Zukunft verstärkt im
Fokus der Suche nach adäquaten Lösungen stehen.

Neben dem Umgang mit der Abwanderung oder dem potentiellen Verlust von Wissen
durch die in den Ruhestand wechselnde Generation der Babyboomer stellt sich aber auch
die Frage, wie Organisationen die vorgängig beschriebene Altersdiversität für sich nutzbar
machen (lernen), denn jede Generation ist unterschiedlich sozialisiert und hat auf ihre
Lebensphase hin abgestimmte Bedürfnisse. Nach Bruch et. al. (2010) sind dies „sogenannte Kohorteneffekte, die davon ausgehen, dass eine gemeinsame Sozialisierung in prägenden Lebensphasen wie der Kindheit, Jugend und jungen Erwachsenenzeit dazu führt,
dass in einer Altersgruppe bestimmte Einstellungen und Werte entstehen, die für den Rest
des Lebens erhalten bleiben"[19]. Nimmt eine Organisation diese Unterschiedlichkeiten der
Generationen ernst, muss sie zwangsläufig ihren Einfluss auf die Gestaltung der Führung,
der Zusammenarbeit und auf die Arbeitsprozesse anerkennen und Lösungen anbieten.

1. Wie viele Generationen, schätzen Sie, gibt es in Ihrer Organisation?

2. Stimmen Sie der Aussagen zu, dass Generationen eine Unternehmenskultur prägen? Begründen Sie dies.

3. Wie reagieren Sie als Führungskraft auf die unterschiedlichen Bedürfnisse?

---

[17] Vgl. Bruch et al. (2010), Zölch et al. (2009).

[18] Diese zeitliche Einordnung deckt sich mit der von Oertel (2007) vorgenommenen Einteilung für
Westdeutschland. Auch sie definiert eine Sozialisationsphase von ca. 1955 bis 1966 und bezeichnet die Generation dieser Phase allerdings als „Krisenkinder". Im Gegensatz dazu orientieren sich
Bruch et al. (2010) an der amerikanischen Terminologie. Zur Differenzierung der Generationen mit
einem Beispiel für die Schweiz vgl. auch Anmerkungen.

[19] Bruch et al. (2010), S. 93.

Im Zusammenhang mit den Generationen nimmt seit einiger Zeit auch die bislang jüngste Gruppe der Arbeitnehmenden, die sogenannte Generation Y oder Internetgeneration, einen breiten Raum in den Analysen und Diskussionen ein. Diese Generation scheint das Nachdenken über Generationenbedürfnisse in besonderer Weise anzuregen.[20] Sie hat offenkundig das Potential zu polarisieren, denn gerade diese Generation, die in den Achtzigerjahren geboren wurde (also in einer Zeit, die durch vielfältigste Wahlmöglichkeiten, der Etablierung moderner Medien und hohen Lebensstandards gekennzeichnet ist), gilt gemeinhin als „anspruchsvoll" und „wählerisch" – auch bei der Auswahl ihrer Arbeitgeber. Nach Parment (2009) hat der Einstieg einer bestimmten Generation ins Erwerbsleben selten derart direkt die Ausgestaltung des Personalmanagements in Unternehmen beeinflusst und so insbesondere die Umsetzung des Talent-Managements und Employer Brandings ausdifferenziert – eben weil diese Generation emotional angesprochen werden möchte und schneller bereit ist, einen Arbeitgeber auch wieder zu wechseln, wenn die individuellen Bedürfnisse in Bezug auf den Job nicht erfüllt werden.[21]

Beispiel Google als Unternehmen, das die Werte der Generation Y exemplarisch komprimiert

Das Internetunternehmen Google ist ein Beispiel für eine Organisation, die die Wertevorstellungen der Generation Y auf den Punkt zu bringen scheint. So beeindruckt zum Beispiel die Zürcher Niederlassung mit einem originellen und phantasievollen Raumkonzept, das die unterschiedlichsten Bedürfnisse der Mitarbeitenden zu erfüllen versucht – vom Ruheraum mit Aquarien bis hin zu pittoresken Gondeln als „Meeting-Zellen". Das Arbeitsumfeld soll offenkundig zum Wohlfühlen beitragen und Spaß machen.[22] Das Unternehmen investiert damit in aufwändige Lösungen, die helfen, die Mitarbeitenden für die Organisation zu begeistern und an Google zu binden. Daneben setzt Google kreative Anreize, die zur Arbeitszufriedenheit, zur Identifikation und zur individuellen Performanz beitragen: So gibt es bei Google nicht den üblichen Dienstwagen, sondern stattdessen ein Abonnement für ein Fitness-Studio. Auch verfällt das Budget für Dienstreisen nicht einfach, wenn es nicht ausgeschöpft wurde, sondern kann vom Mitarbeitenden für einen guten Zweck gespendet werden.

---

[20] Aktuell beträgt die Trefferquote für den Suchbegriff „Generation Y" 151.000.000 Resultate in Google, im Vergleich dazu erzielt der Begriff „Babyboomer" 6.300.000 Ergebnisse. Die Vielzahl der Veröffentlichung ist frappant. Vgl. dazu auch Hurrelmann und Albrecht (2014), S. 7 ff: „Offen und revolutionär sind sie nun wirklich nicht, die jungen Leute. Sie scheinen schon in ihrer Jugend angepasster, als es die 68er als Rentner sind. Doch der Schein trügt. Die heute 15- bis 30-Jährigen verändern unsere Welt radikal. Sie haben in kurzer Zeit den strukturellen Wandel in Politik, Wirtschaft, Arbeitsleben, Familie, Technik und Freizeit eingeleitet."

[21] Vgl. Parment (2009).

[22] Vgl. Internetverweise.

1. Haben Sie ähnliche Beobachtungen gemacht, wie im Text beschrieben?

2. Was sind Ihre Erfahrungen mit der *Internetgeneration*?

1.2 Wechselwirkung Wissensgesellschaft und Bildungskontext

Das Konzept der Wissensgesellschaft beschreibt die Form und die Prinzipien, die die momentanen westlichen Gemeinschaften gestalten und durchziehen. Der Begriff Wissensgesellschaft wurde bereits in den 60er-Jahren durch Robert Lane (1966) und Peter Drucker (1969) in der Soziologie und Ökonomie eingeführt. Synonym zum Begriff *Wissensgesellschaft* wird häufig der Begriff *Informationsgesellschaft* verwendet.

Zur Wissensgesellschaft zählen in der Regel die Länder, deren Mitglieder Zugang zu hochentwickelten Technologien haben und die diese aktiv nutzen und mit ihnen arbeiten. Ausgangspunkt und Basis jeglicher ökonomischen, aber auch sozialen Interaktion sind sowohl die Inhalte des allgemein geteilten Wissens als auch das Wissen der Individuen selbst.

Nach einer Definition der OECD[23] in Rump und Völker (2007)[24] zeichnet sich die Wissensgesellschaft durch vier Kennzeichen aus, die sich um die Kernelemente Dynamik und Wissen formieren:

Kriterien einer Wissensgesellschaft[25]:

▶ vernetzte und dynamische Wirtschaft

▶ hohe Wissensproduktion und weniger Warenproduktion als in der Industriegesellschaft[26]

▶ Wissen, das sich überholt und *lebenslanges Lernen*[27] nötig macht

▶ limitierte Umsetzung des Wissens in Abhängigkeit der Höhe der Bildungsinvestitionen[28]

---

[23] Die Organisation für wirtschaftliche Zusammenarbeit und Entwicklung (OECD) hat 34 Mitgliedsstaaten weltweit. Vgl. Internetverweise.

[24] Rump, Völker (2007), S. 101 ff.

[25] Vgl. Straubhaar (1997), S. 14 ff, Birchmeier (2001), S. 47.

[26] Straubhaar (1997) hebt in seiner Analyse der Gesellschaft im 21. Jahrhundert hervor, dass die „Knowledge-based Economy" des 21. Jahrhunderts eine „Dienstleistungsgesellschaft" sein wird: „Nur Dienstleistungen werden für eine breite Masse der Bevölkerung in Westeuropa Beschäftigungsmöglichkeiten bieten, die erlauben, Arbeitseinkommen über dem ‚Weltniveau' zu erzielen." Straubhaar (1997), S. 15–16.

[27] Zum lebenslangen Lernen vgl. Anmerkungen.

[28] Bildungsinvestitionen sind zum Beispiel die Beträge, die der Staat für Schüler und Schülerinnen im Durchschnitt ausgibt. Darin enthalten können Lehrerlöhne sein. Viele Autoren sprechen in diesem Zusammenhang auch von „knappem Humankapital": Der Begriff Humankapital beschreibt die (personengebundenen) Wissensbestandteile in den Köpfen der einzelnen Mitarbeitenden. Vgl. Anmerkungen.

Motoren der Wissensgesellschaft sind dieser Definition zufolge die hohe Dynamik und dichte Vernetzung, die andauernde Produktion von Wissen sowie die damit verbundene, ständige Herausforderung, Wissen umzusetzen. Diese Motoren nehmen Einfluss auf die Subsysteme der Wissensgesellschaft. Wirkung zeigt sich in der Verschiebung von Schwerpunkten und in der Veränderung von Inhalten, zum Beispiel im Kontext der Bildung. Der Bologna Prozess (1999)[29] mit einer gemeinsam unterzeichneten Willensbekundung von neunundzwanzig europäischen Bildungsministern zur Gestaltung des Europäischen Hochschulraums ist ein konkretes Resultat – die nachfolgende Einführung von Bachelor- und Masterstudiengängen an europäischen Hochschulen eine Konsequenz des Zusammenspiels eben jener Motoren der Wissensgesellschaft. Das zeigen auch die Schwerpunktsetzungen der Bologna-Staaten: „Drei Schwerpunktfelder identifizierten die Bologna-Staaten für den EHR[30]: Die ‚Entwicklung und Stärkung stabiler, friedlicher und demokratischer Gesellschaften‘, eine ‚größere Kompatibilität und Vergleichbarkeit der Hochschulsysteme‘ und die ‚Verbesserung der internationalen Wettbewerbsfähigkeit des europäischen Hochschulsystems‘ ohne dabei die ‚Vielfalt der Kulturen, der Sprache, der nationalen Bildungssysteme und (die) Autonomie der Universitäten‘ einzuschränken.“[31]

Ebenso verweist das über die Ländergrenzen hinweg verbundene intensive Nachdenken über die Professionalisierung des Lehrberufes auf die Wechselwirkungen innerhalb der Wissensgesellschaften, die zum Beispiel in der Frage mündeten, was die Professionalisierung des Lehrberufes konkret beinhalten sollte. Der politische und strukturelle Reformprozess auf der Ebene der Volksschulen im Kanton Zürich zeigt beispielhaft die Veränderung eines regionalen schulischen Systems durch die Einführung neuer Steuerungselemente und -akteure.

Beispiel Schulreform – Schweiz, Kanton Zürich[32]

2006 wurde eine externe Schulevaluation für Volksschulen eingeführt, die eine professionelle Außensicht bieten soll. Aus diesem Grund wurde eine Fachstelle für Schulbeurteilung[33] eingerichtet, die eine einzelne Schule alle fünf Jahre evaluiert. Diese Evaluation erfolgt auf der Grundlage eines Handbuchs für Schulqualität. Das Handbuch liegt den Schulen vor und bildet ab, was evaluiert wird. Die Ergebnisse einer Evaluation werden im Sinne einer Rechenschaftslegung veröffentlicht und weisen sowohl die Stärken als auch den Optimierungsbedarf einer Schule aus. So können die Ergebnisse wichtige Informationen für die Schulentwicklung oder die

---

[29] Vgl. Bartsch (2009), S. 198: „Manche Autoren zählen den Bologna-Prozess, auch aufgrund seiner großen geographischen Ausdehnung, zu den bedeutendsten Reformen in der 900-jährigen Geschichte der europäischen Universität.“

[30] Europäischer Hochschulraum.

[31] Bartsch (2009), S. 199.

[32] Vgl. Anmerkungen.

[33] Vgl. Informationen Fachstelle für Schulbeurteilung der Bildungsdirektion des Kantons Zürich, Internetverweise.

Profilschärfung einer Schule liefern und gestalten darum auch „indirekt" das Verständnis von Professionalisierung der Lehrpersonen und der Schulleitenden mit.

Die Einführung sogenannter *geleiteter Schulen* im Kanton Zürich im Jahr 2005 ist eine Parallelentwicklung, die zeigt, wie regional gebundene Überlegungen zur Professionalisierung des Schulsystems zur Stärkung der Handlungs- und Gestaltungsspielräume[34] in den Schulen selbst führen:

Volksschulen wurden bis zum Zeitpunkt der Reform 2005 von Laienbehörden, sogenannten Schulpflegen, gesteuert und verwaltet. Diese Laienbehörden, die aus gewählten Mitgliedern einer Gemeinde bestanden, waren zum Beispiel verantwortlich für die Einstellung von Lehrpersonen an einer Schule. Mit der Einführung der geleiteten Schule sind die Aufgaben der Laienbehörden neu definiert worden und ein komplexer Umbau des bestehenden Schulsystems wurde durchgeführt: Die Leitung einer Schule wurde operativ und strategisch getrennt. Hierfür wurde eine neue Funktion innerhalb der schulischen Organisation verankert, die des Schulleiters bzw. der Schulleiterin. Einen Schulleitenden im Gefüge der Zürcher Volksschule gab es bis zum Zeitpunkt der Reform, die 2005 im Volksschulgesetz mündete, nicht. Der Schulleitende als Führungsperson trägt heute die operative Verantwortung für alle schulischen Belange. Dazu gehört unter anderem die personelle Führung der Lehrkräfte und aller weiteren Angestellten einer Schule wie bspw. Hausmeister und Sozialarbeiter.

Ein wesentlicher Akzent im Veränderungsprozess wurde im Bereich der Entwicklung gesetzt: So beinhaltet die Führung einer Schule explizit das Fördern und Koordinieren der Weiterbildungen[35] von Lehrpersonen einer Schule.

Mit der Differenzierung der operativen und strategischen Aufgaben erhielten die Laienbehörden (Schulpflege) ein verändertes Profil: Sie sind heute für die strategischen Belange einer Schule verantwortlich. Fragen und Lösungen werden in der Regel mit der Schulleitung gemeinschaftlich diskutiert und ausgehandelt.

Deutlich wird, dass die neue Rolle der Schulleitung vielschichtige Kompetenzen voraussetzt, damit sie ihre Aufgaben im pädagogischen Kontext adäquat gestalten kann. Diese neue Führungsfunktion im Kontext der Schule kann auf kein sich über Jahre geformtes, tradiertes Führungsverständnis zurückgreifen. Ausbildungen schaffen hier erste Grundlagen. Das ständige Lernen beim konkreten Handeln ermöglicht Erfahrungen, die wiederum Bewertung und ggf. Korrektur zulassen. Dieses Wechselspiel erfordert aber auch die Bereitschaft des Einzelnen, sich mit komplexen Aufgaben und Fragen auf unterschiedlichsten Ebenen immer wieder aufs Neue auseinanderzusetzen und weiterzuentwickeln. Ähnliches gilt für die Schulpflege, die sich aus Laien zusammensetzt: Auch für sie gilt es, ihr professionelles Verständnis und Wissen immer wieder zu aktualisieren und ggf. neu auszurichten.

---

[34] Die „geleitete Schule" mit erhöhter Autonomie als ein Handlungsprinzip ist ein Gegenentwurf zur vorgängigen „verwalteten Schule".

[35] Vgl. § 44 im Volksschulgesetzes des Kantons Zürich, Internetverweise.

1. Woran erkennen Sie die Dynamiken der Wissensgesellschaft in Ihrem professionellen Kontext?

2. Inwiefern hat sich Ihr konkretes Arbeitsumfeld in den letzten zehn Jahren verändert?

3. Vor welchen Herausforderungen stehen Sie speziell in Ihrer Organisation?

1.3   Bedeutung für Personalentwicklung: Vier Prämissen für die Entwicklung von Mitarbeitenden

1.3.1   Prämisse Individualisierung

Nach Höpflinger (2009) wird in einer demografisch alternden und hochdynamischen Gesellschaft „eine gute Durchmischung von jüngeren und älteren Mitarbeitenden insgesamt bedeutsamer, auch unter dem Aspekt von Wissensmanagement und Diversity-Management"[36].

Die demografisch-gesellschaftlichen Entwicklungen liefern Parameter bei der Ausgestaltung von Personalarbeit in einer Organisation. Diese Ausgestaltung bedingt

- die Mitarbeitenden als Erfolgsfaktoren der Organisation zu sehen,

- die Mitarbeitenden in ihrer Individualität[37] zu verstehen und zu respektieren,

- die soziale und kulturelle Vielfalt in einer Organisation konstruktiv für die Organisation zu nutzen,

- organisationsspezifische Lösungen zu erarbeiten und anzubieten, die die Erfahrungen und das Wissen älterer Arbeitnehmer/innen fruchtbar machen und nach dem Austritt derselben aus der Organisation in dieser erhalten,

- organisationsspezifische Abläufe und Arbeitsformen zu finden, die die synergetische Zusammenarbeit unterschiedlichster Generationen in der Organisation ermöglichen.

Personalentwicklung, die die Interessen und Bedürfnisse der unterschiedlichen Generationen und Individuen kennt und die die Motivation und die Leistung aller Altersgruppen zu erhalten weiß, trägt zur guten Zusammenarbeit bei – oder schafft zumindest die nötigen

---

[36] Höpflinger. In: Zölch et al. (2009), S. 37.

[37] Holste (2012) bezeichnet „Individualisierung" als „Megatrend des 21. Jahrhunderts": „Die Befragungsergebnisse weisen darauf hin, dass der Ruf nach individueller Behandlung entsprechend der jeweiligen Lebenssituation stärker wird. Für die Unternehmen ist es folglich ratsam, individuelle Karrierepfade und Entwicklungsmöglichkeiten zu bieten." In: Holste (2012), S. 62. Vgl. Anmerkungen.

Voraussetzungen, damit diese gelingen kann und *Generationenkonflikte*[38] gar nicht erst entstehen.

Studien[39] weisen darauf hin, dass mittel- und langfristig eine gelungene heterogene Durchmischung aller Altersstrukturen in einem Unternehmen ein Indikator für Erfolg darstellen wird. Nach Kearney (2013) geht es bspw. darum, das „größere Spektrum an Wissensbeständen"[40] als Potenzial für Innovationen zu nutzen, also implizites und explizites Wissen für die Organisation fruchtbar zu machen. Das kann gelingen, wenn gleichzeitig im Rahmen einer sorgfältigen Begleitung Konflikte ausgeschlossen und die Qualität von Kommunikation und Kooperation sichergestellt werden. Eine individualisierte Personalentwicklung kann hier einen wertvollen Beitrag leisten. Sie schließt auch das Bewusstsein ein, dass dominierende Altersgruppen die Kultur einer Organisation und seiner Subeinheiten maßgeblich prägen.

Im Hinblick auf die Pensionierung der Babyboomer-Generation bedeutet das unter anderem für einzelne Organisationen, frühzeitig darüber nachzudenken, in welcher Weise mit dem Ausscheiden der älteren Generation ein Wechsel der Kultur einer Organisation einhergeht und wie die Organisation diesen Wandel aktiv gestalten und für die Organisation nutzen möchte. Es geht also nicht nur darum, den Wissenstransfer innerhalb der Organisation zu sichern, sondern auch darum, den potentiellen Kulturverlust in eine Stärke für die Organisation zu verwandeln: Welche Chancen bietet ein solcher Wechsel für die Organisation? Wie soll dieser gestaltet werden? Welche Handlungen müssen konkret folgen?

Das folgende Beispiel zeigt, wie Personalentwicklung einen Beitrag zum Aufbau und Erhalt einer Organisationskultur leisten kann, indem ein Unternehmen das Ausscheiden von älteren Arbeitnehmer/innen nutzt, Erfahrung und Wissen nicht nur in der Organisation zu halten, sondern auch über das Instrument eines Mentoren- oder Patensystems die Grundlagen legt, ein organisationales Kulturverständnis zu entwickeln.

Beispiel Personalentwicklung als Beitrag zur Unternehmenskultur – Profit-Organisation

Die Autoren Buck, Kistler und Mendius (2002) beschreiben in einer Untersuchung zu den Auswirkungen des demografischen Wandels das Beispiel eines Finanzdienstleister, der durch viele Pensionierungen zu einem bestimmten Zeitpunkt „kulminiert" Mitarbeitende in Schlüsselstellungen zu verlieren drohte, was das Unternehmen in eine kritische Situation manövrierte: „Bei der Analyse der

---

[38] Vgl. Oertel (2007), S. 290: „So ist zum Beispiel ein Verteilungskonflikt zu erwarten, wenn jüngere Mitarbeiter aufgrund ihrer besseren Qualifikation bereits beim Einstieg mehr verdienen als langjährige, altgediente Mitarbeiter in vergleichbarer Position oder wenn den jüngeren keine Aufstiegsmöglichkeit in der Hierarchie bleiben, da die älteren Mitarbeiter die wenigen Führungspositionen einer flachen Hierarchie dauerhaft besetzt halten. Konflikte können auch entstehen, wenn mit einer Sache widersprüchliche Ziele erreicht werden sollen."

[39] Vgl. Schröder, et al. (2010). Vgl. Anmerkungen, Internetverweise.

[40] Kearney (2013). In: Krause (2013), S. 209.

Altersstrukturen im Unternehmen stellte sich heraus, dass im Vertrieb ein Großteil der Außendienstmitarbeiter älter als 55 Jahre war. Diese MitarbeiterInnen ver-
fügten über Beziehungen zu Kunden, die sie über Jahre hinweg aufgebaut hatten.
Das absehbare Ausscheiden dieser MitarbeiterInnen brachte das Unternehmen in
Gefahr, die an den einzelnen Außendienstmitarbeiter gebundenen Kunden zu verlieren. Als Konsequenz wurden den älteren möglichst schnell ein jüngerer Mitarbeiter
zur Seite gestellt, um eine persönliche Kontinuität der Kundenbeziehungen aufrecht
zu erhalten."[41] Auf diese Weise erhielten die jüngeren Mitarbeitenden in Form eines
Mentorensystems nicht nur die für die Übernahme der Funktionen notwendigen
fachlichen Kenntnisse – sondern auch einen direkten Einblick in den Erfahrungs-
schatz eines älteren Kollegen, zum Beispiel in Fragen zur langjährigen Gestaltung
von Kundenbeziehungen.

---

1. Welche zusätzlichen Maßnahmen oder ggf. Unterstützung braucht es aus Ihrer
   Sicht, damit die im Beispiel skizzierte Vorgehensweise Erfolg hat?

2. Wie stellen Sie den Wissenstransfer in Ihrer Organisation sicher, wenn (ältere)
   Mitarbeitende die Organisation verlassen?

3. Welche Anregungen aus dem Beispiel könnten Sie auf Ihren Kontext übertragen?

4. Welche Anpassungen würde ein solcher Transfer benötigen?

Es gilt also, die Altersstruktur in einer Organisation im Blick zu behalten.[42] Heterogene
Personalstrukturen kristallisieren sich vor dem Hintergrund des demografischen Wandels
und der Wissensgesellschaft als wichtiger Indikator für die Überlebensfähigkeit einer
Organisation heraus. Die Heterogenität alleine führt allerdings nicht zum Gelingen der
Arbeitsprozesse und muss in jedem Fall sorgfältig begleitet werden – sei es durch den Vorgesetzten, sei es durch das Management oder sei es durch implizite und explizite Leitlini-
en, die das kulturelle Organisationsverständnis ausmachen. Ist die Alterststruktur in einer
Organisation nicht ausgewogen, ist es die Aufgabe der Personalentwicklung, jene Altersgruppen, die in der Minderheit sind, zu integrieren, damit potentielle Reibungsverluste gar
nicht erst ein Thema werden. Diese hätten letztlich Auswirkungen auf die Produktivität
und damit auf die Finanzen einer Organisation.

---

[41] Buck et al. (2002), S. 56.
[42] Vgl. Becker (2010), S. 32: „Damit Personalarbeit *demographiefest* wird, benötigen Unternehmen Kenntnisse der Geschwindigkeit, mit der ihre Belegschaft altert. Altersstrukturanalysen und
Qualifikationsanalysen der Ist-Belegschaft sowie Inhaltsanalysen der gegenwärtigen und zukünftig
geplanten Tätigkeiten und Anforderungen sind ebenfalls als Variablen in die strategische Personal-
planung einzubeziehen."

Eine individualisierte Personalentwicklung sorgt allerdings auch dafür, dass Aufgaben und Altersgruppen „stimmen" und sich ideal ergänzen. Das folgende Beispiel zeigt, wie ein Unternehmen eine Passung zwischen den sich verändernden Produkten und internen Abläufen und der älteren Belegschaft des Unternehmens herzustellen versucht und für sich nutzt.

Beispiel Personalentwicklung als Beitrag zur Entwicklung von Eigenverantwortung – Profit-Organisation

In der Telekommunikationsbranche verändert sich technologisches Wissen rapid schnell. Mitarbeitende, die nicht primär an den Entwicklungen (Prozesse, Produkte) in einer Organisation teilhaben, sind in besonderem Maße gefordert, Produktanpassungen und -entwicklungen nachvollziehen zu können. Dies wurde zur Herausforderung für die dienstälteste Altersgruppe der Mitarbeitenden eines schweizerischen Telekommunikationsunternehmens. Das Unternehmen erkannte die Problematik und nahm es aktiv in Angriff. Die Lösung sollte allerdings nicht vorgegeben, sondern gemeinsam von den betroffenen Mitarbeitenden erarbeitet werden.

Darum initiierte das Human Resources[43] des Unternehmens ein Zusammenkommen der betroffenen Altersgruppen und stellte den Rahmen her, der nötig war, damit man gemeinsam Lösungswege diskutieren und entwickeln konnte. Man gab keine Lösung vor – sondern moderierte das Suchen und das Finden adäquater Lösungen. So wurde der Umgang mit der Problematik in die Eigenverantwortung der Mitarbeitenden übergeben. Nach Wunderer (2006) handelt dieses Unternehmen damit im Sinne des Subsidiaritätsprinzips, das „unterstellt, dass erwachsene Mitarbeiter als mündige Menschen selbst für ihre Entwicklung verantwortlich sind. Vorgesetzte leisten dabei „Hilfe zur Selbsthilfe", während die Personalentwicklungsabteilung und professionelle Institutionen erst in dritter Instanz Entwicklungsprozesse unterstützen."[44] Das Ziel dabei ist, die Motivation und die Leistung der älteren Belegschaft zu erhalten und die besonderen Erfahrungen dieser Altersgruppe für die Organisation zu nutzen – damit ein Gewinn für beide Seiten erzielt werden kann.

Das Ergebnis dieses Prozesses ist heute das im Unternehmen so genannte *Best-Age-Konzept*: Im Mittelpunkt des Konzepts steht die Beratung der älteren Kundengruppe durch ältere Mitarbeitende des Unternehmens. Auch hier ist das Ziel, den Gewinn gleichermaßen zu verteilen: Sowohl der Kunde als auch der Mitarbeitende stehen in einer ähnlichen Lebensphase und haben vergleichbare Sozialisierungsprozesse durchlaufen. Es ist darum anzunehmen, dass sie sich in Wahrnehmung und Sprache am leichtesten annähern – ohne einer Stereotype Vorschub leisten zu wollen.

---

[43] Vgl. *Human Resource Management* im Kapitel 2.1 *Historische Entwicklung von Personalentwicklung.*

[44] Wunderer (2006), S. 359.

Auf diese Weise können die nötigen Voraussetzungen hergestellt werden, die zur Zufriedenheit sowohl der älteren Kunden und als auch zur Arbeitszufriedenheit der älteren Mitarbeitenden beisteuern.[45]

1. Worin liegen die Chancen einer individualisierten Personalentwicklung?

2. Welche Herausforderungen bringt die Individualisierung mit sich?

3. Was braucht es in der Organisation an Rahmenbedingungen, damit die Herausforderungen „überwunden" werden?

4. Welche Ideen in Bezug auf Ihre Organisation haben Sie, Personalentwicklung zu individualisieren?

1.3.2   Prämisse Führung

Fokus „Bewusstsein schärfen"

Vorgesetzte müssen in der Lage sein, mit der im vorgängigen Kapitel beschriebenen Altersdiversität sowohl in ihren Teams als auch in der Organisation umgehen zu können. Nur so können sie die Unterschiedlichkeiten als Ressource für die Ziele der Organisation nutzen und Potential entfalten. Dies ist eine Voraussetzung für das Gelingen von Prozessen und rückt die Relevanz differenzierter Führungskompetenzen in den Vordergrund. Nach Oertel (2007) sollten Führungskräfte zum Beispiel in der Lage sein, einen persönlichen *Bias*[46] in Bezug auf eine Generationen-Stereotype zu erkennen: „Als erstes müssen die Führungskräfte (…) lernen, welche Stereotype bewusst und unbewusst ihr Führungsverhalten und das Verhalten ihrer Mitarbeiter beeinflussen und wie diese zu steuern sind."[47] Führung ist komplex: *Führen können* entwickelt sich – ggf. im Laufe einer ganzen Berufsspanne. Idealerweise wird ein solcher Prozess immer wieder durch begleitende Maßnahmen unterstützt – sei es zur Reflexion des individuellen Führungshandelns, sei es zum Lernen neuer Inhalte. Nach Becker (2009) rückt die Bereitschaft, sich kontinuierlich weiterzuentwickeln, gerade vor dem Hintergrund der demografischen Entwicklung als Notwendigkeit in den Vordergrund: „Führungskräftetraining ist erforderlich, um für den Umgang mit altersheterogenen Belegschaften zu sensibilisieren. Führungskräfte wirken nicht nur auf die Qualifikation und Motivation der Mitarbeitenden ein, sondern wirken auch am Aufbau oder Abbau von Altersstereotypen mit."[48] Er folgert daraus, dass *Bildungsanreize*[49] so

---

[45] Vgl. Geschäftsbericht der Swisscom für 2012, Internetverweise. Vgl. Kapitel 2.4 *Personalentwicklung und Reifegrade*, Personalentwicklung im weiten Sinn.

[46] „Bias" kennzeichnet ein unbewusstes oder bewusstes Vorurteil.

[47] Oertel (2007), S. 284.

[48] Becker (2010), S. 31.

[49] Becker (2010), S. 31.

formuliert werden müssen, dass „Bildungsaskese negativ und lebenslanges Lernen positiv sanktioniert werden"[50].

Doch nicht nur der Umgang mit Fragen zur Altersdiversität erfordert einen Fokus auf die Entwicklung und Weiterentwicklung von Führungspersonen. Führungspersonen nehmen eine besondere Rolle in einer Organisation ein. Sie sind zugleich Träger und Vermittler der Unternehmenskultur – und damit der spezifischen Werte einer Organisation. Sie sorgen dafür, dass die Strategie und die Ziele eines Unternehmens umgesetzt werden. Nach Peterke (2006) ist jede Unternehmensleitung „gut beraten, das Potenzial der Führungskräfteentwicklung für die langfristige Zukunftssicherung des Unternehmens zu erschließen, dazu einen eigenen Weg zu wählen und dafür Sorge zu tragen, die Managementetwicklung zum Wettbewerbsvorteil zu entwickeln."[51]

Die Investition einer Organisation in die Entwicklung seiner Führungskräfte ist damit ein Beitrag zur Überlebensfähigkeit und zur Zukunftssicherung einer Organisation. Sie stellt das „gute" Funktionieren im Hier und Jetzt sicher. Als Vorgesetzte geben Führungskräfte den Erfordernissen im beruflichen Alltag eine umfassende Bedeutung und liefern so die nötigen Sinnzusammenhänge für die tägliche Arbeit.

Führungskräfte tragen eine hohe Verantwortung. Ihr Verantwortungsbewusstsein und ihre Ethik, gepaart mit kommunikativen Fähigkeiten, tragen in hohem Maße dazu bei, Mitarbeitende anzusprechen, Bindung herzustellen und Potenziale fruchtbar zu machen – oder das Gegenteil zu bewirken.

Aus diesen Gründen sollten Führungskompetenzen systematisch aufgebaut und im Berufsalltag immer wieder begleitet und reflektiert werden. Nicht zuletzt im Umgang mit der sozialen Vielfalt der Mitarbeitenden helfen zum Beispiel Coachingtechniken oder Aspekte der lösungsorientierten Gesprächsführung, ein gemeinsames Verstehen herzustellen und so zur Förderung der individuellen Potenziale beizutragen und den wertschätzenden Umgang miteinander als Element der Organisationskultur sicherzustellen.

1. Wurden Sie auf Ihre Führungsrolle durch die Organisation vorbereitet?

2. Wie halten Sie es mit Ihrer Weiterentwicklung: Wo setzen Sie Schwerpunkte? Bei „harten" oder bei „weichen" Inhalten?

3. Wie verstehen Sie Ihre Rolle als Führungskraft in Ihrer Organisation? Stimmen Sie den Aussagen im Text zu?

Fokus „adressatenorientiert handeln"

Vorgesetzte haben eine bedeutsame Schnittstellenfunktion: Sie vermitteln aufgrund ihrer Rolle zwischen den Anliegen einer Organisation und den Anliegen der Mitarbeitenden.

---

[50] Becker (2010), S. 31.
[51] Peterke (2006), S. 133.

Inwieweit die Zusammenarbeit mit einem Vorgesetzten oder einer Vorgesetzten funktioniert, hat Einfluss auf die Identifikation mit der Organisation – und damit auch auf die Produktivität.

Nach Bruch et al. (2010) ist anzunehmen, „dass Mitarbeitende unterschiedlicher Generationen aufgrund ihrer generationalen Prägung sowie der ( ) diskutierten Alterungseffekte verschiedene Vorstellungen von einem guten Führungsverhalten haben"[52]. Sie führt aus, dass Mitarbeiterführung, welche die individuellen Bedürfnisse und die soziale Vielfalt wahrnimmt und berücksichtigt, einen beträchtlichen Einfluss auf die Leistungsfähigkeit der Einzelnen hat: „Eine finnische Längsschnittstudie zu Alter und Arbeitsfähigkeit hat gezeigt, dass Führungsverhalten der einzige hochsignifikante Faktor zur Verbesserung der Leistungsfähigkeit älterer Mitarbeitender ist."[53]

Bruch et al. (2010) gehen davon aus, dass im deutschsprachigen Raum derzeit bis zu vier Generationen im erwerbsfähigen Alter unter dem Dach einer Organisation zusammentreffen.[54] Vor dem Hintergrund der jeweiligen generationalen Prägungen versuchen die Autoren, die spezifischen Besonderheiten der jeweiligen Generationen herauszukristallisieren und stellen erste Überlegungen an, in welcher Weise Führung dieses Wissen nutzen kann, um eine fruchtbare, wechselseitige Zusammenarbeit zu ermöglichen. Die folgende Übersicht fasst die wesentlichen Erkenntnisse zusammen.

Führung unterschiedlicher Generationen nach Bruch et al. (2010)

• Die Nachkriegsgeneration umfasst die Jahrgänge von 1935 bis 1945 und ist ihrem Alter entsprechend in der Regel aus dem offiziellen Erwerbsleben ausgeschieden. Ausnahmen bilden diejenigen, die aufgrund einer besonderen Spezialisierung zum Beispiel als freiberufliche Berater in der einen oder anderen Ausprägung noch am Erwerbsleben[55] partizipieren. Prägende Ereignisse dieser Generation sind Erfahrungen während und nach dem zweiten Weltkrieg, die einerseits durch Entbehrungen[56], andererseits durch Aufbau gekennzeichnet waren. Beide Phasen waren durch den täglichen Kampf ums Überleben gekennzeichnet. Diese Generation machte ihre ersten beruflichen Erfahrungen in der Arbeitswelt der Fünfzigerjahre, die streng hierarchisch organisiert war. Nach Bruch war das „vorherrschende Organisations- und Managementprinzip der Taylorismus, der eine mechanistische Sicht auf den einzelnen Mitarbeitenden hatte"[57].

---

[52] Bruch (2010), S. 89. Heike Bruch leitet das Institut für Führung und Personalmanagement an der Universität St. Gallen.

[53] Bruch et al. (2010), S. 89.

[54] Vgl. auch Einteilung der Generationen in Oertel (2007) in Westdeutschland, S. 166. Vgl. Anmerkungen.

[55] Dieses *Phänomen*, das nicht zuletzt ein Ausdruck auch des Bedürfnisses nach lebenslangem Lernen ist, trifft man bspw. im Hochschulsektor an, wo bereits emeritierte Professoren immer wieder Beiträge zu Tagungen leisten – aber auch im Militärsektor, wo ehemalige Mitarbeitende heute als Berater in Sicherheitsfragen für Unternehmen und Staaten operieren.

[56] Vgl. Oertel (2007), S. 167: „Aus den Knappheitserfahrungen ihrer Kindheit heraus werden dieser Nachkriegsgeneration bestimmte Eigenschaften wie Wirklichkeitssinn, Skepsis, Leistungsstreben und Pragmatismus, Sparsamkeit sowie ein hohes Sicherheitsbedürfnis unterstellt."

[57] Bruch et al. (2010), S. 98.

- Die Wirtschaftswundergeneration umfasst die Jahrgänge von etwa 1946 bis 1955. Diese Generation befindet sich im „fortgeschrittenen Erwerbsalter"[58] – wenn einzelne Mitglieder nicht bereits aus dem aktiven Erwerbsleben ausgeschieden sind. Diese Generation wurde beeinflusst durch die Auseinandersetzung mit dem Nationalsozialismus und den Rollen ihres familiären Umfeldes in dieser Zeit und ist entsprechend politisch ausgerichtet. Ihr Anliegen beim Eintritt in die Arbeitswelt war, traditionell-autoritäre Prinzipien zu überwinden. So rückten Forderungen nach Partizipation und Gerechtigkeit in den Fokus ihres Handelns.[59] Nach Bruch nahm die „Arbeitswelt, in der diese Generation sozialisiert wurde, (. . .) zunehmend eine Abkehr von dem hierarchischen Taylorismus vor"[60]. Ins Blickfeld rückte erstmals eine auch an den Bedürfnissen der Mitarbeitenden orientierten Personalarbeit – besonders beeinflusst durch die ursprünglich von amerikanischen Universitäten ausgehende „Human Relations Bewegung"[61], die in Kooperation mit wichtigen, im damaligen Kontext innovativen Unternehmen Verbreitung fand.

- Die Babyboomer-Generation umfasst die Jahrgänge 1956 bis 1965. Sie bildet aktuell die anteilig stärkste Gruppe der aktiv Erwerbstätigen auf dem Arbeitsmarkt. Diese Generation steht heute auf dem Höhepunkt ihres beruflichen Schaffens. Als Generation trifft diese Altersgruppe auf einen Arbeitsmarkt, der sich umzuformen beginnt. Da die Babyboomer geburtenstarke[62] Jahrgänge zählen, stehen sie seit dem Eintritt „in die Welt" im „Wettbewerb um knappe Ressourcen"[63]. Das, so die Schlussfolgerung, machte sie in besonderem Maße fähig, zu kooperieren – aber auch, sich durchzusetzen, da sie im Aufeinandertreffen unterschiedlicher Interessen „sozialisiert" wurden. Die Konkurrenzsituation liefert vermutlich das Motiv für den Einsatz dieser Generation für mehr Mitbestimmung und Sozialreformen in der bestehenden Arbeitswelt und Gesellschaft.[64] Bruch verweist in diesem Zusammenhang auf das zunehmende Gewicht von Gewerkschaften – und damit verbunden die erstarkte Rolle von Betriebsräten[65] in deutschen Unternehmen. Ebenso beeinflusste diese Generation die Veränderung der

---

[58] Bruch et al. (2010), S. 99.

[59] Oertel bezeichnet diese Generation als „Konsumkinder". Vgl. Oertel (2007), S. 167: „Sie sind selbst in einer Wohlstandsphase aufgewachsen, weswegen sie als besonders konsumfreudig und auch anspruchsvoll eingeschätzt werden. Die Konsumkinder gelten als kritisch und politisch engagiert. Selbstbestimmung und Emanzipation sind in dieser Altersgruppe verwurzelt."

[60] Bruch et al. (2010), S. 100.

[61] Vertreter der Human Relations Bewegung wie Elton Majo führten bereits die in den 30er-Jahren erste Studien zur Arbeitsproduktivität durch. Sie gelangten zur Erkenntnis, dass *Teamarbeit* (soziale Gruppenbeziehungen) und die auf den Mitarbeitenden bezogene Führung (in Form von Wertschätzung und Unterstützung) wichtige Pfeiler zur Steigerung von Zufriedenheit und Produktivität sind.

[62] Vgl. Zölch et al (2009), Anmerkungen.

[63] Bruch et al. (2010), S. 104.

[64] Vgl. Oertel (2007), S. 167: „Sie mussten sich durchkämpfen und setzten zum Beispiel viele Forderungen der Gleichberechtigung in die Tat um." Vgl. auch Anmerkungen.

[65] Zur Funktion von Betriebsräten in Deutschland vgl. Anmerkungen. Zum Erstarken der Gewerkschaften vgl. Internetverweise.

Vorstellungen von Familie und Beruf: die Rolle der Frau in der Arbeitswelt und Gesellschaft wurde durch das forcierte Wirken der Frauenbewegung neu akzentuiert.[66]

- Die Generation X umfasst die Jahrgänge 1966 bis 1980. Sie trifft beim Eintritt ins Erwerbsleben auf einen ambivalenten Arbeitsmarkt, in der einerseits die Wirtschaft prosperiert und neue Kommunikations- und Informationstechnologien die Arbeitsabläufe durchziehen, andererseits Arbeitslosenzahlen steigen und mit der Krise der New Economy das Vertrauen in wirtschaftliches Wachstum in einer bis dahin ungewöhnlichen Art und Weise erschüttert werden. Nach Bruch ist die „Berufs- und Arbeitswelt, in der diese Generation in den 80er Jahre sozialisiert wurde, ( ) gekennzeichnet von einer Dezentralisierungen und Enthierarchisierung"[67]. Entsprechend bilden Werte wie Autonomie und Selbstorganisation die Richtschnur des Handelns dieser Generation. Sie wurde beim Einstieg ins Berufsleben von der Etablierung neuer Informationstechnologien (Einführung des Computers) direkt betroffen und hat entsprechende Neuerungen am Arbeitsplatz 1:1 mitverfolgt. Den Umgang mit neuen und sich immer wieder verändernden Technologien ist sie sozusagen gewohnt. Diese Generation ist darum in besonderer Weise technologieaffin und soll sich, sozialisiert in der Arbeit mit den neuen Medien, eine „hohe Informationsverarbeitungskompetenz"[68] angeeignet haben.

- Die Generation Y umfasst die Jahrgänge ab 1981. Sie ist nach Bruch „die erste Generation, die vollständig von den Vorteilen der Globalisierung, wie weltweite Vernetzung und Mobilität, profitiert. Gleichzeitig wird sie aber auch von den Nachteilen der Globalisierung, wie zunehmenden Wettbewerbsdruck für die westlichen Volkswirtschaften und auch den Sozialstaat, konfrontiert."[69] Diese Generation „steht" also in der globalisierten Welt und ist geprägt von den Möglichkeiten des Internets und der Vernetzung durch soziale Medien. Als Kinder der Babyboomer sind sie als erste Generation mit neuen Erziehungsvorstellungen aufgewachsen, die ihren Ursprung nicht zuletzt in den Bewegungen der 70er-Jahre mit einem Wechsel der vorherrschenden gesellschaftlichen Paradigmen hin zu mehr Partizipation, Gleichberechtigung und Wechselseitigkeit haben. Diese Generation gilt gemeinhin als „selbstbewusste", „technologisch versierte" und „anspruchsvolle" Gruppe der Arbeitnehmerschaft.[70]

---

[66] In Deutschland erhielten Frauen mit dem *Ersten Gesetz zur Reform des Ehe- und Familienrechts* von 1976 grundlegende Rechte für die Gestaltung ihrer Erwerbstätigkeit: Eine Ehefrau musste ab 1976 nicht mehr ihren Ehemann um Genehmigung für ihre Erwerbstätigkeit bitten, ebenso konnte der Ehemann nicht mehr ein von ihr eingegangenes Arbeitsverhältnis kündigen. Dieses Gesetzt wurde unter dem Druck der Frauenbewegung mit Alice Schwarzer an der Spitze, die sich für die finanzielle Unabhängigkeit von Frauen stark machte, verwirklicht.

[67] Bruch et al. (2010), S. 106.

[68] Bruch et al. (2010), S. 122.

[69] Bruch et al. (2010), S. 108.

[70] Vgl. Aussagen in Hurrelmann und Albrecht (2014), S. 227: „Arbeit als Broterwerb – das Konzept ist für weite Teile der Generation von gestern. Sie sucht in ihrem Job Erfüllung, Selbstverwirklichung und auch so etwas wie den Sinn ihres Lebens. In keinem anderen Bereich sind die Ypsiloner so radikale Utopisten wie bei Arbeit und Beruf. Gerade hier ermöglichen ihnen ihr egotaktisches

Nach Bruch et al. (2010) liefern die genannten Informationen über die altersgruppenspezifische Sozialisierung Hinweise für eine *ganzheitliche* Führung von Generationen. Selbstverständlich müssen daneben auch individuelle Ausprägungen und Bedürfnisse berücksichtigt werden.

- Für diejenigen Mitglieder der Nachkriegsgeneration, die sich noch im Erwerbsleben befinden, ist zu vermuten, dass sie „eine stärkere Präferenz für einen klaren und zielorientierten Führungsstil haben" – eben weil sie in einer hierarchischen Unternehmenskultur sozialisiert wurden, in der die Anordnungen des Vorgesetzten respektiert wurden. „Gleichzeitig erwarten Mitglieder dieser Generation aber auch, dass ihre Lebens- und Arbeitserfahrung gewertschätzt wird und dass sie in Bereichen, in denen sie Kompetenzen haben, auch in Entscheidungsfindungen involviert werden."[71] Ferner ist zu vermuten, dass viele Mitglieder dieser Generation eine persönliche Beziehung zum Vorgesetzten schätzen und den direkten, mündlichen Austausch präferieren, statt primär per E-Mail oder mobil zu kommunizieren. Die Autoren weisen auch darauf hin, Arbeitsanforderungen immer wieder in Bezug auf die individuelle körperliche Leistungsfähigkeit zu überprüfen. Bruch et al. nennen diese Form der Arbeitsbeziehung „Erfahrungsorientierte Führung".

- Im Gegensatz zur Vorgängergeneration dürften Mitglieder der Wirtschaftswundergeneration aufgrund ihrer besonderen politisch-ideellen Prägung gegenüber Hierarchien kritisch eingestellt sein. „Die Präferenzen dieser Generation dürften deshalb klar auf einem eher partizipativen Führungsstil liegen."[72] Auch diese Generation verfügt über ein großes Erfahrungswissen, das sie in den Arbeitsprozess einbringt und für das sie, wie ihre Vorgängergeneration, Wertschätzung erfahren möchte. Die „Sinnhaftigkeit der Tätigkeit" liefert für diese Generation die nötigen motivationalen Grundlagen ihres Arbeitshandelns, darum „sollte man als Führungskraft darauf achten, die Ziele immer in einen größeren Zusammenhang zu stellen, der auch mit den persönlichen Wertvorstellungen kongruent ist."[73] Ferner weisen die Autoren darauf hin, dass einzelne Vertreter dieser Generation aufgrund einer Doppelbelastung ihrer Rollen als Versorger von Kindern auf dem Weg ins Erwerbsleben auf der einen Seite und von pflegebedürftigen Eltern auf der anderen Seite nicht in dem Maße leistungsfähig sein können wie Vertreter anderer Generationen. So sollte die Führungskraft grundsätzlich dafür sensibilisiert sein, dass bestimmte Lebenssituationen Belastungen mit sich bringen, die die individuelle Aufgabenerfüllung beeinträchtigen können und die darum Anpassungen seitens der Organisation und der Führung erfordern, sei es durch funktionale, sei es durch

---

Spiel mit verschiedenen Optionen und ihr Hang zum Individualismus, die eigenen Vorstellungen durchzusetzen. Und die sind für viele Unternehmen revolutionär: Abschied von Hierarchien, Umorganisation der Arbeitsabläufe zu einzelnen Projekten, Teamwork, flexible Arbeitszeiten, Mitarbeiterbeteiligung und die konstante Suche nach Antworten auf die Frage „Why"?"

[71] Bruch et al. (2010), S. 114.
[72] Bruch et al. (2010), S. 116.
[73] Bruch et al. (2010), S. 118.

emotionale Angebote zur Entlastungen[74] der betroffenen Personen. Bruch et al. nennen diese Form der Arbeitsbeziehung „Sinnorientiert-partizipative Führung".

- Mitglieder der Generation der Babyboomer sind, so die Autoren, hinsichtlich ihrer Werte ähnlich eingestellt wie ihre Vorgängergeneration, „wenn auch einen Tick pragmatischer"[75]. Da diese Generation die stärkste Arbeitnehmergruppe auf dem aktuellen Arbeitsmarkt bildet, stellt ihre Führung, so Bruch, eine „wichtige Aufgabe"[76] dar. Das Bilanzieren des Erreichten und die Ausrichtung auf den die Zukunft bestimmenden Karriereweg prägen vermutlich die aktuelle berufliche Situation. Ein positiv gestalteter, wechselseitiger Austausch mit dem Vorgesetzten ist in dieser Phase zielführend: „Ob in dieser Phase des Überganges neue Motivation geschöpft wird oder im schlimmsten Fall Enttäuschung und depressives Verhalten entsteht, dürfte in entscheidendem Maße davon abhängen, wie die Begleitung durch die direkte Führungskraft ausgestaltet wird."[77] Darum sollten Entwicklungsmöglichkeiten angedacht werden, die für beide Seiten einen Gewinn bringen (die Organisation und den Mitarbeitenden). Darüber hinaus beschreiben die Autoren die Vertreter dieser Generation aufgrund ihrer besonderen Sozialisierung einerseits als „durchsetzungsfähig", andererseits aber auch als „konsens- und kompromissfähig". Das zeichnet sie im Vergleich mit anderen Generationen aus: „Dies sollte bei ihrem Arbeitseinsatz berücksichtigt werden, indem sie zum Beispiel die Rolle als Vermittler zwischen unterschiedlichen Generationen in einem Team zugeteilt bekommen."[78] Bruch et al. nennen diese Form der Arbeitsbeziehung „Entwicklungsorientiert-kooperative Führung".

- Die Mitglieder der Generation X scheinen sich von ihren Vorgängergenerationen abzusetzen. Da sie aufgrund eigener Erfahrungen (mit)erlebt haben, dass ein guter Schulabschluss und ein Studium nicht zwingend vor Arbeitslosigkeit oder Kündigung schützen, haben sie, so die Autoren, „eine pragmatischere und realistischere Einstellung zur Arbeit"[79]. Ein Arbeitsmarkt, der einerseits Chancen eröffnet, andererseits wenig berechenbar ist, forciert eine tendenziell zweckorientierte Bindung an den Arbeitgeber: „Häufige Arbeitgeberwechsel, auch über die Landesgrenzen hinweg, sind für die Mitglieder dieser Generation nichts Ungewöhnliches."[80] Eine die gesamte Berufsspanne umfassende Karriere bei einem einzigen Arbeitgeber ist für Mitglieder dieser Generation eher

---

[74] Die Autoren nennen als Beispiele flexible Arbeitszeitmodelle oder Beratungsangebote. Denkbar sind zum Beispiel Supervisionszirkel für betroffene Mitarbeitende, die das Ziel haben, Unterstützung zu bieten und einen offenen, selbstverständlichen Umgang mit solchen Herausforderungen herzustellen helfen.

[75] Bruch et. al (2010), S. 120.

[76] Bruch et al. (2010), S. 120.

[77] Bruch et al. (2010), S. 121.

[78] Bruch et al. (2010), S. 120.

[79] Bruch et al. (2010), S. 122.

[80] Bruch et al. (2010), S. 123. Zum Zusammenhang von geographischer Mobilität, Eigenverantwortung und Altersgruppen vergleiche auch Grothe et al. (2009).

ungewöhnlich. Werte wie Selbstbestimmung und Selbstorganisation sollte ein Arbeitgeber für sich zu nutzen wissen, um sich das Potential dieser Generation adäquat zu erschließen und (künftige) Leistungsträger an die Organisation zu binden. Dabei gibt der richtige Mix aus Arbeitsformen (Projektarbeit), intelligenten Anreizen (Vereinbarkeit von Familie und Beruf) sowie Klarheit der Ziele, Erwartungen und Perspektiven den Ausschlag für eine erfolgreiche, wechselseitige Zusammenarbeit: „Deshalb scheint ein partizipativer Führungsstil, wie er für die älteren Generationen propagiert wurde, weniger angebracht und sollte durch eine stärkere Delegation von Aufgaben ersetzt werden."[81] Die Kommunikation ist gekennzeichnet durch das Nutzen der Bandbreite aller zur Verfügung stehenden modernen Informationstechnologien. Das Arbeiten im Homeoffice[82] stellt eine Möglichkeit zur Flexibilisierung der Arbeitsplatz- und Arbeitszeitgestaltung, die den Bedürfnissen dieser Generation Rechnung trägt, dar. Bruch et al. nennen diese Form der Arbeitsbeziehung „pragmatisch-zielorientierte Führung"[83].

- Mitglieder der Generation Y sind im direkten Vergleich mit den Vorgängergenerationen noch relativ neu auf dem Arbeitsmarkt. Für viele Vertreter dieser Generation steht die Etablierung im Beruf noch an. Aufgrund ihrer vergleichsweise gering ausgeprägten beruflichen Erfahrung benötigt diese Generation, so die Autoren, „die stärkste direkte Führung von allen beschriebenen Generationen"[84]. Das erfordert einen kontinuierlich-klärenden Austausch, der nicht nur das Gelingen von Aufgaben und Zielen beinhaltet, sondern immer wieder die visionären Leitplanken aufzeigt – denn was nicht verstanden wird, wird hinterfragt und nicht als gegeben hingenommen. Die damit verbundene hohe Lernbereitschaft sollte ein Unternehmen einerseits für sich zu nutzen wissen (durch verschiedenste Angebote), andererseits auch mögliches Konfliktpotential im Auge behalten, gerade dann, wenn Vertreter unterschiedlicher Generationen miteinander kooperieren müssen. Da die Generation Y mit allen zur Verfügung stehenden modernen Kommunikationsmöglichkeiten aufgewachsen ist, sollten diese auch in der Zusammenarbeit genutzt werden – analog zur direkten Vorgängergeneration. Genau wie diese scheint auch die Generation Y weniger gebunden an einen bestimmten Arbeitgeber zu sein: „Sie ist die erste Generation, die davon profitieren wird, dass sich der Arbeitsmarkt in einzelnen Segmenten von einem Nachfrage- zu einem Angebotsmarkt

---

[81] Bruch et al. (2010), S. 122.

[82] In den Niederlanden stimmte das Parlament im April 2015 über das Recht der Angestellten auf einen Arbeitsplatz zu Hause per Gesetz ab, welches mit breiter Zustimmung angenommen wurde und im Juli 2015 in Kraft trat. Im Hintergrund steht eine Reform des niederländischen Pflegesystems, das Angestellte dabei unterstützen möchte, sich um pflegebedürftige Angehörige zu kümmern. In der Schweiz arbeiteten 2014 44,6% aller Erwerbstätigen ohne Blockzeiten oder andere formale Vorgaben. Nach der Datenlage des Bundesamts für Statistik differieren die Arbeitszeitmodelle allerdings je nach Bildungsstufe und Geschlecht stark. Je besser die Bildung, umso flexibler scheinen die Regelungen zur Arbeitszeit. Ebenso nimmt die Teilzeitarbeit zu: 2014 hatten 36% der Erwerbstätigen (insbesondere Frauen) einen Teilzeitjob. Vgl. Internetverweise, Anmerkungen.

[83] Bruch et al. (2010), S. 121.

[84] Bruch et al. (2010), S. 123 ff.

aus der Sicht des Arbeitnehmers wandelt."[85] Umso wichtiger scheint es nach Bruch et al. zu sein, den Arbeitnehmenden dieser Generation langfristige Entwicklungsmöglichkeiten in der Organisation aufzuzeigen, zum Beispiel durch gezieltes Mentoring, welches Orientierung am Handeln von Führungskräften aus der Organisation erlaubt. Bruch et al. nennen diese Form der Arbeitsbeziehung „visionsorientierte Führung"[86].

1. Worin bestehen die wesentlichen Unterschiede in der Führung unterschiedlicher Generationen und wie begründen sich diese?

2. Wie sieht für Sie ein gelungener Mix aus altersgruppengerechter und individueller Führung aus? Versuchen Sie dies anhand einer fiktiven Vorbereitung auf ein Entwicklungsgespräch mit den Mitgliedern ihres Teams herauszuarbeiten.

1.3.3 Prämisse Differenzierung

Eine differenziert gestaltete Personalentwicklung, die die soziale, individuelle und kulturelle Vielfalt in einer Organisation auf vielen Ebenen integriert und für sich nutzt, ist anspruchsvoll und komplex. Sie braucht die Bereitschaft, neue und ggf. unkonventionelle Wege zu beschreiten. Sie ist eine Investition in die Ressource Mensch, die die mit den demografischen Veränderungen einhergehenden Herausforderungen aktiv gestaltet und die nötigen Voraussetzungen herstellt, die zur Zufriedenheit, zur Leistungsfähigkeit und zur Bindung der Mitarbeitenden an die Organisation beitragen – und damit zum Erfolg einer Organisation.

Im Sinne der Nachhaltigkeit sollte sich Personalentwicklung nicht nur an der Gesamtstrategie einer Organisation ausrichten, sondern diese bereits unter dem *Blickwinkel Mensch/Ressourcen* inhaltlich mit strukturieren.[87] Vernetzung ist dabei das Schlüsselelement, denn alle in diesem Zusammenhang getroffenen Überlegungen sollten strukturell verzahnt, übersetzt und abgeglichen werden – sei es im organisationalen Leitbild, sei es in Führungsleitlinien.

Intelligente Standards, die sich nicht im Detail verlieren, Raum für eine flexible Ausgestaltung lassen und behutsam zum Einsatz kommen, tragen dabei zur Effizienz und Effektivität bei. Auf so geschaffenen Grundlagen kann eine passgenaue und differenzierte Planung von nachgeordneten Maßnahmen zur Entwicklung der Mitarbeitenden und der Organisation erfolgen.

---

[85] Bruch et al. (2010), S. 125.

[86] Bruch et al. (2010), S. 123.

[87] Nach Wegerich (2010) nimmt die Bedeutung von Personalentwicklung, die strategisch verknüpft und ausgerichtet ist, in Zukunft noch zu. Die Absicht beschreibt sie wie folgt: „Der Zweck der strategischen Personalentwicklung liegt in der Entwicklung und Förderung der in einem Mitarbeiter angelegten Potenziale auf der Basis der strategischen Unternehmensziele." In: Wegerich (2010), S. 21.

1. Was umfasst eine differenzierte Personalentwicklung?

2. Ist die Personalentwicklung in Ihrer Organisation konsequent verzahnt?

3. Begründen Sie Ihre Einschätzung: Wo sind Bezüge in Ihrer Organisation erkennbar? Wo fehlen diese aus Ihrer Sicht?

1.3.4 Prämisse Attraktivität

Eine Organisation,

- in der die Durchmischung von jüngeren und älteren Arbeitnehmenden gesichert ist und eine fruchtbare Zusammenarbeit nicht zuletzt durch Impulse und Beiträge der Personalentwicklung möglich ist,

- in der Führungskompetenzen kontinuierlich (weiter)entwickelt werden und die Bedürfnisse altersdiverser Arbeitnehmer und Arbeitnehmerinnen individualisiert abgeholt werden,

- in der Personalentwicklung nicht nur auf die Strategie ausgerichtet ist, sondern diese mitgestaltet und auf allen Ebenen konsequent vernetzt ist,

- in der soziale, individuelle und kulturelle Vielfalt integriert und genutzt wird

kann sich letztlich als attraktive Arbeitgeberin auf dem Arbeitsmarkt positionieren und so von anderen Unternehmen differenzieren.

Nach Studien[88] zu Entwicklungen auf dem Arbeitsmarkt wie dem Schweizer Human-Relations-Barometer[89] wird die Attraktivität einer Organisation in den Augen von bestehenden und potentiellen Mitarbeitenden weiterhin an Bedeutung gewinnen. Faktoren einer solchen Attraktivität gehen allerdings über das, was das klassische *Employer Branding*[90] mit Auftritt und Imagepflege umfasst, weit hinaus und beziehen Aspekte der Führung, der Entwicklung und der realen Arbeitsgestaltung[91] mit ein. So wurde herausgefunden[92], dass das Betriebsklima sowohl für Teilzeitbeschäftigte als auch für die Altersgruppen der über 45-Jährigen ein wesentlicher Faktor beim Verbleib oder Wechsel in eine

---

[88] Vgl. Trendstudien Kienbaum (2010) und DGFP e. V. (2009), Internetverweise.

[89] Der Schweizer Human-Relations-Barometer wird jährlich aufgelegt und untersucht, wie Arbeitnehmer/innen in der Schweiz ihre Arbeitssituation erleben. Dabei werden Themen wie Vertrauen, Motivation, Arbeitszufriedenheit oder Arbeitsmarktfähigkeit in den Blick genommen. Der Barometer ist ein Gemeinschaftsprojekt der Lehrstühle für Arbeits- und Organisationspsychologie der ETH Zürich und für Human Resource Management der Universität Zürich. Vgl. Internetverweise.

[90] Der Begriff *Employer Branding* wird häufig synonym zum Begriff Arbeitgeberattraktivität verwendet. Aspekte der Arbeitgeberattraktivität gehen allerdings über reine Marketingaspekte hinaus. Ebenso mündet das Erarbeiten der organisationsspezifischen Attraktivität nicht selten in einem umfassenden OE-Prozess.

[91] Zur Vielfalt eines *attraktiven Merkmals* vgl. Grothe et al. (2009).

[92] Vgl. Grothe et al. (2009).

neue Organisation spielt. Führung, die gezielt auf Wertschätzung, Ehrlichkeit, Toleranz und Zuverlässigkeit setzt, ist ein wesentliches Kriterium der Bindung an eine Organisation für die Altersgruppen zwischen 45 und 52. Im Vergleich dazu scheint die Höhe des Lohns lediglich bei jüngeren, männlichen Arbeitnehmern mit einem niedrigen Ausbildungsniveau sowie bei aufstiegsorientierten Arbeitnehmenden mit tiefem Einkommen den wesentlichen Ausschlag beim Wechsel in eine andere Organisation zu bilden.

Arbeitgeberattraktivität beschreibt also das, was eine Organisation im Kern besonders macht und hilft, Mitarbeitende nicht nur zu halten, sondern auch potentielle, zur Organisation passende Mitarbeiter/innen anzusprechen. Die vom Umfeld differenzierende Attraktivität kann komplex sein: Im Hintergrund aller Faktoren einer Arbeitgeberattraktivität stehen die besonderen Werte und Grundsätze einer Organisation,

- die sich auf die Ausprägungen der Organisations-und Arbeitsplatzkultur erstrecken,

- die die besondere Qualität der Personalentwicklung und Führung messen,

- die die Motivation und das Engagement der Mitarbeitenden beeinflussen und

- die die interne und externe Zusammenarbeit gestalten.

Das folgende Beispiel aus der Bankenbranche zeigt auf, wie die Werte einer Bank vom Umfeld differenzieren helfen und die Bank als Arbeitgeberin „attraktiv" machen.

Beispiel Zusammenhang von Arbeitgeberattraktivität und Werte – Profit-Organisation

In einer dänischen Bank[93] prägen die Unternehmenswerte maßgeblich die Organisationskultur. *Ungezwungen* als einer der Unternehmenswerte spiegelt sich bereits in der täglichen Interaktion: Sowohl Geschäftspartner als auch Kollegen duzen sich. Dabei spielen Hierarchien keine Rolle. Generell sind diese flach gehalten. Davon zeugt auch der Wert *Gleichwertigkeit:* Das Geschäftsmodell basiert auf den Prinzipien des Stakeholder Values[94]. Dass das Unternehmen auf dem Boden bleibt und sich als Bank in einer in der Kritik stehenden Branche positiv differenzieren möchte, zeigt nicht zuletzt der Umgang mit Anreizsystemen, der sich in der Umsetzung der Werte *anders* und *gesunder Menschenverstand* zeigt: Ein Bonus ist nicht Gegenstand des ansonsten in der Branche üblichen Vergütungssystems, ebenso zählen luxuriöse Dienstkarossen nicht zum organisationalen *Understanding*.

Die Orientierung an den unternehmenseigenen Werten wird als so grundlegend erachtet, dass diese einmal im Jahr im Rahmen einer Großveranstaltung mit allen Mitarbeitenden diskutiert werden. Dabei geht es darum, Raum für das Reflektieren

---

[93] Vgl. Internetverweise.

[94] Das Konzept des Stakeholder Values beschreibt das Gleichgewichts- und Gleichbehandlungsprinzip von Aktionären, Mitarbeitenden und Kunden. Es ist inhaltlich vom Konzept des Shareholder Values abzugrenzen.

der Werte und das Überprüfen der Umsetzungen bereit zu stellen. Das nicht ohne Grund, denn die Ergebnisse dieser Auseinandersetzung werden ernst genommen: Korrekturen, Anpassungen, Entwicklungen in allen Bereichen und auf allen Ebenen der Organisation sind die Folge, zum Beispiel indem ein neues Finanzprodukt konsequent transparent gemacht wird.

Wichtig in Bezug auf die Arbeitgeberattraktivität ist, dass jede Organisation für sich klärt, was sie im jeweiligen Umfeld konkret differenziert. Diese Differenzierungsmerkmale der organisationalen Attraktivität (Identität) sollten sich sichtbar und konsequent auf allen Ebenen einer Organisation spiegeln. Auf diese Weise wird nicht nur die Identifikation der Mitarbeitenden mit der Organisation gefördert, sondern es werden auch potentielle Mitarbeitende angesprochen, die zur Organisation passen. Hier setzt das Employer Branding an, indem die Charakteristiken nach außen sichtbar gemacht werden. Die Form muss wiederum zur Organisation passen – sei es in der Gestaltung der Homepage, in der Darstellung von Führungsleitlinien oder in der Transparenz der Werte. Dann kann die Arbeitgeberattraktivität in Zeiten des demografischen Wandels und Fachkräftemangels zum Überleben und Erfolg einer Organisation beitragen.

1. Was macht Ihre Organisation für Sie als Arbeitnehmer/in attraktiv?

2. Existiert ein gemeinsam getragener Konsens zur Attraktivität Ihrer Organisation?

3. Welche Vorteile bieten gemeinsame Werte einer Organisation?

4. Analysieren Sie Möglichkeiten, Ihre organisationalen Werte in allen Bereichen und auf allen Ebenen Ihrer Organisation zu vernetzen und sichtbar zu machen.

Fazit

Die demografischen Entwicklungen im deutschsprachigen Raum stellen den Arbeitsmarkt vor Herausforderungen, die heute bereits sichtbar sind, wenn auch regional und national in unterschiedlichen Ausprägungen. Der Mangel an Fachkräften ist dabei ein Phänomen, das sich auch im Bildungssektor niederschlägt. Ebenso die zunehmende Überalterung des Personals: Das zieht nicht nur die Notwendigkeit nach sich, den potentiellen Nachwuchs frühzeitig zu interessieren und zu adressieren und den Wissenstransfer innerhalb einer Organisation zu sichern, sondern auch aktiv den Kulturwandel in einer Organisation zu gestalten, der mit dem Weggang einer Generation verbunden ist.

Die besonderen Dynamiken der *Knowledge-based Society* mit Merkmalen wie *dichte Vernetzung* und *hohe Wissensproduktion* stehen in Wechselwirkung mit den zu initiierenden Prozessen. Reformprozesse wurden angestoßen, die Ergebnisse gilt es zu konsolidieren und ggf. Korrekturen und Anpassungen vorzunehmen. Die Lernfähigkeit von Organisationen und von Einzelnen wird vermutlich in Zukunft erfolgsrelevant sein.

Hier muss Personalentwicklung auf den unterschiedlichsten Ebenen einer Organisation ansetzen, zum Beispiel bei den Mitarbeitenden mit der Gruppe der Führungskräfte, bei der Arbeitsgestaltung, bei den Arbeitsprozessen, bei der Kultur und schließlich bei der handlungsleitenden Strategie:

- Individualität muss für die Organisation genutzt werden, zum Beispiel in Form adäquater Entwicklungsmöglichkeiten oder bei der Gestaltung der Aufgaben und Arbeitsprozesse an sich,

- Heterogenität muss Synergien schaffen können und entsprechend begleitet und unterstützt werden,

- Führung ist ein Dauerthema und muss bezüglich den Anforderungen an soziale, kulturelle und individuelle Vielfalt sensibilisiert und entwickelt werden, damit diese Vielfalt genutzt werden kann,

- Kulturwandel muss beim Abgang einer prägenden Generation und durch das Eintreten einer neuen Generation proaktiv gestaltet werden – zum Beispiel durch kreative Arbeitsformen, die die Weitergabe von Erfahrung in einer Organisation einerseits und innovative Neuerungen bestehender Routinen andererseits ermöglichen,

- Differenzierung muss als Qualitätsmerkmal verstanden werden, das weder eine „Bedrohung", noch eine „Überforderung" ist und darum *Flexibilisierung* als Maßstab hat, welche die soziale, kulturelle und individuelle Vielfalt intelligent integriert und nutzt,

- das Mitwirken der Personalentwicklung an der Organisationsstrategie und Gestalten mit dem Fokus *Mensch/Potential* ist Handlungsmaxime und ein wesentlicher Beitrag zur Überlebensfähigkeit einer Organisation.

So gelebt leistet Personalentwicklung einen wesentlichen Beitrag zur Attraktivität einer Organisation, die auf einem klaren Wertefundament beruht und die aktuellen und künftigen Herausforderungen innerhalb und außerhalb der Organisation erfolgreich meistert.

Literaturverzeichnis

Argyris, Chris; A. Schön, Donald (1996). Die lernende Organisation. Grundlagen, Methode, Praxis. Stuttgart: Klett-Cotta.

Bartsch, Tim C. (2009). Europäische Hochschulpolitik. Über die Entwicklung und Gestalt(ung) eines Politikfeldes. Baden-Baden: Nomos Verlagsgesellschaft.

Becker, Manfred (2010). Personalwirtschaft. Lehrbuch für Studium und Praxis. Stuttgart: Schäffer Poeschel Verlag.

Becker, Manfred (2013). Personalentwicklung. Bildung, Förderung und Organisationsentwicklung in Theorie und Praxis. 6. Auflage. Stuttgart: Schäffer-Poeschel Verlag.

Becker, Manfred (2011). Systematische Personalentwicklung. Planung, Steuerung und Kontrolle im Funktionszyklus. Stuttgart: Schäffer-Poeschel Verlag.

Bundesamt für Statistik (BFS) (Hrsg.) (2013). Bildungsperspektiven Szenarien 2013-2022 für das Bildungssystem. Reihe: Statistik der Schweiz. Neuchâtel: BFS.

Birchmeier, Urs (2001). Veränderung der Arbeitswelt in der Wissensgesellschaft. In: Die Volkswirtschaft, Jg. 9 (2001).

Bruch, Heike; Kunze, Florian; Böhm, Stephan (2010). Generationen erfolgreich führen. Wiesbaden: Gabler Verlag.

Buck, Helmut; Kistler, Ernst; Mendius, Hans Gerhard (2002). Demographischer Wandel in der Arbeitswelt. Chancen für eine innovative Arbeitsgestaltung. Band BR8. Stuttgart: Fraunhofer IRB Verlag.

Dubs, Rolf (2005). Die Führung einer Schule. Leadership und Management. Stuttgart: Franz Steiner Verlag.

Drucker, Peter (1998). Die Zukunft bewältigen. Aufgaben und Chancen im Zeitalter der Ungewissheit. Berlin: Econ.

Felfe, Jörg (2012). Arbeits- und Organisationspsychologie 1. Arbeitsgestaltung, Motivation und Gesundheit. Stuttgart: W. Kohlhammer.

Felfe, Jörg (2012). Arbeits- und Organisationspsychologie 2. Führung und Personalentwicklung. Stuttgart: W. Kohlhammer.

Göhlich, Michael; Hopf, Caroline; Sausele, Ines (2005). Pädagogische Organisationsforschung. Wiesbaden: Verlag für Sozialwissenschaften / GWV Fachverlage GmbH.

Graf, Anita (2009). Wissen, wo die Mitarbeitenden stehen. In: Zölch, Martina; Mücke, Anja; Graf, Anita; Schilling, Axel (2009). Fit für den demographischen Wandel? Ergebnisse, Instrumente, Ansätze guter Praxis. Bern, Stuttgart, Wien: Haupt Verlag.

Grote, Gudela; Staffelbach, Bruno (Hrsg.) (2009). Schweizer HR-Barometer 2009. Schwerpunktthema Mobilität und Arbeitgeberattraktivität. Zürich: Verlag Neue Zürcher Zeitung.

Höpflinger, François (2009). Demografische Entwicklung und Generationswandel. Ein Blick auf die späten Erwerbsjahre. In: Zölch, Martina; Mücke, Anja; Graf, Anita; Schilling, Axel (2009). Fit für den demographischen Wandel? Ergebnisse, Instrumente, Ansätze guter Praxis. Bern, Stuttgart, Wien: Haupt Verlag.

Höpflinger, François (2012). Bevölkerungssoziologie. Einführung in demographische Prozesse und bevölkerungssoziologische Ansätze. Weinheim: Beltz Juventa.

Holste, Jan Hauke (2012). Arbeitgeberattraktivität im demographischen Wandel. Wiesbaden: Springer Gabler.

Hurrelmann, Klaus; Albrecht, Erik (2014). Die heimlichen Revolutionäre. Wie die Generation Y unsere Welt verändert. Weinheim, Basel: Beltz Verlag.

Kearney, Eric (2013). Diversity und Innovation. In: Krause, Diana, E. (Hrsg.) (2013). Kreativität. Innovation und Entrepreneurship. Wiesbaden: Springer Gabler.

Kieser, Alfred; Walgenbach, Peter (2010). Organisation. Stuttgart: Schäffer-Poeschel Verlag.

Koch, Sascha; Schemmann (Hrsg.) (2009). Neo-Institutionalismus in der Erziehungswissenschaft. Grundlegende Texte und empirische Studien. Wiesbaden: VS Verlag für Sozialwissenschaften/ GWV Fachverlage GmbH.

Knoch, Cornelia (2014). Werte in der Personalentwicklung einer Schule. In: Pädagogische Führung, 25. Jahrgang, März 2014.

Knoch, Cornelia (2010). Der Umbau der Schweizerischen Volksschule. In: Schulmanagement, 41. Jahrgang, Dezember 2010.

Knoch, Cornelia (2001). Lehren und Lernen in der Wirtschaft. Darstellung aktueller Trainingsmethoden und ihre Beurteilung im Spiegel einer empirischen Untersuchung. Münster, Hamburg, London: LIT Verlag.

Krause, Diana, E. (Hrsg.) (2013). Kreativität. Innovation und Entrepreneurship. Wiesbaden: Springer Gabler.

Kreis, Georg (2015). Zukunft Personal Beschäftigung. Zwischen Praxis und Innovation, Unternehmen und Gesellschaft. Wiesbaden: Springer Gabler.

Mentzel, Wolfgang (2005). Personalentwicklung. Erfolgreich motivieren, fördern und weiterbilden. München: Deutscher Taschenbuch.

OECD (1999). Die Weltwirtschaft von Morgen: Ein neues, goldenes Zeitalter? Paris: OECD Publishing.

OECD (2012). Bildung auf einen Blick 2012. OECD Indikatoren. Paris: OECD Publishing.

Oertel, Jutta (2007). Generationenmanagement in Unternehmen. Wiesbaden: Deutscher Universitäts-Verlag GWV Fachverlage GmbH.

Parment, Anders (2009). Die Generation Y. Mitarbeiter der Zukunft. Herausforderung und Erfolgsfaktor für das Personalmanagement. Wiesbaden: Springer Gabler.

Peterke, Jürgen (2006). Handbuch Personalentwicklung. Berlin: Cornelsen Verlag.

Perrig-Chiello, Pasqualina; Höpflinger, François (2009). Die Babyboomer. Eine Generation revolutioniert das Alter. Zürich: Verlag Neue Zürcher Zeitung.

Rooney, David; McKenna, Bernard; Liesch, Peter (2010). Wisdom and Management in the Knowledge Economy. New York, London: Routledge.

Rump, Jutta; Völker, Rainer (2007). Employability in der Unternehmenspraxis: Eine empirische Analyse zur Situation in Deutschland und ihre Implikationen. Heidelberg: Physica-Verlag.

Sanders, Karin; Kianty, Andrea (2006). Organisationstheorien. Eine Einführung. Wiesbaden: VS Verlag für Sozialwissenschaften.

Schreyögg, Gerd (2008). Organisation. Grundlagen moderner Organisationsgestaltung. Mit Fallstudien. Wiesbaden: Gabler GWV Fachverlage GmbH.

Schröder, Tobias; Nachtwei, Jens; Schermuly, Carsten C. (2010). Potenziale des Alters nutzen. HR-Experten erwarten eine neue Wertschätzung von Alter und Erfahrung in den Unternehmen der Zukunft. In: Human Resources Manager, 1/10.

Straubhaar, Thomas (1997). Auf dem Weg in die Wissensgesellschaft des 21. Jahrhunderts (Mikro- und makroökonomische Aspekte). In: Die Volkswirtschaft, Jg. 70 (1997).

Seitz, Hans; Capaul, Hans (2011). Schulführung und Schulentwicklung. Theoretische Grundlagen und Empfehlungen für die Praxis. Bern, Stuttgart, Wien: Haupt Verlag.

Sonntag, Karlheinz (Hrsg.) (2009). Personalentwicklung in Organisationen. Göttingen, Bern, Wien, Toronto, Seattle, Oxford, Prag: Hogrefe.

Thom, Norbert; Ritz, Adrian; Steiner, Reto (2006). Effektive Schulführung. Chancen und Gefahren des Public Managements im Bildungswesen. Bern, Stuttgart, Wien: Haupt Verlag.

Trost, Armin; Jenewein, Thomas (2011). Personalentwicklung 2.0. Lernen, Wissensaustausch und Talentförderung der nächsten Generation. Köln: Luchterhand / Wolters Kluwer Deutschland GmbH.

Wegerich, Christine (2007). Strategische Personalentwicklung in der Praxis. Weinheim: WILEY-VCH Verlag.

Wunderer, Rolf (2006). Führung und Zusammenarbeit. 6., überarbeitete Auflage. München: Luchterhand.

Wunderer, Rolf (2011). Führung und Zusammenarbeit. 9., überarbeitete Auflage. München: Luchterhand.

Zölch, Martina; Mücke, Anja; Graf, Anita; Schilling, Axel (2009). Fit für den demographischen Wandel? Ergebnisse, Instrumente, Ansätze guter Praxis. Bern, Stuttgart, Wien: Haupt Verlag.

Internetverweise

Fußnote 2: Geburten- und Sterblichkeitsrate Schweiz
http://www.vimentis.ch/d/lexikon/382/Demographische+Entwicklung.html
Download am 27.06.2015.

Fußnote 4: Geburten- und Sterblichkeitsrate Österreich
http://gw.eduhi.at/schulen/bgsteyr/Bev%C3%B6lkerung.htm
Download am 27.07.2015.

Fußnoten 4/5: Geburten- und Sterblichkeitsrate Deutschland und Österreich
http://wko.at/statistik/eu/europa-geburtenrate.pdf
Download am 06.04.2015.

Fußnote 5: Geburten- und Sterblichkeitsrate Deutschland
https://www.destatis.de/DE/ZahlenFakten/Indikatoren/LangeReihen/Bevoelkerung/lrbev04.html
Download am 06.04.2015.

Fußnote 6: Arbeitsmarktentwicklung Deutschland
http://www.zeit.de/newsticker/2010/6/1/iptc-bdt-20100601-321-25015632xml
Download am 06.04.2015.

Fußnote 8: Überalterung von Lehrkräften
http://www.tagesanzeiger.ch/schweiz/standard/OECD-warnt-Schweizer-Lehrer-werden-immer-aelter/story/24992149
Download am 21.3.2013.

Fußnote 9: Überalterung von Lehrkräften
http://www.bfs.admin.ch/bfs/portal/de/index/themen/15/08/dos/blank/04/01.html
Download am 21.03.2013.

Fußnote 11: Fachkräftemangel
http://www.handelsblatt.com/politik/deutschland/arbeitsmarkt-ba-chef-weise-sieht-schaerferen-fachkraeftemangel/7829218.html
Download am 26.03.2013.

Fußnote 12: Quereinstieg in den Lehrberuf
https://www.phzh.ch/de/Ausbildung/Studiengaenge/Quereinstieg_in_den_Lehrberuf/
Download am 06.04.2015.

Fußnote 13: Wiedereinstieg von Lehrpersonen
http://www.vsa.zh.ch/internet/bildungsdirektion/vsa/de/aus_und_weiterbildung/lehrpersonen/
ausbildung/wiedereinstieg.html#a-content
Download am 07.04.2015.

Fußnote 14: Maßnahmen gegen den Lehrermangel
http://www.vsa.zh.ch/internet/bildungsdirektion/vsa/de/personelles/massnahmen_gegen_den_
lehrermangel.html
Download am 27.06.2015.

Fußnote 16: Beispiel Fachkräftemangel Profitbereich / Schweiz, Kanton Graubünden
https://www.gkb.ch/web/GKB+erhaelt+Auszeichnung+als+Top+Arbeitgeber+2013
Download am 07.04.2014.

Fußnote 22: Beispiel Google als Unternehmen / Werte der Generation Y
http://www.businessinsider.com/googles-zurich-office-2013-2?op=1
Download am 27.06.2015.

Fußnote 22: Beispiel Google als Unternehmen / Werte der Generation Y
http://www.tagesanzeiger.ch/zuerich/stadt/Google-baut-Standort-Zuerich-aus/story/21274508
Download am 27.06.2015.

Fußnote 22: Beispiel Google als Unternehmen / Werte der Generation Y
http://www.srf.ch/news/wirtschaft/diese-unternehmen-gehoeren-zu-den-beliebtesten-arbeitgebern
Download am 27.5.2015.

Fußnote 23: Wechselwirkung Wissensgesellschaft und Bildungskontext
http://www.oecd.org/about/membersandpartners/
Download am 27.06.2015.

Fußnote 33: Beispiel Schulreform / Schweiz, Kanton Zürich
http://www.fsb.zh.ch/internet/bildungsdirektion/fsb/de/schulbeurteilung.html
Download am 27.06.2015.

Fußnote 35: Volksschulgesetz des Kantons Zürich
http://www2.zhlex.zh.ch/appl/zhlex_r.nsf/0/B6DFC1347AA5482FC12575C1003D4B7F/
$file/412.100_7.2.05_65.pdf
Download am 27.06.2015.

Fußnote 39: Bedeutung für die Personalentwicklung
http://www.dgfp.de/wissen/praxispapiere/dgfp-e-v-hg-trends-im-personalmanagement-1347
Download am 08.04.2013.

Fußnote 45: Beispiel Personalentwicklung als Beitrag zur Entwicklung von Eigenverantwortung/Profitunternehmen
http://www.swisscom.ch/content/dam/swisscom/de/about/investoren/documents/geschaeftsbericht-2012.pdf
Download am 09.04.2015.

Fußnote 65: Führung unterschiedlicher Generationen nach Bruch et al. (2010)
Wirtschaft in den 70ern in Deutschland:
http://www.sueddeutsche.de/politik/jahre-brd-die-wirtschaft-der-er-grenzen-des-wachstums-1.387327
Download am 27.06.2015.

Fußnote 82: Führung unterschiedlicher Generationen nach Bruch et al. (2010)
Homeoffice:
https://www.eerstekamer.nl/wetsvoorstel/32889_initiatiefvoorstel_voortman
Download am 15.04.2015.

Homeoffice:
http://www.spiegel.de/karriere/ausland/home-office-niederlande-garantieren-heimarbeit-per-gesetz-a-1028521.html
Download am 14.04.2015.

Teilzeitarbeit Schweiz :
http://www.bfs.admin.ch/bfs/portal/de/index/themen/03/02.html
Download am 26.07.2015.

Fußnote 88: Arbeitgeberattraktivität
http://www.kienbaum.de/Portaldata/3/Resources/documents/downloadcenter/studien/human_resource_management/Ergebnisbericht_HR-Trendstudie_final.pdf
Download am 26.03.2013.

http://www.dgfp.de/wissen/praxispapiere/dgfp-e-v-hg-trends-im-personalmanagement-1347
Download am 26.03.2015.

Fußnote 89: Schweizer Human-Relations Barometer
http://www.hr-barometer.uzh.ch/index.html
Download am 27.06.2015.

Fußnote 93: Beispiel Arbeitgeberattraktivität und Werte / Profitorganisation
http://jyskebank.com/de/about/values
Download am 27.06.2015

Anmerkungen

Fußnote 2: Wechselwirkung Demografie und Arbeitsmarkt
Laut Vimentis (2011) wurden im Jahr 1960 in der Schweiz 2,44 Geburten durchschnittlich pro Frau gezählt, 2009 lag der Durchschnitt bei 1,5 Geburten, wobei der Anteil der Geburten von Ausländerinnen und Inländerinnen unterschiedlich ausfiel (leichte Dominanz beim Anteil ausländischer Geburten). Im Vergleich dazu wurden in Deutschland im Jahr 2012 durchschnittlich 1,38 Geburten gezählt. Vgl. http://www.vimentis.ch/d/lexikon/382/Demographische+Entwicklung.html sowie http://wko.at/statistik/eu/europa-geburtenrate.pdf.

Fußnote 3: Wechselwirkung Demografie und Arbeitsmarkt
Nach Buck et al. (2002) resultiert das Bevölkerungswachstum aus einem positiven Wanderungssaldo, welches weniger Geburten und eine sogenannte „doppelte" Alterung beinhaltet, was dazu führte, dass das Durchschnittsalter der gesamtdeutschen Bevölkerung zwischen 1960 und 2000 um rund fünf Jahre gestiegen ist. Vgl. Buck et al. (2002), S. 16 ff.

Fußnote 6: Wechselwirkung Demografie und Arbeitsmarkt
Nach Zölch et al. (2009) ist ab 2020 in der Schweiz nicht nur mit einem Rückgang der erwerbstätigen Bevölkerung zu rechnen, sondern auch mit einer deutlichen Alterung derselben. Zölch konstatiert, dass im Vergleich zum Jahr 2000 die Zahl der Arbeitskräfte zwischen 30 und 40 Jahren bis zum Jahr 2020 um ein Fünftel abnehmen wird, wobei sich die Zahl der Arbeitskräfte zwischen 50 bis 64 Jahren um ein Drittel erhöhen wird. Vgl. Zölch et al. (2009), S. 11 ff.

Fußnote 7: Wechselwirkung Demografie und Arbeitsmarkt
In einem Interview auf Zeit Online (2010) zu einer Arbeitsmarkt-Studie der Bertelsmann Stiftungen mit dem Vorstandsmitglied B. Mohn zeigt diese auf, dass sich die Zahl der 45- bis 64-Jährigen von 2006 bis 2025 um 3,7 Millionen erhöhen wird. Im gleichen Zeitraum reduziert sich allerdings der Anteil der jüngeren Erwerbstätigen zwischen 25 und 45 Jahren um 1,4 Millionen. Die Herausgeber der Studie kommen darum zum Schluss, dass das Thema Qualifizierung künftig wichtiger werde, da es für Unternehmen immer schwieriger werden wird, adäquat ausgebildete Arbeitskräfte zu finden, die zur „natürlichen" Entwicklung einer Belegschaft beitragen. Vgl. http://www.zeit.de/newsticker/2010/6/1/iptc-bdt-20100601-321-25015632xml.

Fußnote 10: Wechselwirkung Demografie und Arbeitsmarkt
Nach Becker (2010) sind Fachkräfte Mitarbeitende, die sich durch einen formalen Berufsabschluss auszeichnen und eine Tätigkeit ohne unmittelbare Führungsverantwortung ausüben. Vgl. Becker (2010) in „Personalwirtschaft", S. 30 ff.

Fußnote 18: Wechselwirkung Demografie und Arbeitsmarkt
Die zeitliche Differenzierung der Generationen kann sich von Autor zu Autor unterscheiden. Bruch et al. (2010) unterscheiden die „Wirtschaftswundergeneration" (Jahrgänge bis 1955) und die „Baby Boomer Generation" (Jahrgänge bis 1956, vgl. Bruch et al. (2010), S. 95 ff). Höpflinger (2009) dagegen fasst beide Gruppen als „Babyboom-Generation" zusammen: „Die Nachkriegsjahrgänge (Babyboom-Generation) Westeuropas wuchsen dank der „Pax Americana" in einer historisch fast einmaligen Wohlstandsperiode auf. Da die vom Zweiten Weltkrieg unversehrt gebliebene Schweiz vom Neuaufbau Europas rasch und stark profitierte, gehören gerade die Schweizer Nachkriegsgenerationen zu den eigentlich „glücklichen" Generationen, die während ihrer Kindheit und Jugend von einem enorm raschen Wohlstandsgewinn zu profitieren vermochten." Vgl. Höpflinger. In: Zölch (2009), S. 25 ff.

Fußnote 27: Wechselwirkung Wissensgesellschaft und Bildungskontext
Bartsch (2009) definiert den Begriff „lebenslanges Lernen" wie folgt: „In den 1990ern wurde zudem der Gedanke von Wissensgesellschaften und in engem Zusammenhang damit, das Konzept des lebenslangen Lernens verstärkt in die Diskussion gebracht. Kurz zusammengefasst handelt es sich bei dem lebenslangen Lernen um ein theoretisches Konzept der Erziehungswissenschaft sowie die dazugehörige Praxis, welches den Menschen zu einem eigenständigen Festigen und Erweitern der eigenen Kompetenzen und Fähigkeiten sowie seines Wissens über seine gesamte Lebensspanne anleiten will." Bartsch (2009), S. 189 ff.

Fußnote 28: Wechselwirkung Wissensgesellschaft und Bildungskontext

2007 lagen die gesamten öffentlichen und privaten Ausgaben für Bildungseinrichtungen in der Schweiz im internationalen Vergleich bei 5,5 Prozent des Bruttoinlandsprodukts. Bei den Ausgaben pro Schüler und Schülerin und Studierende lag die Schweiz mit circa 13 USD im Durchschnitt über alle Bildungsbereiche hinweg sogar deutlich über dem Schnitt der OECD. Dieser OECD-Schnitt lag 2007 bei 6,2 Prozent. Zu den Spitzenreitern zählten 2007 die USA, Korea und Dänemark mit über 7 % des Bruttoinlandsprodukts. Im Vergleich wurden, folgt man dem Bildungsbericht der OECD, 2010 in Deutschland lediglich 4,7 Prozent des Bruttoinlandsproduktes für Bildung ausgegeben. Bemängelt wird diese vergleichsweise niedrige Investition besonders vor dem Hintergrund der demografischen Entwicklung mit dem *Fachkräftemangel* und der *Verlängerung der Lebensarbeitszeit*. Ein Quervergleich stützt diese tendenziell niedrige (deutsche) Investitionsbereitschaft: 2008 hat das Bundesinstitut für Berufsbildung ermittelt, dass deutsche Unternehmen lediglich 0,7 % der Arbeitskosten für betriebliche Weiterbildung ausgegeben haben.

Fußnote 32: Wechselwirkung Wissensgesellschaft und Bildungskontext

Der Reformprozess, der in der Einführung geleiteter Schulen mündete, nahm in den Jahren 1995/96 mit dem Projekt *Quartierschule* seinen Anfang und wurde schließlich 2005 mit der Annahme des Volksschulgesetzes flächendeckend umgesetzt.

Fußnote 37: Bedeutung für Personalentwicklung: Prämisse Individualisierung

Holste (2012) schlägt vor, dass Arbeitsplätze in Zukunft „personalisierbar" und „individualisierbar" sein sollten, wollen sich Unternehmen den Anforderungen des demografischen Wandels erfolgreich stellen: „Die Stelle sollte sich sozusagen für die Aufgabe, die es zu erfüllen gilt, den Bedürfnissen des Mitarbeiters anpassen – solange das Ziel, der ganzheitliche Erfolg des Unternehmens, nicht gefährdet wird." Er plädiert für mehr Zulassen von „Einflussnahme" und „unternehmerischem Denken" im eigenen Verantwortungs- und Gestaltungsspielraum. Nur so, so Holste, können sich Organisationen künftig in „lernende Organisationen" wandeln. Vgl. Holste (2012), S. 65 ff.

Fußnote 39: Wechselwirkung Wissensgesellschaft und Bildungskontext

Nach Schröder et al. (2010) wird es sich kaum ein Unternehmen in Zukunft mehr leisten können, auf Erfahrungen und Wissen der älteren Belegschaft zu verzichten. Diese neue Ausrichtung verspricht Chancen für die Personalarbeit, so Schröder, denn, „richtig angegangen und von der Personalentwicklung systematisch begleitet, kann eine breite Altersdurchmischung nämlich sogar eine Quelle des Erfolgs für die wissensintensiven Unternehmen der Zukunft sein". Auch, so Schröder, weise die Innovationsforschung „schließlich schon lange auf die positiven Effekte der sozialen Diversität hin". Schröder et al. (2010), S. 58.

Fußnote 54: Führung unterschiedlicher Generationen nach Bruch et al. (2010)

Oertel (2007) unterscheidet wie Bruch et al. (2010) fünf Nachkriegsgenerationen, die sie wie folgt klassifiziert: Die Jahrgänge 1935 bis etwa 1945 kennzeichnet sie als „Nachkriegskinder". Die Jahrgänge 1945 bis etwa 1955 mit der prägenden Phase des Wirtschaftswunders bezeichnet sie als „Konsumkinder". Die Jahrgänge 1955 bis etwa 1965 tragen nach Oertel den Begriff „Krisenkinder" (im Gegensatz zur Terminologie „Baby Boomer Generation" bei Bruch et al.). Die größte Differenz weist die zeitliche Einteilung der beiden nachfolgenden Generationen auf: Oertel unterteilt die Jahrgänge 1965 bis etwa 1975 und 1975 bis etwa 1985, wobei sie die vierte Generation als „Medienkinder" kennzeichnet, die fünfte als sogenannte „Netzkinder". Prägende Ereignisse der jeweiligen Generationen entsprechen sich weitgehend bei den jeweiligen Autoren. Oertel (2007), S. 166 ff.

Fußnote 62: Führung unterschiedlicher Generationen nach Bruch et al. (2010)
Der Generation der Babyboomer wird zugeschrieben, die Friedens- und Umweltbewegung sowie die Gleichberechtigung von Mann und Frau in der Arbeitswelt nachhaltig „geprägt" zu haben. Vgl. Zölch et al (2009), Oertel (2007).

Fußnote 64: Führung unterschiedlicher Generationen nach Bruch et al. (2010)
Zur Rolle der Babyboomer in der Schweiz vgl. Höpflinger, in: Zölch et al (2009), S. 26. Höpflinger beschreibt diese Generation als diejenige, die die „Auflösung des bürgerlichen Ehe- und Familienmodells nicht nur erlebte, sondern aktiv gefördert hat". Auch verweist er auf die veränderte Rollenwahrnehmung der Frau in der Arbeitswelt und der Gesellschaft: „Ursprünglich stark männlich orientiert, führte die Jugendrevolte der späten 1960-er Jahre bald zu einer markanten Frauenbewegung und die heute älter werdenden Frauen der Baby-Boom-Generation gehören zu den ersten Generationen emanzipierter und selbstbewusster älterer Frauen, mit neuen Vorstellungen zu familiär-beruflichen Rollenkombinationen und späteren Erwerbskarrieren."

Fußnote 65: Führung unterschiedlicher Generationen nach Bruch et al. (2010)
Betriebsräte sind ein Organ der betrieblichen Mitbestimmung in deutschen Unternehmen zur Wahrnehmung der Rechte der Arbeitnehmer (im öffentlichen Dienst der Personalrat, bei kirchlich-karitativen Organisationen die Mitarbeitervertretung). 1972 erfolgte eine gründliche Neufassung des deutschen Betriebsverfassungsgesetzes mit dem Ausbau der Mitbestimmungsrechte (soziale und personale Bereiche) und dem Schutz des Betriebsrats.

Fußnote 82: Führung unterschiedlicher Generationen nach Bruch et al. (2010)
In den Niederlanden nimmt der Anteil der Heimarbeiter seit 2008 im Vergleich zu anderen europäischen Ländern stetig zu. Dennoch soll diese Entwicklung nicht überdurchschnittlich sein, sondern vielmehr sollen die besonders *flexible Unternehmenskultur* und breite *Verfügbarkeit des Breitbandinternets* Vorschub geleistet haben. Besorgnisse, dass Arbeitnehmende zu Hause weniger arbeiten, haben sich nicht als begründet erwiesen. Experten haben nachgewiesen, dass Arbeitnehmende zu Hause – wenn nicht gleich produktiv – sogar produktiver arbeiten als am Arbeitsplatz im Unternehmen selbst. Vgl. http://www.spiegel.de/karriere/ausland/home-office-niederlande-garantieren-heimarbeit-per-gesetz-a-1028521.html, Download am 14.04.2015

Theoretische Grundlagen

2.1   Historische Entwicklung von Personalentwicklung

Der Beginn der Institutionalisierung von Personalentwicklung als eigenem Aufgabenbe-
reich in deutschsprachigen Organisationen verweist in die 70er-Jahre. Diese Entwicklung
ist dem Erstarken einer an den Bedürfnissen und den Rechten der Mitarbeiter/innen orientierten Personalarbeit geschuldet, die nicht zuletzt Ausdruck des Paradigmenwechsels
hin zu mehr *Mitbestimmung* und *sozialer Verantwortung* in den Unternehmen war – wie
in ▶ Kap. 1[1] beschrieben. Entsprechend wurde der Begriff Personalentwicklung nach
Mudra (2004)[2] zum ersten Mal Anfang der 70er-Jahre in die deutschsprachige Literatur
aufgenommen, „um dort in der Folge zunehmend als Forschungsgegenstand thematisiert
zu werden"[3]. Im Hintergrund der erstarkten Interessen standen erste Erfahrungen zum
Training von Führungskompetenzen, die bereits in den 60er-Jahren in Zusammenarbeit
mit Universitäten[4] in den USA durchgeführt wurden und die in zahlreichen Konzepten und
Modellen zum Management Development Ausdruck fanden.

Die Aufgabe der Personalentwicklung in deutschsprachigen Unternehmen umfasste in
den 70er-Jahren die berufliche Aus- und Weiterbildung und die Umschulung. Das folgende Beispiel illustriert die personalpolitischen Vorstellungen in einem deutschen Chemieunternehmen in den 70er-Jahren – vor dem Hintergrund der den Arbeitsmarkt und die
Gesellschaft prägenden Strömungen.

---

[1] Vgl. Prämissen, Führung von unterschiedlichen Generationen, Generation Babyboomer, vorgängiges Kapitel.

[2] Vgl. Mudra (2004).

[3] Vgl. Mudra (2004).

[4] Bspw. die Ohio State University, an der das Managerial Grid zur Messung der Führungsstile entwickelt wurde.

Beispiel Personalentwicklung in den 70er-Jahren – Profit-Organisation

In einem Interview im Jahr 1978 in der Zeitung Personalwirtschaft[5], das mit dem verantwortlichen Geschäftsleitungsmitglied für den Bereich Personal der Henkel KGaA durchgeführt wurde, erklärt dieser auf die Frage, auf welche Sozialleistungen das Unternehmen in keinem Fall verzichten möchte: „Für unverzichtbar halten wir vor allem unsere betriebliche Altersversorgung, die gesundheitliche Betreuung, erhöhte Arbeitssicherheit und die betriebliche Fort- und Weiterbildung". Auf die Frage, ob finanzielle Anreize zur Motivation der Mitarbeiter/innen genügen, führt er aus: „Ich glaube, dass materielle Motivation noch nie ausgereicht hat, Mitarbeiter für ein Unternehmen und für ihre spezifischen Tätigkeiten zu begeistern. Dazukommen muß eine möglichst große Chance des einzelnen, auch in seiner Arbeit zu ‚leben' und sich einen gewissen Freiheitsspielraum zu schaffen. Das ist in einem modernen Chemieunternehmen mit Schichtrhythmus und genauen Produktionsplänen nicht immer leicht. (…) Gegen viele organisatorische Schwierigkeiten und Widerstände bei manchen Führungskräften haben wir immer mehr Mitarbeiter in die variable Arbeitszeit übernommen, und zwar indem wir in jedem Bereich vorher Schritt für Schritt die Einführung des modernen Arbeitszeitsystems mit den Beteiligten überlegt und geplant haben. (…) Auch unser System der Aus- und Weiterbildung halten wir für einen wichtigen Motivationsfaktor. Nicht nur, daß wir uns die Sache viel Geld kosten lassen – 1978 12 Millionen für den Gesamtbereich, davon knapp 2 Millionen für Weiterbildungen, Ausfallzeiten unberechnet – sondern wir versuchen immer wieder, die Interessen der Mitarbeiter mit denen des Unternehmens optimal zu koordinieren."

Zu den Herausforderungen bei der Umsetzung des Mitbestimmungsgesetzes im Unternehmen erklärt er, dass hierzu aus seiner Sicht die „optimale Information" der leitenden Angestellten bezüglich aller „wichtigen Aspekte der Unternehmenspolitik" zähle. Auf die pointierte Frage des Interviewers, ob das Unternehmen versuche, „eine spezifische ‚Henkel-Führungskraft' zu züchten", stellt der Interviewte klar, dass dies gar nicht möglich sei – allein schon wegen den in den Personen und in den Aufgaben angelegten Unterschieden. Er weist aber darauf hin, dass das Unternehmen Führungsgrundsätze verabschiedet hat – und gibt sich nüchtern: „Allerdings sind wir Realisten: Wir haben damit nicht die Hoffnung verbunden, daß durch dreimaliges Durchlesen dieses Papiers sich alles, was mit Führung zu tun hat, optimieren läßt! Hier bedarf es weiterer intensiver Schulung, wobei ich nach wie vor der Meinung bin, daß Beispiel die beste Lehre ist."

---

[5] In: Personalwirtschaft 11/78, S. 365 ff. Vgl. Internetverweise.

Aus heutiger Sicht erscheinen die zitierten Sichtweisen erstaunlich modern und geradezu visionär, so zum Beispiel die im Interview getroffenen Aussagen zur Identifikation mit einem Unternehmen und zur Autonomie von Arbeitsgestaltung. Ebenso ist das Thema *Information* auch 37 Jahre später immer noch eine Baustelle in vielen Organisationen.

Bemerkenswert fortgeschritten muten die Ausführungen des Interviewten zum Thema Führungsgrundsätze an: Im Vergleich zur hier formulierten Offenheit ist die Diskussion von *Führungsgrundsätzen* in vielen Schulen derzeit praktisch immer noch ein Tabuthema, das spiegelt sich zum Beispiel in der Praxis der Schulführung in den Schweizerischen Volksschulen.

Im Interview scheint so bereits der Übergang der traditionellen Personalarbeit hin zum Human Resource Management[6] auf. Die Entwicklung und Differenzierung des Aufgabenfeldes *Personalentwicklung* erfolgte allerdings nicht „linear". Das begründet auch die unterschiedlichen Verständnisse von Personalentwicklung heute. Um diese Differenzen besser zu verstehen und einordnen zu können, hilft ein Blick auf die im Hintergrund stehenden, impulsgebenden Konzepte.

Der Michigan- und der Harvard-Ansatz als Impulsgeber der Funktion des Human Resource Managements – und damit der Ausgestaltung von Personalentwicklung

Michigan-Ansatz[7]

In diesem Anfang der 80er-Jahre entwickelten Konzept geht es primär um ein effektives strategisches Management. Hierfür verknüpft der Michigan Ansatz die Unternehmensstrategie mit der Organisationsstruktur und dem Human Resource Management „mit dem Ziel der Erreichung eines *best fit* dieser drei Politikfelder"[8]. Nach Berthel (2010) hat die Unternehmensstrategie „allerdings zeitliche und inhaltliche Priorität. Die Organisationsstruktur und die Personalstrategie leisten vor allem einen Beitrag zur Strategieimplementierung (…)"[9]. Damit sind sowohl die Organisationsstruktur als auch das Human Resource der Unternehmensstrategie nachgeordnet – bzw. orientieren sich an dieser.

Durch die Vernetzung der drei Bereiche soll also in erster Linie die Effizienz der Planung und Steuerung des Personals optimiert werden. So erhofft man sich, auf

---

[6] Das Human Resource Management (HRM oder HR) als Funktionseinheit einer Organisation beschäftigt sich mit dem Management der Menschen innerhalb einer Organisation, und zwar mit dem Fokus auf die bestehenden Systeme, Strukturen und Strategien. Zur Diskussion vgl. auch Rooney et al (2010), S. 121 ff: „However, HR departements are not always the most popular in an organization, sometimes understandably as too many have had to simply execute sometimes ruthless management decisions to downsize or to enhance productivity."

[7] Der Michigan Ansatz wurde an der University of Michigan in den USA entwickelt. Vgl. Internetverweise.

[8] Mudra (2004), S. 7.

[9] Berthel et al. (2010), S. 680.

Markterfordernisse angemessen zu reagieren und den bestmöglichen Gewinn für das Unternehmen zu erwirtschaften. Der Michigan-Ansatz zeugt also von einer instrumentellen Sichtweise der menschlichen Ressourcen, da er den ökonomischen Aspekt der Arbeitsbeziehung Mensch-Organisation in den Vordergrund stellt. „Integration ist hier nicht vorrangig mitarbeiterorientiert, sondern betont den Aspekt des Managements."[10] Nach Mudra (2004)[11] wurde der Michigan Ansatz allerdings weniger in Bezug auf seine Überlegungen zum strategischen Management bekannt, sondern vielmehr durch den sogenannten HRM-Zyklus, welcher die Bereiche *Personalauswahl, Leistungsbeurteilung, Anreizsysteme* und *Personalentwicklung* differenziert.

Harvard-Ansatz[12]

Dieses Konzept folgt der Tradition der Human Relations Bewegung[13], die bereits in den 30er-Jahren Untersuchungen in einem amerikanischen Elektrizitätswerk durchführte, um die Auswirkungen veränderter Arbeitsbedingungen[14] auf die Arbeitsproduktivität zu untersuchen. Wesentliche Erkenntnisse dieser Forschungsarbeiten rund um die Forschungsaktivitäten Elton Majos[15] bezogen sich auf die Bedeutung sozialer Gruppenbeziehungen und menschenorientierter Führung. Diese Merkmale haben, so die Forscher, einen größeren Einfluss auf die Arbeitsproduktivität als die veränderten Arbeitsbedingungen selbst.

Im Mittelpunkt des Harvard Ansatzes steht darum auch die Beziehung zwischen der Organisation und ihren Mitarbeitenden. In dieser Struktur kommt der Führung eine Schlüsselfunktion zu, denn sie erzeugt durch Entscheidungen, Kommunikation und Verhalten Wirkung – in positiver und in negativer Hinsicht.

Negativeffekte von Führungen sollen gemäß Konzept vermieden werden und die Identifikation der Mitarbeitenden mit der Organisation gestärkt werden, zum Beispiel durch Partizipationsspielräume und Entwicklungsmöglichkeiten der Mitarbeitenden.

---

[10] Mudra (2004), S. 9.

[11] Mudra (2004), S. 7 ff.

[12] Der Harvard Ansatz wurde an der Harvard University in den USA entwickelt. Vgl. Internetverweise.

[13] Die Human Relations Bewegung rückte „den Arbeiter als Individuum mit menschlichen Bedürfnissen" in den Vordergrund. Vgl. Sanders et al. (2006), S. 59: „ In Webers Bürokratieansatz wird Verhalten in Organisationen – vorwiegend auf öffentliche Verwaltung bezogen, durch Regeln bestimmt. (...) Taylor legt ein Gestaltungskonzept für Produktionsbetriebe vor, nach dem die Beteiligten (mit Ausnahme der gestaltenden Ingenieure) ebenfalls als mechanistischer Bestandteil des organisatorischen Räderwerks angesehen wurden. Mit der Human Relations Bewegung entstand nun ein Konzept, das die Identität der Arbeiter betonte." Anmerkung der Autorin: Taylor selbst war auch Ingenieur.

[14] Zum Beispiel durch sogenannte Beleuchtungsexperimente, die den Zusammenhang von Arbeitsplatzbeleuchtung und Arbeitsleistung untersuchten.

[15] Vgl. Anmerkungen, Hawthorne-Studien. Nach Sanders et al. (2006), S. 63, kritisierte Mayo „das Menschenbild der Wirtschaftstheorie, nach der sich Menschen, von Eigeninteressen angetrieben, in Konkurrenz um knappe Mittel bekämpfen und lediglich ihr eigenes Überleben sichern." Vgl. Anmerkungen.

Das Human Resource Management nimmt dabei eine Schlüsselstellung ein und „muss die Entwicklung aller Aspekte im organisatorischen Gesamtzusammenhang sicherstellen und die Linienmanager dazu ermutigen, die Auswirkungen ihrer Entscheidungen auf das Personal bzw. auf die Beziehungen innerhalb des Unternehmens zu berücksichtigen"[16]. Dies beinhaltet nicht nur das Mitdenken der Wirkung aller Entscheidungen auf den unterschiedlichsten Ebenen[17] einer Organisation, sondern auch, Mitarbeitende in Hinblick auf das Erreichen unternehmerischer Ziele einzubinden und ungenutzte Potentiale für die Organisation zu erschließen – zum Beispiel durch eine entwicklungsfördernde Haltung und Umgebung.

▶ Nimmt man, wie in ▶ Kap. 1 beschrieben, heute das Mitwirken der Personalentwicklung an der strategischen Ausrichtung einer Organisation als Erfolgsfaktor wahr und ermöglicht das Mitdenken von Entwicklung und Potenzialen bereits von Beginn an (und nicht nachgeordnet), kann Personalentwicklung einen wesentlichen Beitrag zur Überlebensfähigkeit einer Organisation in einem sich rasch wandelnden und hochvernetzten Umfeld leisten. Wegerich (2007) schlussfolgert darum auch: „So wird die Trennung klassischer Personalarbeit und -entwicklung zunehmend aufgehoben, was dazu führt, dass beide Funktionsbereiche vermehrt aus einer Hand wahrgenommen werden"[18].

2.2 Begriffsfassung von Personalentwicklung

Die Entwicklung der Personalentwicklung einerseits als praktisches Betätigungsfeld in Organisationen, andererseits als theoretisches Konzept in den Fachwissenschaften ist ein interdependenter Prozess, der, wie bereits erwähnt, nicht homogen gewachsen ist und bei dessen Aufbau konkurrierende Strömungen und Vorstellungen Einfluss genommen haben.

Unter wissenschaftlichen Blickwinkeln ist Personalentwicklung ein relativ junges Wissenschaftsgebiet, das sich nach Becker (2009) nach wie vor im Aufbau befindet. Er empfiehlt einen interdisziplinären Zugang[19] mit Hilfe der Sozialwissenschaften[20] – was vor dem Hintergrund

---

[16] Mudra (2004), S. 7.

[17] Nach Mudra sind dies die Politikfelder Mitarbeiterbeteiligung, Personalbeschaffung, -einsatz, -entlassung, Belohnungssystem sowie Arbeitsorganisation. Vgl. Mudra (2004), S. 7 ff.

[18] Wegerich (2007), S. 21

[19] Vgl. Becker (2009), S. 29 ff.

[20] Die Sozialwissenschaften (oder Gesellschaftswissenschaften) subsumieren in Abgrenzung von den Natur- und Geisteswissenschaften die Wirtschaftswissenschaften (Betriebswirtschafts- und Volkswirtschaftslehre), die Kommunikations- und Rechtswissenschaften sowie die Bildungswissenschaften (Soziologie, Pädagogik, Psychologie) „unter einem Dach". Zum theoretischen Konzept von Personalentwicklung tragen heute schon Erkenntnisse und Ideen aus der Systemtheorie, des organisationalen Lernens, aus der Managementtheorie, der Motivations- und aus der Lehr- und Lernforschung bei.

der teilweise divergierenden Ansätze Sinn macht. Hier sollte die Heterogenität als Beitrag zu einem umfassenden, *polyvalenten* Konzept von Personalentwicklung verstanden werden.

In der Theorie sind Definitionen von Personalentwicklung entsprechend breit gefächert. Der Michigan-Ansatz mit dem Fokus *Unternehmensorientierung* und der Harvard-Ansatz mit dem Fokus *Mitarbeiterorientierung* bilden die sich gegenüberliegenden ideologischen Pole ab, innerhalb derer sich die Auslegungen zum Teil konkurrieren und in Spannung zueinander stehen, je weiter sie auseinander liegen.

Je nach Nähe zum Pol betonen Fachwissenschaftler darum auch unternehmensbezogene oder mitarbeiterbezogene Zielvorstellungen bei der Begriffsfassung von Personalentwicklung. Die folgenden Definitionen zeigen exemplarisch das Spannungsfeld und damit die Bannbreite auf, innerhalb derer die Deutungen von Personalentwicklung als theoretischem Konzept angesiedelt sind.

Beispiel Spannungsfeld der Definitionen von Personalentwicklung

Pol Unternehmensorientierung

Nach Neuberger (1994) ist „Personalentwicklung (…) die Umformung des unter Verwertungsabsicht zusammengefassten Arbeitsvermögens."[21]

Pol Mitarbeiterorientierung

Nach Mentzel (2005) bedeutet Personalentwicklung „eine systematische Förderung und Weiterbildung der Mitarbeiter. Dazu zählen sämtliche Maßnahmen, die der individuellen beruflichen Entwicklung der Mitarbeiter dienen und ihnen unter Beachtung ihrer persönlichen Interessen die zur optimalen Wahrnehmung ihrer jetzigen und künftigen Aufgaben erforderlichen Qualifikationen vermitteln."[22]

Becker (2009) schließlich schafft eine Synthese und definiert Personalentwicklung als „(…) alle Maßnahmen der Bildung, der Förderung und der Organisationsentwicklung, die von einer Person oder Organisation zur Erreichung spezieller Zwecke zielgerichtet, systematisch und methodisch geplant, realisiert und evaluiert werden."[23] Damit zählt er zu den Fachwissenschaftlern, die beim Versuch, Personalentwicklung als Konzept zu fassen, die weiteste und zugleich integrativste Begriffsfassung von Personalentwicklung vornehmen.

Je nach Pol akzentuieren die Definitionen also bestimmte Aspekte von Personalentwicklung. Die Gefahr einer solcherart „einseitigen" Herangehensweise an ein theoretisches Konzept von Personalentwicklung ist, einer potentiellen *Ausschließlichkeit* Vorschub zu

---

[21] Neuberger (1994), S. 3.

[22] Mentzel (2005), S. 2.

[23] Becker (2013), S. 5. Vgl. kontrastierend eine Definition von Personalentwicklung aus dem Jahr 1983: „In Abgrenzung von diesen Auffassungen wollen wir im weiteren PE als Summe von Maßnahmen auffassen, die systematisch, positions- und laufbahnorientiert eine Verbesserung der Qualifikationen der Mitarbeiter zum Gegenstand haben mit der Zwecksetzung, die Zielverwirklichung der Mitarbeiter und des Unternehmens zu fördern." Conradi (1983), S. 3.

leisten – sei es aus betriebswirtschaftlichen, psychologischen, soziologischen, pädagogischen oder anderen Überlegungen heraus. So steht der Aufbau von Personalentwicklung als sogenanntes „polyvalentes theoretisches Konzept"[24] vor der Herausforderung, einerseits nicht in einzelne, kleinteilige Betrachtungsweisen auseinanderzufallen, andererseits dominante fachwissenschaftliche Zugänge ausgewogen zu integrieren.

Analog zum Erfassen von Personalentwicklung als theoretischem Konzept ist auch die praktische Ausgestaltung von Personalentwicklung ein Resultat der skizzierten Entwicklungen mit allen „ambigen" Einflüssen. Auch in der Praxis bestimmen die Blickwinkel, Interessen und Motive der Akteure die Schwerpunkte und Ziele der Personalentwicklung in einem System oder in einer Organisation. Das folgende Beispiel illustriert den Versuch der Etablierung von Personalentwicklung im Schulbereich.

Beispiel Entwicklung von Personalentwicklung im Schulbereich – Schweiz, Kanton St. Gallen

Personalentwicklung in Schulen in der Schweiz stellt die verantwortlichen Akteure (Schulleitungen, Behörden) vor eine grundständig neue Aufgabe: Weder blickt die Funktion der Schulleitung auf eine über Jahre gewachsene Tradition zurück, noch hat sich ein eigenes Verständnis von Personalentwicklung geformt. Mit bildungspolitischen Reformen wie der Einführung des Volksschulgesetzes im Kanton Zürich im Jahr 2005 wurde die Entwicklung der Lehrpersonen allerdings auf gesetzliche Grundlagen gestellt und den Schulleitenden die Aufgabe in die Hand gegeben, den Rahmen für die Entwicklung der Lehrpersonen herzustellen[25].

Vor diesem Hintergrund bestimmen heute divergierende Sichtweisen auf das, was Personalentwicklung ist, die Ausgestaltung der Personalentwicklung in Schulen. Die Bandbreite ist groß. Steeger et al. (2012)[26] kamen in einer Befragung von Schulleitungen im Kanton St. Gallen zum Schluss, dass unter Personalentwicklung „Personalfördermassnahmen, das Mitarbeitergespräch sowie die Beurteilung der Lehrpersonen"[27] subsumiert werden, „wobei je nach Schule grosse Unterschiede auszumachen sind."[28] Die Interviewer schlussfolgerten, „dass der Begriff „Personalentwicklung" unterschiedliche Vorstellungen weckt."[29]

---

[24] Nach Auffassung der Autorin beinhaltet ein polyvalentes, theoretisches Konzept von Personalentwicklung eine ausgewogene, synergetisch orientierte Herangehensweise. Ein solches Konzept hat primär eine „aufklärende" Funktion, weil es die unterschiedlichen (fachwissenschaftlichen) Standpunkte und Funktionen zusammenfasst und die Differenzen konkretisiert und transparent macht. So leistet ein solches Konzept einen Beitrag zur bewussten Ausgestaltung und Schwerpunktsetzung von Personalentwicklung in der Praxis von Organisationen.

[25] Vgl. Beispiel Schulreform – Schweiz, Kanton Zürich, vorgängiges Kapitel.

[26] Steeger et al. (2012). Vgl. Internetverweise.

[27] Ebda., S. 32.

[28] Ebda., S. 32.

[29] Ebda., S. 32. Vgl. Becker (2009), S. 3: „Der Begriff Personalentwicklung ist von Heterogenität und Unschärfe begleitet."

Dieser Ausschnitt aus einer Realität (einem spezifischen Kontext) zeigt, dass die involvierten Akteure diejenigen sind, die entscheiden, was umgesetzt wird. Sie sind es darum, die den Rahmen für Personalentwicklung setzen. Ihre Entscheidungen treffen sie auf der Basis ihres individuellen Erfahrungswissens, ihrer persönlichen und fachlichen Kompetenzen sowie unter Berücksichtigung der finanziellen und machtpolitischen Einflussfaktoren innerhalb und außerhalb der Organisation.

Fazit

Warum gerade für Personalentwicklung eine Vielzahl von Definitionen vorliegt, die versuchen, sich der Personalentwicklung als Konzept anzunähern, erklärt sich aus der besonderen historischen Entwicklung, auf die unterschiedliche Ideen und Strömungen Einfluss genommen haben, teilweise auch ideologisch divergierend. Diese haben die Ausgestaltungen von Theorie und Praxis *gelenkt*. Die theoretische und die praktische Entwicklung bedingt sich wechselseitig und kann nicht losgelöst betrachtet werden. Die jeweiligen Verständnisse tendieren, je nach Zugang, zu einer mitarbeiterorientierten oder zu einer unternehmensorientierten Sichtweise von Personalentwicklung.

Personalentwicklung als **polyvalentes Konzept** sollte darum immer die Reflexion der Herkunft beinhalten, verbunden mit der Bereitschaft, das Verständnis und die Ausgestaltung von Personalentwicklung „anzupassen" – damit Personalentwicklung im speziellen Kontext auch ihre intendierte Wirkung erzielen kann.

1. Warum gibt es so viele unterschiedliche Definitionen von Personalentwicklung?

2. Fassen Sie die relevanten Hintergründe zusammen.

3. Was sind Ihre Eckwerte bei der Fassung einer Definition von Personalentwicklung?

2.3 Personalentwicklung und Werte

Warum ist im Zusammenhang mit Personalentwicklung das Nachdenken über Werte wichtig?

Die in den vorangehenden Kapiteln dargestellte Entwicklung von Personalentwicklung als theoretisches Konzept einerseits, andererseits als praktisches, zweck- und zielgebundenes Betätigungsfeld in einer Organisation zeigen, dass Personalentwicklung immer mit einer bestimmten Vorstellung, die die Funktion des Menschen in einer Organisation definiert, einherging. Das wirft die Frage nach den im Hintergrund liegenden ideellen Grundsätzen auf – den Werten, die diese Vorstellungen formen.

Werte liefern auch die Motive für das Handeln in einer Organisation. Sie geben diesem Richtung – und Sinn. Nach Heyse et al. (2009) ist zum Beispiel die Verwirklichung von Werten „das Umsetzen von Sinn in konkrete Handlungen"[30]. Werte *legitimieren* damit das Handeln innerhalb einer Organisation und gestalten Arbeitsprozesse und Arbeitsbeziehungen. Sie erfüllen nach Wunderer (2011) „eine verhaltensbeeinflussende (…) Funktion bei der Wahl von Zielen und Mitteln für das Handeln, sei es individuell oder in der Führungs- oder Kollegenbeziehung."[31]

Damit kommt der Klärung der Werte in einer Organisation eine hohe Bedeutung zu – und macht die Auseinandersetzung mit den Grundlagen von Personalentwicklung für eine Organisation *relevant*.

Exkurs Werte

Wandeln sich die Werte einer Gesellschaft, spricht man von einem Wechsel der Paradigmen. Dabei geht es grundsätzlich um die Erneuerung einer geltenden Weltanschauung. Findet eine solche Veränderung oder Verschiebung statt, hat dies Auswirkungen auf die Systeme und Strukturen. Das zwanzigste Jahrhundert zeugt von einer ungeheuren Dichte grundlegender Veränderungen von Weltanschauungen.

Ein Paradigmenwechsel fand zum Beispiel in Bezug auf das Verständnis von Arbeit und Mensch statt: Orientierte sich die deutschsprachige Gesellschaft bis ins 19. Jahrhundert mehrheitlich an einer protestantisch geprägten Arbeitsethik[32] mit Werten wie *Pflicht*, *Fleiß* und *Genügsamkeit*, stehen heute im gleichen Beziehungsfeld Qualitäten wie *Work-Life-Balance, Selbstbestimmung und -verwirklichung* sowie *Sinn* im Vordergrund.

Diese Wertvorstellungen nehmen Einfluss auf die Führung von Mitarbeitenden – sowohl auf die Praxis als auch auf die Theorie. Prinzipien des Mitunternehmertums[33] oder der delegativen Führung[34] zeugen vor diesem Hintergrund vom Versuch, eben diese Wertvorstellungen in die Arbeitswelt zu transportieren. Teilweise beeinflusst durch Überlegungen aus den Systemtheorien[35] der 80er-Jahre rücken Arbeitsformen und Arbeitsprozesse in den Vordergrund, die bspw. Autonomie und Eigenverantwortung ermöglichen. Nach Wunderer „erhalten Mitarbeiter jene Frei- und

---

[30] Heyse et al. (2009), S. 12.

[31] Wunderer (2011), S. 177.

[32] Max Weber hat bereits Anfang des zwanzigsten Jahrhunderts in einem Aufsatz auf die Zusammenhänge zwischen protestantischer Ethik und dem Beginn des Kapitalismus in Westeuropa hingewiesen. Dabei geht es ihm um die „Kompatibilität" religiöser Weltanschauung und kapitalistischer Prinzipien. Vgl. Kaesler (Hrsg.) (2013). Vgl. Anmerkungen.

[33] Vgl. Definition von Mitunternehmertum nach Wunderer (2009), S. 51, vgl. Anmerkungen.

[34] Zum Beispiel zielorientiertes oder transaktionales Führen, vgl. Felfe (2005).

[35] Vgl. soziologische Systemtheorien (Luhmann), Kybernetik, radikaler Konstruktivismus (von Glasersfeld).

Experimentierräume, die für die Entwicklung eigenständiger kreativer Problemlösungen notwendig und förderlich sind."[36] Die Arbeit in Projekten ist ein klassisches Beispiel. Diese Arbeitsmethodik scheint, wie bei der Führung unterschiedlicher Generationen in ▶ Kap. 1 beschrieben, insbesondere das Bedürfnis einer bestimmten Form der Arbeitsgestaltung der Generation X anzusprechen.[37]

1. Warum ist die Diskussion der Werte im Zusammenhang mit Personalentwicklung relevant?
2. Kennen Sie die Werte Ihres professionellen Selbstverständnisses?

2.3.1 Wie kann Führung die gelebte Praxis organisationaler Werte unterstützen und als Kulturvermittler agieren?

Wie eingangs beschrieben legitimieren Werte das Handeln in einer Organisation und geben diesem eine sinnhafte Richtung. Übersetzungshilfe leistet die Führungsmannschaft einer Organisation, deren Aufgabe es ist, zur Orientierung und zur Legitimation von Handlung in einer Organisation beizutragen. Führung beinhaltet, die Arbeitstätigkeit der Mitarbeiter/innen in einen Zusammenhang zu stellen, damit Identifikation möglich wird – und damit Leistung. Beides korreliert, wie die Führungsforschung bestätigt: „Die Resultate verweisen auch auf den maßgeblichen Einfluss einer Führungskraft, die zur Identifikation mit einer Organisation und ihren Zielen beiträgt. Der direkte Vorgesetzte ist es, der den Sinn einer Arbeitstätigkeit vermittelt, indem er/sie immer wieder das ‚Warum' aller Handlungen adressiert und zum Thema macht."[38] So sind Werte „Reflexionsflächen kollektiven und individuellen Handelns"[39] und wichtige Bezugspunkte im Arbeitsprozess und bei der Arbeitsgestaltung selbst.[40] Als Anker verstanden sind Werte nach Heyse (2009) insbesondere in einer sich rasch wandelnden Umgebung wichtig: „Je mehr sich unsere Umwelt verändert, je komplexer und dynamischer die uns umgebenden Bedingungen sind, desto mehr benötigen wir ‚Ordner', Werte, die Kontinuität und Orientierung in die Veränderungen bringen." [41] An diesen Punkten sollte Führung einsetzen und

- an einem gemeinsamen organisationalen Werteverständnis arbeiten,

- über das eigene, werteorientierte Handeln Möglichkeiten der Identifikation herstellen und Voraussetzungen schaffen, positiv auf Leistung und Zusammenarbeit einzuwirken,

---

[36] Wunderer (2006), S. 242 ff.
[37] Vgl. Führen unterschiedlicher Generationen, Generation X, vorgängiges Kapitel.
[38] Knoch (2014), S. 56. Vgl. Anmerkungen.
[39] Becker (2009), S. 128.
[40] Individuelle Wertvorstellungen bestimmen die Arbeitshaltung, bis hin zur inneren Kündigung, wenn der Sinn der Tätigkeit für den Einzelnen nicht mehr nachvollziehbar ist. Vgl. Becker (2009), S. 131.
[41] Heyse et al. (2009), S. 10.

- einen Sinnzusammenhang herstellen und die Ziele der Einzelnen mit denen der Organisation in Einklang bringen,

- das gemeinsame Werteverständnis zur Grundlage von Personalentwicklung machen,[42]

- den Werterahmen von Personalentwicklung transparent machen und kommunizieren,

- über die Personalentwicklung zum Erhalt und zur Entwicklung der Organisationskultur mit ihren im Hintergrund liegenden Werten beitragen.

Beispiel Werte und Führung – Profit- und Non-Profit-Organisationen[43]

Das Magazin Fortune legt jährlich eine Liste der 100 besten Arbeitgeber auf („The 100 Best Companies to Work For"[44]). Dieses Ranking wird in Zusammenarbeit mit dem Research Institut Great Place to Work ermittelt und basiert auf den Ergebnissen einer Umfrage unter Arbeitnehmer/innen aller am Ranking teilnehmenden Organisationen mit Fragen zur Vertrauenswürdigkeit des jeweiligen Managements, der Arbeitszufriedenheit und zur Zusammenarbeit. Die Umfrage ist kombiniert mit einem Kulturaudit, das unter anderem nach der internen Kommunikation, der Praxis der Mitarbeitergewinnung und -entwicklung sowie den organisationsspezifischen Entlohnungs- und Belohnungssystemen fragt.

Aus der Veröffentlichung der 100 besten Arbeitgeber im Jahr 2012 geht hervor, dass die erfolgreichsten Firmen ihre organisationsspezifischen Werte klären. Diese Klärung beinhaltet auch, zur Unternehmenskultur passend Normen und Standards zu definieren, die zum Beispiel festlegen, welches Verhalten im Unternehmen nicht toleriert wird. Die an der Spitze gerankten Organisationen investieren in die Entwicklung von Führungskompetenzen. Sie „inspirieren" Vorgesetzte fernab genormter Wege, sich zu engagieren, so dass diese nicht nur steuern, sondern das Motivieren, Fördern und Herausfordern ihrer Mitarbeiter/innen und Teams in ihre tägliche Führungsarbeit integrieren. Die Mitarbeiterführung scheint darum in diesen Unternehmen – dem Harvard-Ansatz folgend – eine Kernaufgabe zu sein.

1. Erklären Sie den Zusammenhang zwischen Werten und Führung.

2. Sind die Werte Ihrer Organisation geklärt und werden diese gelebt? Wann erkennen Sie, dass diese Werte gelebt werden?

3. Wo würden Sie in Ihrer Organisation ansetzen, um eine Diskussion über werteorientiertes Führen anzuregen?

---

[42] Zum Beispiel, indem eine Organisation die Grundsätze von Personalentwicklung aushandelt.

[43] Vgl. Internetverweise.

[44] Vgl. Internetverweise.

2.3.2   Wie kann Personalentwicklung die gelebte Praxis organisationaler Werte unterstützen und als Kulturvermittler agieren?

Wo setzt Personalentwicklung an, möchte sie beim Aufbau und Erhalt einer gemeinsamen Wertebasis einen sinnvollen Beitrag leisten? Hierfür unterscheidet Wunderer (2011)[45] drei „Wirkfelder" in einer Organisation – und definiert damit die strukturellen Ansatzpunkte von Personalentwicklung:

- die Person (das Individuum),

- das Team,

- die Organisation (als Ganzes).

Nach Wunderer (2011) sind die Person, das Team und die Organisation „die interagierenden Elemente des Systems ‚Unternehmung': So werden einerseits Teambeziehungen und organisationale Merkmale von Personen gestaltet; andererseits beeinflussen diese das Denken und Handeln von Personen."[46]

Diese Interdependenzen liefern damit auch die Struktur für die Analyse eines zur Organisation passenden Vorgehens. Die nachfolgenden Beispiele und Fragen entlang dieser *Struktur* zeigen exemplarisch auf, wie Personalentwicklung mit den Werten einer Organisation vernetzt werden kann und zum Aufbau oder Erhalt derselben beiträgt.

Wirkfeld Individuum

Beispiel: Weiterbildung, die den normativen Rahmen der Arbeitsprozesse und der Zusammenarbeit zum Inhalt hat. Im Fokus können Fragen stehen wie: Wie kommunizieren und verhalten wir uns im Konfliktfall? Wie arbeiten wir miteinander? Welches Verhalten tolerieren wir nicht? Wie verwirklichen wir bestimmte Organisationswerte (zum Beispiel Autonomie)?

Beispiel: Mentoren-Systeme, deren Mentoren als Kulturträger die Paradigmen der Organisation leben und vermitteln (zum Beispiel das Förderparadigma). Ein wirkungsvolles Mentoren-System beinhaltet das Klären von Zielen und Erwartungen. Im Fokus können Fragen stehen wie: Wie vermitteln wir die Werte unserer Organisation? Haben wir die im Hintergrund liegenden Annahmen geklärt? Wer repräsentiert die Werte unserer Organisation?

Beispiel: Mitarbeiterführung als permanenter Beitrag zur wechselseitigen Beziehungsgestaltung (auf der Basis der Organisationswerte). Im Fokus der Reflexion können Fragen stehen wie: Werden die Werte in der täglichen Kommunikation angesprochen? Sind die Werte für mich als Mitarbeiter/in Richtschnur meiner täglichen Arbeit? Wie lebe ich als Mitarbeiter/in die Werte in der Beziehung zu meiner/m Vorgesetzten? Lebe ich als Vorgesetzte/r die Werte der Organisation? Wie kommuniziere ich als Vorgesetzte/r oder Mitarbeiter/in zum Beispiel Wertschätzung? Unterstütze und fördere ich als Vorgesetzte/r die Entwicklung meiner Mitarbeitenden? Nehme ich als Mitarbeiter/in meine Entwicklung eigenverantwortlich war? Wie „sanktioniere" ich als Vorgesetzte/r das Erfüllen oder Nicht-

---

[45] Vgl. Wunderer (2011), S. 355 ff.
[46] Wunderer (2011), S. 355.

Erfüllen von Werten? Gehe ich als Vorgesetzte/r auf die „divergierenden Führungspräferenzen der Generationen"[47] (und damit Wertvorstellungen) in meinem Team adäquat ein?

Wirkfeld Team (Bereiche, Einheiten)

Beispiel: Arbeitsmethoden wie zum Beispiel die Arbeit in Projekten, wobei Planung, Umsetzung und Zusammenarbeit auf der Grundlage des normativen Rahmens erfolgen. Im Fokus der Auseinandersetzung können Fragen stehen wie: Ist selbständiges, autonomes Arbeiten gewährleistet? Wie wird mit Projektverantwortung ohne Personalverantwortung umgegangen? Wie lösen wir unsere Werte in der Zusammenarbeit konkret ein?

Beispiel: Umgang mit Schnittstellen auf der Grundlage der organisationsspezifischen Werte. Im Fokus können Fragen stehen wie: Finden Fragen zum Beispiel zur Work-Life-Balance Beachtung und werden Lösungen angeboten? Kennen die Teams ihren Beitrag im Rahmen der Vision (und Mission) der Organisation? Gleichen wir Erwartungen regelmäßig ab? Sind Aufgaben effizient organisiert? Wie gehen wir mit Schnittstellen im Arbeitsprozess um? Wie lösen wir Friktionen und Konflikte an Schnittstellen? Haben wir die nötigen Rahmenbedingungen, mit denen wir vernetzt arbeiten können?

Beispiel: Teamentwicklung, die eingebettet ist in den normativen Rahmen. Im Fokus der Reflexion können Fragen stehen wie: Nehmen wir uns als Team wahr? Arbeiten wir als Team zusammen? Kennen wir unseren Beitrag zum Erfolg der Organisation? Erfüllen wir unsere Ziele? Wie gehen wir zum Beispiel mit Konkurrenz im Team/in der Organisation um?

Wirkfeld Organisation – Beispiele

Beispiel: Die Werte der Organisation diskutieren, was Aufschluss über die im Hintergrund liegenden Annahmen ermöglicht. Im Fokus der Diskussion können Fragen stehen wie: Ist uns das *Warum* unserer Handlungen klar? Haben wir Anforderungen an das Verhalten unserer Führungskräfte und Mitarbeitenden definiert? Ist Entwicklung und Lernen Teil unseres organisationalen Selbstverständnisses?

Beispiel: Die Vision und die Mission der Organisation in die Entwicklung der Mitarbeiter/innen übersetzen. Im Fokus können Fragen stehen wie: Wird die Entwicklung von Führungskompetenzen auf Vision und Mission ausgerichtet? Spiegelt die Personalentwicklung Vision und Mission? Gibt es ein Commitment auf breiter Ebene für die Entwicklung der Mitarbeiter/innen? Wird Entwicklung gelebt?

Beispiel: Umgang mit Ressourcen auf der Grundlage der organisationsspezifischen Werte. Im Fokus können Fragen stehen wie: Finden Fragen zur Work-Life-Balance Beachtung und bieten wir Lösungen an? Arbeiten wir mit Kompetenz- oder Anforderungsprofilen, so dass jede/r Mitarbeiter/in mit den „richtigen" Aufgaben betraut ist? Gleichen wir die Anforderungen und Erwartungen regelmäßig ab?

Beispiel: Die interne Kommunikation, die eingebettet ist in den normativen Rahmen. Im Fokus können Fragen stehen wie: Kennen alle Mitarbeiter/innen ihre Weiterentwicklungsmöglichkeiten? Nehmen sie ihre Weiterentwicklung eigenverantwortlich wahr? Sind

---

[47] Bruch et al. (2010), S. 246.

Informationen zur Personalentwicklung allen zugänglich? Sind die Grundlagen der organisationsspezifischen Personalentwicklung bekannt? Kommunizieren wir zum Beispiel *generationengerecht*?

1. Welches sind die „Wirkfelder von Personalentwicklung" nach Wunderer und warum hängen diese zusammen?

2. Woran erkennen Sie in Ihrer Organisation die Wechselwirkungen dieser Wirkfelder?

3. Nennen Sie Möglichkeiten auf allen Ebenen, wie Personalentwicklung gerade in Ihrer Organisation zum Aufbau oder Erhalt einer gemeinsamen Wertebasis beitragen kann.

Fazit

Personalentwicklung geht mit bestimmten Vorstellungen, die die Funktion des Menschen in einer Organisation definieren, einher. Das zeigt nicht zuletzt die Entwicklung von Personalentwicklung als theoretisches Konzept oder als praktisches Betätigungsfeld. Das macht die bewusste Auseinandersetzung mit den handlungsleitenden Werten innerhalb einer Organisation für diese *relevant*. Das Klären individueller Annahmen[48] und Bündeln derselben in einen Konsens organisationsspezifischer Werte unterstützt die Ausrichtung des Handelns innerhalb einer Organisation und somit das an einem normativen Rahmen orientierte Agieren in Arbeitsprozessen und Arbeitsbeziehungen.

Werte bilden darum den Rahmen ab, den Personalentwicklung mitgestaltet. Dieser ist zugleich Orientierung und Eckwert für alle Entwicklungsbestrebungen innerhalb einer Organisation. Führung leistet hier einen wesentlichen Beitrag, indem sie Übersetzungshilfe leistet und eben diese Werte im Rahmen der Arbeitsprozesse und Beziehungsgestaltung zum Thema macht und das eigene Handeln auf die Werte hin ausrichtet.

Ansatzflächen zur Arbeit an den Werten bieten der einzelne Mitarbeitende, das Team (die Einheit, der Bereich) sowie die Organisation selbst.

Es gibt kein „Patentrezept" für alle diesem Ansatz folgenden Entwicklungsbestrebungen. Die Maßnahmen zur Werte- und Kulturentwicklung müssen immer in die Organisation und ihre Kultur passen. Das beinhaltet auch die Bereitschaft, bestehende Werte ggf. zu überdenken und anzupassen.

---

[48] Menschenbilder

2.4 Personalentwicklung und Reifegrade

Personalentwicklung hat, wie in den vorangegangenen Kapiteln beschrieben, immer etwas mit dem Verständnis der Funktion von Menschen in einer Organisation zu tun; zum einen mit dem Wert, der diesem zugeschrieben wird, zum anderen mit der Summe der gemeinsam geteilten Werte in einer Organisation. In Form von Menschenbildern oder individuellen Annahmen sind sie Teil der unter ▶ Kap. 2.1 und ▶ Kap. 2.2 beschriebenen einflussnehmenden Faktoren (Blickwinkel, Interessen, Motive) bei der Ausgestaltung von Personalentwicklung – und bestimmen somit die Ziel- und Schwerpunktsetzung von Personalentwicklung in einem System oder in einer Organisation.

Becker (2013)[49] unterscheidet drei Ausgestaltungsgrade von Personalentwicklung. Er definiert Personalentwicklung im engen, im erweiterten und im weiten Sinn, vgl. ⊙ Tab. 2.1. Die jeweiligen Inhalte geben Aufschluss über das spezifische Verständnis einer Organisation von Personalentwicklung – und damit auch Hinweise auf das Verständnis der Funktion von Menschen in der Organisation und die im Hintergrund liegenden Einflüsse. Die folgende Übersicht zeigt die wesentlichen Merkmale der jeweiligen Ausgestaltungsgrade nach Becker auf.

Personalentwicklung im engen Sinn umfasst ausschließlich Maßnahmen zu Bildungszwecken. Das kann zum Beispiel die Berufsausbildung in einem Unternehmen oder die Weiterbildung der Mitarbeitenden sein. Die Bildungsmaßnahmen erfolgen „segmentiert"[50] und nach dem Prinzip der Sanktion:

a. damit ein Defizit behoben wird, das in einer Leistungsbeurteilung festgestellt wurde und zum Beispiel in der Verpflichtung zur Teilnahme an einem englischen Sprachkurs mündet, weil die Unternehmensaktivitäten die englische Sprache erfordern oder

b. zur Belohnung einer herausragenden Leistung, zum Beispiel in Form eines „Weiterbildungsgutscheins" an einem renommierten Institut.

So verstandene Personalentwicklung erfolgt punktuell auf der Grundlage eines akuten Bedarfs. Es handelt sich hier also um lose Maßnahmen, die nicht zwingend verbunden sind und die – pointiert – „nach dem Gießkannenprinzip verteilt werden". Geht es dem Unternehmen gut, wird die Weiterbildung großzügig unterstützt, geht es dem Unternehmen schlecht, gehört die Personalentwicklung zu den Bereichen, in denen Kürzungen stattfinden und Sparmaßnahmen ansetzen.

---

[49] Vgl. Becker (2013).
[50] Becker (2009), S. 5.

Personalentwicklung im erweiterten Sinn beinhaltet neben dem Bildungszweck den Aspekt der Förderung. Ansatzfläche bietet der gesamte Personalprozess[51] von der Auswahl der/s Mitarbeitenden bis hin zu seinem/ihrem Ausstieg. Damit ist Personalentwicklung in diesem zweiten Ausgestaltungsgrad nicht nur umfassender, sondern auch systematisch angelegt und beschreibt Karrierewege innerhalb einer Organisation. Sie erfolgt nach definierten Grundsätzen. Ziele und Inhalte sind in der Regel in einem für alle transparent zugänglichen Konzept zusammengefasst. Die Weiterentwicklung der Mitarbeitenden wird so nicht dem Zufall überlassen und steht klar in einem organisationalen Zusammenhang. Sie ist eine Führungsaufgabe, die entsprechend in Mitarbeitergesprächen kontinuierlich thematisiert wird und auf die Ziele der/s Einzelnen und die der Organisation hin abgestimmt wird.

Personalentwicklung im weiten Sinn umfasst neben dem Bildungszweck und dem Aspekt der Förderung den Blickwinkel der Organisationsentwicklung[52]. Da die systematische Entwicklung der/s Einzelnen logischerweise die Entwicklung der Organisation nach sich zieht, zielt Personalentwicklung im dritten Ausgestaltungsgrad auf das Fördern organisationaler Lernprozesse ab. Probleme, die sich in den Arbeitsprozessen selbst stellen, werden zum Lerngegenstand. [53] Personalentwicklung folgt in diesem Grad der Ausgestaltung nach Wunderer (2006) dem Subsidiaritätsprinzip[54]: Jedes Mitglied der Organisation übernimmt die Verantwortung für den individuellen Lernprozess und macht diesen zu seinem persönlichen Anliegen. Prinzipien wie Eigenverantwortung, Selbstorganisation, Problemlösungsorientierung und Vernetzung bilden die Pfeiler dieses Verständnisses von Personalentwicklung. Arbeitsformen, die dieser Idee Rechnung tragen, gestalten die Arbeitsprozesse, zum Beispiel die Arbeit in Gruppen oder in Projekten. Die Unterstützung der Teamentwicklung und der gezielte Umgang mit Veränderungen (Change Management) sind exemplarische Aufgaben der Personalentwicklung im weiten Sinn.

---

[51] Gemeint sind unter anderem die Gewinnung neuer Mitarbeiter/innen und die Einarbeitung derselben, die Art und Weise der Karriereplanung, Identifikation und Performanz, unterstützt durch Mentoring und Coaching. Vgl. Becker (2009), S. 5.

[52] Nach Sanders et al. (2006) sind die Ursprünge der Organisationsentwicklung auf Experimente zur Gruppendynamik durch Kurt Lewin im Jahr 1945 zurückzuführen und auf Beobachtungen zur Wirkung von wechselseitigem Feedback, welches zu Verhaltensänderungen in einer Gruppe führen kann. Vgl. Sanders (2006), S. 74 ff.

[53] Das im ersten Kapitel skizzierte Beispiel eines Telekommunikationsunternehmens zeigt exemplarisch Personalentwicklung im dritten Ausgestaltungsgrad auf. Weder Vorgesetzte, noch Human Resources schaffen eine Lösung für ein Problem, sondern geben den nötigen Raum zum Finden einer Lösung, welches die Betroffenen selbst entwickeln. So ist das Human Resource Management vom „Solution Provider" zum „Solution Enabler" transformiert. Das Ergebnis kann im Gegensatz zu einer verordneten Lösung besser akzeptiert und umgesetzt werden, denn die Betroffenen haben die Lösung selbst erarbeitet. Vgl. Anmerkungen, organisationale Lernprozesse.

[54] Vgl. Wunderer (2011), S. 358.

Tab. 2.1 Inhalte der Personalentwicklung nach Becker (2013)[55]

Bildung	Förderung	Organisationsentwicklung
Berufsausbildung inklusive duale Hochschulausbildung	Stellenbündel	Teamentwicklung
	Auswahl und Einarbeitung	Projektarbeit
Fachhochschul- und Hochschulbildung	Arbeitsplatzwechsel	Sozio-technische Systemgestaltung
	Auslandseinsatz	
Berufliche und allgemeine Weiterbildung	Nachfolge- und Karriereplanung	Gruppenarbeit
		Change Management
Führungskräfte- und Führungsnachwuchskräftebildung	Strukturiertes Mitarbeitergespräch	Großgruppenveranstaltungen
Arbeitsplatznahes und arbeitsintegriertes systematisches Anlernen	Systematische Entwicklungsberatung	Fachliche Netzwerke und soziale Netzwerke
	Peer Supervision, kollegiale Beratung	Events und Kulturveranstaltungen
Umschulung	Coaching, Mentoring Supervision	Betriebsfeiern, Newsletter und Betriebszeitungen
PE im engen Sinn = Bildung	PE im erweiterten Sinn = Bildung + Förderung	PE im weiten Sinn = Bildung + Förderung + Organisationsentwicklung

1. Benennen Sie die Ausgestaltungsgrade von Personalentwicklung nach Becker und unterscheiden Sie diese.

2. Welche Schlussfolgerungen ziehen Sie auf die im Hintergrund liegenden Menschenbilder bei der Betrachtung der Ausgestaltungsgrade?

3. In welchem Ausgestaltungsgrad befindet sich die Personalentwicklung in Ihrer Organisation?

Im Hintergrund dieser Unterscheidung von Personalentwicklung in eng, erweitert und weit liegen Ergebnisse von Studien[56], die Hinweise auf Zusammenhänge zwischen dem Grad von Personalentwicklung und dem Grad der Unternehmensführung geben. Die Studien basieren auf einem Modell, das die Unternehmensführung und die Personalentwicklung idealtypisch in drei Entwicklungsstadien (sogenannte *Generationen*) einteilt. Der nachfolgende Text gibt Einblick in das Konstrukt.

---

[55] Becker (2013), S. 4
[56] Vgl. Becker et al. (2002), S. 13 und Becker et al. (2009).

Reifegrad-Konstrukte von Unternehmens- und Personalentwicklung nach Becker et al. (2002)

Die Kernaussage des Konzepts von Reifegraden verweist auf die nötige Interdependenz von Unternehmensführung und Personalentwicklung als Beitrag zur Überlebensfähigkeit einer Organisation: „Das Reifegradkonzept postuliert, dass eine anschlussfähige Gestaltung der Personalentwicklung an die Unternehmensführung notwendig ist, um die dynamischen und komplexen Anforderungen bewältigen zu können."[57]

Entsprechend der Hypothese, dass verschiedene Generationen der Unternehmensentwicklung eine analog ausgerichtete Personalentwicklung benötigen, zeigten Resultate von Studien, die 2002 und 2008 durchgeführt wurden, Korrelationen. Dabei untersuchten die Wissenschaftler Unternehmensziele, Unternehmensstrategie und Unternehmensstruktur. Die jeweiligen Generationen der Unternehmen teilten sie in „traditionale Unternehmen" (produktionsorientiert), „transitionale Unternehmen" (kostenorientiert) und „transformierte Unternehmen" (werteorientiert) ein.

Die Stichproben ergaben Hinweise[58] auf Korrelationen zwischen einer „phasentypisch" ausgestalteten Personalentwicklung und der „jeweiligen Phase der Unternehmenstransformation". Ebenso zeigte sich in späteren Untersuchungen ein deutlicher Zusammenhang zwischen einem als *innovativ* gekennzeichneten Verständnis von Personalentwicklung und Unternehmen mit einem starken Strategieprofil.[59]

Worin besteht aus der Sicht der Wissenschaftler die Beziehung zwischen den Reifegraden von Unternehmens- und Personalentwicklung? Becker et al. (2002) beschreibt diese wie folgt:

Bei der ersten Generation der Unternehmensführung, die *traditional* und *produktionsorientiert* charakterisiert wird, steht die Beherrschung der Produktionsprozesse im Mittelpunkt sowie das Optimieren der Erzeugung. Diese Unternehmen, denkbar ist zum Beispiel ein Rohstoffhersteller, operieren innerhalb eines tendenziell sicheren Absatzmarktes. Diese Stabilität erfordert darum auch kaum Veränderung des Unternehmens. Da das Unternehmensziel ist, Gewinn zu maximieren, versucht man, alle Produktionsfaktoren mit den Zielen des Unternehmens bestmöglich zu kombinieren. Der Mensch ist in diesem Gefüge ein Produktionsfaktor. Darum findet Personalentwicklung primär statt, wenn ein Defizit bezüglich der benötigten Qualifikationen vorliegt. Personalentwicklung kommt darüber hinaus auch dann zum Einsatz, wenn gezielt motiviert oder belohnt werden soll, zum Beispiel in Form eines Seminarbesuches an einem attraktiven Ort fernab des üblichen Unternehmensalltages. Personalentwicklung befindet sich folglich in einer „Institutionalisierungsphase"[60]. Sie basiert nicht auf explizit formulierten Grundsätzen. Sie steht unter Legitimationsdruck innerhalb der Organisation, da ihr Sinn und Zweck

---

[57] Vgl. Becker et. al. (2009), S. 222.
[58] Vgl. Becker et al. (2002), S. 14.
[59] Vgl. Becker et al. (2002), S. 14 ff.
[60] Vgl. Becker et al. (2002), S. 13 ff.

nicht zwingend für alle Mitglieder nachvollziehbar ist. Sie ist also noch in einer Art *Behauptungsphase*.

Bei der zweiten Generation der Unternehmensführung, die *transitional* und *kostenori-entiert* charakterisiert wird, steht das *funktionsbezogene Denken* im Mittelpunkt des orga-nisationalen Handelns. Finanzziele bestimmen die Ausrichtung. Die Minimierung aller Kostenfaktoren soll dazu führen, den größtmöglichen Gewinn zu erzielen. Der Mensch ist in diesem Gefüge ein Kostenfaktor. Da Veränderungen im Umfeld dieser Unternehmen als kritisch eingestuft werden, erfordern diese (strategische) Anpassungen des Unternehmens. Derartige „Kurskorrekturen" ziehen Maßnahmen nach sich wie zum Beispiel die gezielte Suche nach entsprechend qualifizierten Mitarbeitenden oder die Qualifizierung des beste-henden Personalstamms selbst. An dieser Stelle kommt das Human Resource Manage-ment zum Einsatz, das für die Personalentwicklung zuständig ist und an diversen Stellen im Personalprozess ansetzt. Die Planung und Umsetzung aller Maßnahmen erfolgt dabei (idealtypisch) systematisch und gründet auf einer Bedarfsermittlung. Künftig erforder-liche Anforderungen werden regelmäßig abgeglichen. Hierbei unterstützt die Führungs-kraft, die die Leistung der Mitarbeitenden beurteilt und für deren Qualifizierung verant-wortlich ist. Personalentwicklung befindet sich folglich in der *Differenzierungsphase*[61]. Die Legitimation der Personalentwicklung muss anhand der Effizienz und Effektivität aller Maßnahmen nachgewiesen werden.

Bei der dritten Generation der Unternehmensführung, die *transformational* und *wert-orientiert* charakterisiert wird, steht das Netzwerken im Mittelpunkt des organisationalen Handelns. Netzwerke, so die Annahme, ermöglichen den zielgerichteten Zugang zu den unterschiedlichsten Kompetenzen in einer Organisation. Das Erschließen von Potenzia-len bildet nach diesem Ansatz den Schlüssel, um Veränderungen im Umfeld innovativ zu bewältigen. In transformierten Unternehmen geht es darum, Kernkompetenzen der Orga-nisation auszubauen. Das ist der Weg, „überlebensfähig" zu bleiben. Der Mensch ist in diesem Gefüge ein Erfolgsfaktor. Matrixorganisationen tragen beispielsweise mit ihrem besonderen strukturellen Aufbau diesem Anspruch Rechnung.

Im Fokus transformierter Unternehmen steht das Fördern der organisationalen Lern-prozesse. Darum intendiert Personalentwicklung immer auch Organisationsentwicklung. Lernen und Entwicklung findet im Arbeitsprozess selbst statt. Jeder Mitarbeitende über-nimmt Verantwortung für seine Lernprozesse und seine Entwicklung. Personalentwick-lung ist darum Teil des organisationalen Selbstverständnisses. Vorgesetzte stellen in die-sem Zusammenhang die erforderlichen Rahmenbedingungen her und leisten Hilfe zur Selbsthilfe. Personalentwicklung befindet sich folglich in der *Integrationsphase*[62]. Sie leistet einen anerkannten Beitrag zum organisationalen Wandel und damit zur „Überle-bensfähigkeit" als Unternehmen.

Der dritte Reifegrad von Unternehmens- und Personalentwicklung ähnelt in seiner Ausgestaltung dem Verständnis von Organisationsentwicklung und der Organisation als

---

[61] Vgl. Becker et al. (2002), S. 13 ff.
[62] Vgl. Becker et al. (2002), S. 13 ff.

soziales System nach Argyris[63], der annahm, „dass Organisationen wesentlich von den Eigenschaften ihrer Mitarbeiter abhängen. Daraus resultiert, die Aufgabe der Organisationen, die Motivation und Potenziale ihrer Mitarbeiter zu nutzen und zu lenken."[64] Diese Annahmen korrelieren mit dem Stellenwert des Menschen als „Erfolgsfaktor" in einem Unternehmen und den Bestrebungen desselben, die jeweiligen Potenziale im Rahmen organisationaler Lernprozesse für die gemeinsame Entwicklung zu nutzen.

1. Stellen Sie Zusammenhänge her zwischen dem Michigan- und Harvard-Ansatz und den beschriebenen Graden der Unternehmens- und Personalentwicklung.

2. Ordnen Sie Ihre Organisation einem Reifegrad zu. Begründen Sie und nennen Sie Beispiele.

Nutzen einer Unterscheidung von Reifegraden von Personalentwicklung
Die Unterscheidung von Reifegraden der Personalentwicklung im engen, im erweiterten und im weiten Sinn

- unterstützt die Diagnose des spezifischen Ausgestaltungsgrades von Personalentwicklung in einer Organisation,

- gibt Rückschlüsse auf die im Hintergrund liegenden Menschenbilder von Personalentwicklung,

- hilft bei der Verortung von Personalentwicklung im Spannungsfeld Unternehmensorientierung und Mitarbeiterorientierung,

- hilft, den Ist-Zustand von Personalentwicklung in einer Organisation zu erfassen und (künftige) Handlungsfelder zu identifizieren,

- kann als Struktur aller Maßnahmen von Personalentwicklung in einer Organisation dienen,

- ist eine Grundlage zur Diskussion über die Passung und die Ausrichtung von Personalentwicklung in einer Organisation und deren spezifische Kultur und Werte.

Die Unterscheidung in eng, erweitert und weit kann somit als Modell für die Standortbestimmung der organisationalen Personalentwicklung genutzt werden, welches aufzeigt, in welchen Bereichen eine Organisation Schwerpunkte bei der Personalentwicklung setzt. Eine solche Eingrenzung verweist auf „unbesetzte" Felder und unterstützt die Priorisierung der Inhalte.

---

[63] Chris Agyris lehrte unter anderem an der Harvard University als Professor für Erziehungswissenschaften und Organisationsverhalten. Er untersuchte die Beziehung zwischen Individuum und Organisation und gilt als einer der Väter des Konzeptes der „Lernenden Organisation".
[64] Sanders et al. (2006), S. 79.

Zu guter Letzt hilft ein solches Modell, aus der Perspektive der Personalentwicklung Rückschlüsse auf den Grad der Unternehmensentwicklung zu ziehen – und damit Hinweise zur Passung und zu den Entwicklungsperspektiven der Organisation selbst zu erhalten.

Das folgende Beispiel zeigt die Arbeit mit Reifegraden von Personalentwicklung als Diagnose-Modell in einem Studiengang an einer Hochschule auf, der Führungskräfte aus dem Non-Profit-Bereich adressiert.

Beispiel Arbeit mit einem Diagnosemodell zum Grad der Personalentwicklung – Non-Profit-Organisation

Zu Beginn eines Studienganges zur Personalentwicklung an einer Hochschule im Kanton Zürich setzen sich die Teilnehmenden, vorwiegend Führungskräfte aus dem Schulbereich, mit ihrem Verständnis von Personalentwicklung in ihrer Rolle als Vorgesetzte auseinander – und damit mit ihren bewussten und unbewussten Annahmen, die dieses Verständnis formen.

Diese Reflexion wird angeleitet und basiert auf der Differenzierung von Personalentwicklung im engen, im erweiterten und im weiten Sinn. Vertieft wird diese Auseinandersetzung, indem jede/r Teilnehmende für sich memoriert, welche Inhalte eigentlich die Entwicklung von Mitarbeitenden in der eigenen Organisationen umfasst.

Die Resultate werden im Anschluss mit den Reflexionen zu Beginn verglichen. Die Absicht ist, die Übereinstimmungen und die Abweichungen bewusst zu machen.

Der auf diese Weise initiierte Reflexionsprozess, der zu einer Ist-Analyse der aktuellen Ausgestaltung der Personalentwicklung in den jeweiligen Organisationen führt, mündet regelmäßig in der subjektiven Erkenntnis einzelner Teilnehmer/innen, dass sie viel mehr im Aufgabengebiet Personalentwicklung leisten, als sie bisher annahmen. Einzelne Teilnehmer/innen stellen darüber hinaus eine Diskrepanz fest zwischen ihrer persönlichen Sicht von *Personalentwicklung als Führungsaufgabe* und dem, was in ihren Organisationen tatsächlich gelebt bzw. umgesetzt wird.

Eine solche Auseinandersetzung stärkt die Wahrnehmung der persönlichen Ressourcen und zeigt (potentielle) Inkongruenzen auf.

Darüber hinaus liefert die Methode Hinweise auf eine themenimmanente Verunsicherung[65] bezüglich der Deutung von Personalentwicklung. Dies wirft die Frage nach dem weiteren Umgang mit den Erkenntnissen im Studiengang selbst auf. Der Prozess bleibt darum auch nicht an dieser Stelle stehen, sondern wird mit der Entwicklung eines organisationsspezifischen Konzepts für Personalentwicklung fortgeführt, welches den Ist-Zustand der Personalentwicklung in der jeweiligen Organisation klärt und die künftige Handlungsfelder umreißt.

---

[65] Vgl. ▶ Kap. 1.2 Definition von Personalentwicklung, Beispiel Schulreform.

Die Ausarbeitung dieses Konzepts erfolgt parallel zum Lehrgang, und zwar über einen längeren Zeitraum in sogenannten *selbstorganisierten Arbeitsgruppen*. Die Zwischenstände werden immer wieder inhaltlich mit den Fragestellungen in den einzelnen Modulen verzahnt.

Fazit

Personalentwicklung hat mit dem Verständnis der Funktion von Menschen in einer Organisation zu tun. Werte determinieren zum Beispiel diese Verständnisse, die Einfluss auf die Ausgestaltung von Personalentwicklung und ihre Ziele und Schwerpunkte nehmen. Vor diesem Hintergrund ist auch die Unterscheidung von Personalentwicklung in eng, erweitert und weit angesiedelt. Becker benennt Reifegrade der Personal- und Unternehmensentwicklung. Sie liefern Hinweise auf Korrelationen zwischen Phasen der Personal- und Unternehmensentwicklung – sowie auf das spezifische Verständnis von Personalentwicklung in einer Organisation.

Personalentwicklung im engen Sinn umfasst Maßnahmen der Bildung (Ausbildung, Weiterbildung etc.). Personalentwicklung im erweiterten Sinn umfasst die Bildung und die Förderung, die am ganzen Personalprozess ansetzen. Personalentwicklung im weiten Sinn umfasst neben der Bildung und Förderung die Organisationsentwicklung und adressiert entsprechend alle organisationalen Lernprozesse.

Die Unterscheidung von Personalentwicklung in eng, erweitert und weit ist im Grundsatz neutral. Sie dient der Diagnose, die nicht das Ziel hat, in „gut" oder „schlecht" zu unterscheiden, sondern die Passung zwischen der Personalentwicklung, der Organisation und den Mitglieder der Organisation zu ermitteln und so Entwicklung zu initiieren.

Literaturverzeichnis

Argyris, Chris; A. Schön, Donald (1996). Die lernende Organisation. Grundlagen, Methode, Praxis. Stuttgart: Klett-Cotta.

Baldauf-Bergmann, Kristine; Cirulies, Nadja (Hrsg.) (2014). Personalentwicklung in Hochschulen. Hamburg: Tredition.

Becker, Manfred (2013). Personalentwicklung. Bildung, Förderung und Organisationsentwicklung in Theorie und Praxis. 6. Auflage. Stuttgart: Schäffer-Poeschel Verlag.

Becker, Manfred (2009). Personalentwicklung. Bildung, Förderung und Organisationsentwicklung in Theorie und Praxis. 5. Auflage. Stuttgart: Schäffer-Poeschel Verlag.

Becker, Manfred et. al. (2002). Personalentwicklung in Theorie und Praxis. Forschungsstand und weiterführende Forschungsfragen. In: Becker, Manfred et al. (2002). Theorie und Praxis der Personalentwicklung. Aktuelle Beiträge aus Wissenschaft und Praxis. München: Rainer Hampp Verlag.

Becker, Manfred (2011). Systematische Personalentwicklung. Planung, Steuerung und Kontrolle im Funktionszyklus. Stuttgart: Schäffer-Poeschel Verlag.

Becker, Manfred; Beck, Anja; Herz, Andrea (2009). Wandel aktiv bewältigen! Empirische Befunde und Gestaltungshinweise zur reifegradorientierten Unternehmensführung und Personalentwicklung. Mering: Rainer Hampp Verlag.

Berthel, Jürgen; Becker, Fred G. (2010). Personal-Management. Grundzüge für Konzeptionen betrieblicher Personalarbeit. Stuttgart: Schäffer-Poeschel Verlag.

Bröckermann, Reiner; Michael Müller-Vorbrüggen (Hrsg.) (2010). Handbuch Personalentwicklung: Die Praxis der Personalbildung, Personalförderung und Arbeitsstrukturierung. Stuttgart: Schäffer-Poeschel Verlag.

Buhren, Claus G.; Rolff, Hans-Günther (2009). Personalmanagement für die Schule. Ein Handbuch für Schulleitung und Kollegium. Weinheim, Basel: Beltz Verlag.

Christ Sarah (2013). Personalentwicklung im Bereich Schule: Neue Möglichkeiten einer pädagogischen Personalentwicklung. München: Grin Verlag.

Conradi, Walter (1983). Personalentwicklung. Stuttgart: Ferdinand Enke Verlag.

Dubs, Rolf (2005). Die Führung einer Schule. Leadership und Management. Stuttgart: Franz Steiner Verlag.

Bäuerlen, Annika (2009). Personalentwicklung an Universitäten. Ein Beitrag zur Lernfähigkeit einer Organisation des Lernens. Hamburg: Diplomica Verlag.

Felfe, Jörg (2005). Charisma, transformationale Führung und Commitment. Köln: Kölner Studienverlag.

Felfe, Jörg (2009). Mitarbeiterführung. Praxis der Personalpsychologie. Göttingen, Bern, Wien, Oxford, Prag, Toronto, Cambridge, MA, Amsterdam, Kopenhagen, Stockholm: Hogrefe.

Felfe, Jörg (2009). Trends der psychologischen Führungsforschung. Göttingen, Bern, Wien, Oxford, Prag, Toronto, Cambridge, MA, Amsterdam, Kopenhagen, Stockholm: Hogrefe.

Fullan, Michael (2007). Educational Leadership. San Francisco: Jossey-Bass. Inc.

Furtner, Marco; Baldegger, Urs (2013). Self-Leadership und Führung. Theorien, Modelle und praktische Umsetzung. Wiesbaden: Springer Gabler.

Göhlich, Michael; Hopf, Caroline; Sausele, Ines (2005). Pädagogische Organisationsforschung. Wiesbaden: Verlag für Sozialwissenschaften / GWV Fachverlage GmbH.

Heyse, Volker; Erpenbeck, John (2004). Kompetenztraining. Stuttgart: Schäffer-Poeschel Verlag.

Hilb, Martin (2011). Integriertes Personal-Management. Ziele – Strategien – Instrumente. Neuwied: Hermann Luchterhand Verlag.

Hildebrandt, Elke (2008). Lehrerfortbildung im Beruf. Eine Studie zur Personalentwicklung durch Schulleitung. Weinheim, München: Juventa.

Holtbrügge, Dirk (2004). Personalmanagement. Berlin: Springer.

Kaesler, Dirk (Hrsg.) (2013). Max Weber. Die protestantische Ethik und der Geist des Kapitalismus. Vollständige Ausgabe. 4. Auflage. München: Verlag C. H. Beck.

Krämer, Michael (2011). Grundlagen und Praxis der Personalentwicklung. Göttingen: Vandenhoeck & Ruprecht.

Knoch, Cornelia (2014). Werte in der Personalentwicklung einer Schule. In: Pädagogische Führung, 25. Jahrgang, März 2014.

Knoch, Cornelia (2010). Der Umbau der Schweizerischen Volksschule. In: Schulmanagement, 41. Jahrgang, Dezember 2010.

Knoch, Cornelia (2006). Verständnis Personalentwicklung: Konkretisierung, Herleitung, Folgerung. Pädagogische Hochschule Zürich, internes Papier.

Knoch, Cornelia (2001). Lehren und Lernen in der Wirtschaft. Darstellung aktueller Trainingsmethoden und ihre Beurteilung im Spiegel einer empirischen Untersuchung. Münster, Hamburg, London: LIT Verlag.

Laske, Stephan; Scheytt, Tobias; Meister-Scheytt (2004). Personalentwicklung und universitärer Wandel: Programm – Aufgaben – Gestaltung. Mering: Hampp.

Mudra, Peter (2004). Personalentwicklung. Integrative Gestaltung betrieblicher Lern- und Veränderungsprozesse. München: Verlag Vahlen.

Mücke, Anja (2009). Ist Personalführung alterskritisch? Ergebnisse einer Führungskräftebefragung. In: Zölch, Martina; Mücke, Anja; Graf, Anita; Schilling, Axel (2009). Fit für den demographischen Wandel? Ergebnisse, Instrumente, Ansätze guter Praxis. Bern, Stuttgart, Wien: Haupt Verlag.

Mentzel, Wolfgang (2005). Personalentwicklung. Erfolgreich motivieren, fördern und weiterbilden. München: Deutscher Taschenbuch Verlag.

Mentzel, Wolfgang (2012). Personalentwicklung. Wie Sie Ihre Mitarbeiter erfolgreich fördern und weiterbilden. München: Deutscher Taschenbuch Verlag.

Neuberger, Oswald (1991). Personalentwicklung. Stuttgart: Ferdinand Enke Verlag.

Pekruhl, Ulrich; Spaar, Regula; Zölch, Martina (Hrsg.) (2013). Jahrbuch Human Resource Management 2013. Zürich: WEKA.

Peterke, Jürgen (2006). Handbuch Personalentwicklung. Berlin: Cornelsen Verlag.

Pfundtner, Raimund (Hrsg.) (2008). Grundwissen Schulleitung. Handbuch für Schulmanagement. Köln, Neuwied: Wolters Kluwer.

Pfundtner, Raimund (Hrsg.) (2009). Grundwissen Schulleitung II. Anregungen für die Praxis. Köln, Neuwied: Wolters Kluwer.

Rolff, Hans-Günter (2013). Schulentwicklung kompakt. Modelle, Instrumente, Perspektiven. Weinheim: Beltz Verlag.

Rooney, David; McKenna, Bernard; Liesch, Peter (2010). Wisdom and Management in the Knowledge Economy. New York, London: Routledge.

Rosenstiel, Lutz von; Regnet, Erika; Domsch, Michel E. (Hrsg.) (2014). Führung von Mitarbeitern. Stuttgart: Schäffer-Poeschel Verlag.

Rump, Jutta; Völker, Rainer (2007). Employability in der Unternehmenspraxis: Eine empirische Analyse zur Situation in Deutschland und ihre Implikationen. Heidelberg: Physica-Verlag.

Sanders, Karin; Kianty, Andrea (2006). Organisationstheorien. Eine Einführung. Wiesbaden: VS Verlag für Sozialwissenschaften.

Sattelberger, Thomas (1989). Innovative Personalentwicklung. Grundlagen, Konzepte, Erfahrungen. Wiesbaden: Gabler Verlag.

Sattelberger, Thomas; Weiss, Reinhold (Hrsg.) (1999). Human Kapital schafft Shareholder Value – Personalpolitik in wissensbasierten Unternehmen. Köln: Deutscher Instituts-Verlag.

Sattelberger, Thomas (Hrsg.) (1999). Handbuch der Personalberatung. Realität und Mythos einer Profession. München: C. H. Beck.

Schein, Edgar H. (2010). Organizational Culture and Leadership. San Francisco: Jossey-Bass.

Schein, Edgar H. (2010). Organisationskultur. Bergisch Gladbach: EHP Edition Humanistische Psychologie.

Schein, Edgar H. (2008). Führung und Veränderungsmanagement: Persönlichkeit als Motor von Organisationskultur. Bergisch Gladbach: EHP Edition Humanistische Psychologie.

Schein, Edgar H. (1995). Unternehmenskultur: Ein Handbuch für Führungskräfte. Frankfurt am Main: Campus Verlag.

Schreyögg, Gerd (2008). Organisation. Grundlagen moderner Organisationsgestaltung. Mit Fallstudien. Wiesbaden: Gabler GWV Fachverlage GmbH.

Seitz, Hans; Capaul, Hans (2011). Schulführung und Schulentwicklung. Theoretische Grundlagen und Empfehlungen für die Praxis. Bern, Stuttgart, Wien: Haupt Verlag.

Snape, Ed; Redman, Tom (2010). HRM Practices, Organizational Citizenship Behaviour, and Performance: A Multi Level Analysis. In: Journal of Management Studies, 47:7 November 2010.

Sonntag, Karlheinz (Hrsg.) (2009). Personalentwicklung in Organisationen. Göttingen, Bern, Wien, Toronto, Seattle, Oxford, Prag: Hogrefe.

Steger Vogt, Elisabeth (2013). Personalentwicklung als Führungsaufgabe von Schulleitungen. Eine explorative Studie zu Gestaltungspraxis, Akzeptanz und förderliche Bedingungen der Personalentwicklung im Bildungsbereich. Münster, New York, München, Berlin: Waxmann Verlag.

Thom, Norbert; Ritz, Adrian; Steiner, Reto (2006). Effektive Schulführung. Chancen und Gefahren des Public Managements im Bildungswesen. Bern, Stuttgart, Wien: Haupt Verlag.

Thom, Norbert; Zaugg, Robert J. (Hrsg.) (2006): Moderne Personalentwicklung. Mitarbeiterpotenziale erkennen, entwickeln und fördern. Wiesbaden: Gabler.

Wegerich, Christine (2007). Strategische Personalentwicklung in der Praxis. Weinheim: WILEY-VCH Verlag.

Wunderer, Rolf (2006). Führung und Zusammenarbeit. 6., überarbeitete Auflage. München: Luchterhand.

Wunderer, Rolf (2011). Führung und Zusammenarbeit. 9., überarbeitete Auflage. München: Luchterhand.

Tabellenverzeichnis

Internetverweise

Fußnote 5: Beispiel Personalentwicklung in den 70er-Jahren – Profitorganisation
http://www.personalwirtschaft.de/media/Personalwirtschaft_neu_161209/Veranstaltungen/Bilder_Logos_40_Jahre/Interview_Henkel_1978.pdf
Download am 17.04.2015.

---

[66] Becker (2013), S. 4

Fußnote 7 /12: Der Michigan und der Harvard-Ansatz als Impulsgeber der Ausgestaltung des HR

http://www.univie.ac.at/sowi-online/esowi/cp/einfsoz/einfsoz-27.html

Download am 12.05.2015.

Fußnote 26-27: Personalentwicklung als Führungsaufgabe von Schulleitungen

Steeger Vogt, Elisabeth; Appius, Susanne (2012). Personalentwicklung als Führungsaufgabe von Schulleitungen. Bericht zur Befragung von der Schulleitungen Kanton St. Gallen. http://www.phsg. ch/Portaldata/1/Resources/forschung_und_entwicklung/schulentwicklung_und_beratung/Bericht_ zum_Fragebogen_Schulleitung_2011_02_10.pdf.

Download am 30. Oktober 2013.

Fußnote 43: Beispiel Werte und Führung – Profit- und Non-Profit-Unternehmen

http://fortune.com/best-companies/

Download am 12.05.2015.

http://www.greatplacetowork.de/mitarbeiterbefragung

Download am 12.05.2015.

Fußnote 44: Beispiel Werte und Führung – Profit- und Non-Profit-Unternehmen

http://www.greatplacetowork.com/

Download am 12.05.2015.

Anmerkungen

Fußnote 15: Elton Majo

Der Soziologe Majo lehrte an der Harvard Business School. Er gilt als einer der maßgeblichen Begründer der amerikanischen Betriebssoziologie. Zusammen mit Roethlisberger und Dickson führte er die Hawthorne-Studien durch, die u. a. zur Erkenntnis führten, dass menschliche Arbeitsleistung wesentlich von sozialen Indikatoren (zwischenmenschliche Beziehungen, soziale Normen, freundlicher, höflicher Führungsstil) beeinflusst ist, weniger durch „physikalische" Arbeitsbedingungen wie zum Beispiel Arbeitsverteilung und Anreizstrukturen, die noch im Scientific Management nach Taylor postuliert wurden.

Fußnote 32: Werte und Personalentwicklung

Vgl. Sanders et. al (2006), S. 25: „Auf der Ebene der Weltbilder beschrieb Weber über mehrere Stufen eine zunehmende Verweltlichung des Wertesystems bis hin zum Calvinismus bzw. der protestantischen Ethik des 16. Jahrhunderts. Nicht mehr das Seelenheil nach dem Tod, sondern der sichtbare Erfolg zu Lebzeiten wurde darin zum Kennzeichen eines erfüllten Lebens. Ein stetes, arbeitsames Streben bei gleichzeitiger, asketischer Lebensführung ließ dabei die Kapitalbildung und -reinvestition als einzigen Weg offen, den religiösen Ansprüchen zu genügen; das erworbene Geld durfte schließlich nicht verkonsumiert werden." Vergleiche auch die Ausführungen in Sanders et al. (2006), S. 32 ff, zur Entwicklung des Protestantismus hin zum Calvinismus, der „eine entscheidende rationale Grundlage" für den Kapitalismus begründete: „Nicht satt zu werden, sondern herauszuragen lautet die Handlungsmaxime. Dies geschah durch rastlose Berufsarbeit und einen asketischen Lebensstil. Nicht mehr die Pflichterfüllung in einer vorgegebenen Ordnung, wie bei Luther, sondern durch willenhafte Selbstbeherrschung und Distanzierung von der verdorbenen Welt sollte der ‚status naturae' überwunden werden." Vgl. auch Weber, Max. In: Kaesler (Hrsg.) (2013), S. 182: „Um die

Zusammenhänge der religiösen Grundvorstellungen des asketischen Protestantismus mit den Maximen des ökonomischen Alltaglebens zu durchschauen, ist es nötig, vor allem solche theologischen Schriften heranzuziehen, die sich als aus der seelsorgerischen Praxis herausgewachsen erkennen lassen. Denn in einer Zeit, als das Jenseits alles war (…), Kirchenzucht und Predigt einen Einfluss übte, von dem (…) wir / modernen Menschen uns einfach keine Vorstellung *mehr* zu machen vermögen, sind die in *dieser Praxis* sich geltend machenden religiösen Mächte die entscheidenden Bildner des ,Volkscharakters'."

Fußnote 33: Mitunternehmertum

Vgl. Wunderer (2006), S. 51: „Unter Mitunternehmertum (synonym: internes Unternehmertum) verstehen wir die aktive und effiziente Unterstützung der Unternehmensstrategie durch problemlösendes, sozialkompetentes und umsetzendes Denken und Handeln einer möglichst großen Anzahl von Mitarbeitern aller Hierarchie- und Funktionsbereiche mit hoher Eigeninitiative und -verantwortung in/mit dafür fördernden Strukturen und Personen."

Fußnote 38: Wirkung von Führung

Erkenntnisse aus Studien über die transformationale Führung, bei der die Vermittlung von Sinn zum Beispiel durch eine glaubwürdige Vision eine besondere Rolle spielt, weisen nach Felfe Korrelationen zu „unterschiedlichen subjektiven und objektiven Erfolgskriterien" nach. Das Merkmal *Inspiration* der transformationalen Führung kann darüber hinaus durch die Betonung eines gemeinsamen Ziels dazu beitragen, den Teamgeist zu fördern, Widerstände abzubauen, emotionale Akzeptanz zu schaffen und damit letztlich die Bereitschaft herzustellen, als Team mehr zu leisten. Mehr zur transformationalen Führung in Felfe (2012), S. 89.

Fußnote 53: Organisationales Lernen

Vgl. Wunderer (2006), S. 356: „Unter organisationalem Lernen ist der Prozess der Erhöhung und Veränderung der organisationalen Wert- und Wissensbasis, die Verbesserung der Problemlösungs- und Handlungskompetenz sowie die Veränderung der gemeinsamen Orientierungsmuster von und für Mitglieder innerhalb einer Organisation zu verstehen."

Einblicke in die Praxis von Personalentwicklung – Schulen, Stiftungen und ähnliche Organisationen als Fallgeber

In diesem Kapitel kommt die Praxis zu Wort: Führungskräfte aus Schulen von der Grundstufe bis zur Hochschule und Führungskräfte aus dem gemeinnützigen Bereich, wie Stiftungen und stiftungsnahe Organisationen, bieten einen Einblick in das in ihrer Organisation gelebte Verständnis von Personalentwicklung mit den jeweiligen, individuellen Schwerpunktsetzungen.

Hierfür werfen diese Personen, die sich – als Schlüsselpersonen für Personalentwicklung in ihren Organisationen – in diesem Buch als *Fallgeber* zur Verfügung stellen, einen Blick auf die Herausforderungen, die die Entwicklung von Mitarbeitenden in ihren Organisationen begleiten. Dieser Blick beinhaltet neben der organisationalen Sichtweise auch subjektive Aspekte – und ist immer auf den Moment bezogen. So sind auch die Lösungswege zu lesen, die im Rahmen der Fallbetrachtungen skizziert werden und die sich für jede der Organisationen anders darstellt.

Schulen der öffentlichen Hand und Stiftungen als nicht gewinnorientierte Organisationen bieten die Möglichkeit der Vergleichbarkeit. Darüber hinaus bildet der Aspekt *Bildung* ein wichtiges thematisches Bindeglied zwischen diesen Bereichen ab. *Bildung* wird dabei mit den jeweiligen Ansprüchen besetzt: Im Fall einer Stiftung ist es die Gemeinnützigkeit in Verbindung mit einem bestimmten Stiftungszweck, der zum Beispiel *Bildung* zum Anliegen hat – im Fall der Schule ist es die Entwicklung der Schülerinnen und Schüler zu mündigen Bürgerinnen und Bürgern.

Bildung als Bindeglied beinhaltet die Auseinandersetzung mit Lernen und Lernprozessen. Lernen führt zu Entwicklung. Auf welcher Ebene diese Prozesse auch immer ansetzen: Beide Bereiche sollte eine besondere *Sensitivität* im Umgang mit der Entwicklung ihrer Mitarbeitenden auszeichnen – eingebettet in ein professionelles *Management* eben jener *Public-* und *Non-Profit-Organisationen*, welches Impulse für die eigene Arbeit mit Personalentwicklung geben kann und zur Auseinandersetzung einlädt.

In den theoretischen Grundlagen wurden maßgebliche historische Entwicklungsstränge von Personalentwicklung abgebildet. Diese Entwicklungsstränge begründen die mitunter diametrale Verortung von Personalentwicklung – hin zum Pol *Unternehmen* oder hin zum

Pol *Mitarbeitende*. Im Hintergrund liegen Menschenbilder. Die Bestimmung von *Reifegraden* trägt in besonderer Weise dazu bei, die Unterschiedlichkeit der Ausgestaltungsformen von Personalentwicklung in einer Organisation zu erfassen. Anhand einer solchen Einordnung können wichtige Hinweise für die Passung und damit für das intendierte „Gelingen" von Entwicklungsmaßnahmen in einer Organisation gewonnen werden.

Die vorliegenden Fallbetrachtungen dienen dazu, den Blick für die Ausgestaltungsgrade von Personalentwicklung zu schärfen. Hierbei unterstützen Fragen am Ende der Fälle: Ein Set gleicher Fragen stellt die Vergleichbarkeit der Fälle sicher und lotet jeweils Transfermöglichkeiten aus. Eine sogenannte *Fokusfrage* an die Beiträge richtet den Blick auf einen besonderen Aspekt von Personalentwicklung, der im Rahmen der theoretischen Grundlagen oder im Rahmen der fortführenden Konzeptentwicklung thematisiert wird. Die Fallbetrachtungen setzen sich zusammen aus

- vier Gesprächen mit Führungspersonen, die die Autorin selbst geführt hat. Gesprächspartner und Gesprächspartnerinnen sind zwei Schulleiter aus dem schweizerischen Primarschulbereich sowie ein weibliches Geschäftsleitungsmitglied und eine Stabsverantwortliche aus zwei unterschiedlichen, nicht-gewinnorientierten Unternehmen in Deutschland.

- vier Autorenbeiträgen von weiblichen und männlichen Führungspersonen aus dem schweizerischen Schulbereich (Sekundar- und Hochschule) sowie aus dem deutschen und lettischen Stiftungsbereich.

Gleich bleibt immer die Reflexion der individuellen Praxis von Personalentwicklung im jeweiligen Kontext.
Im ersten Teil der Fallbetrachtungen kommen die Gesprächspartner und -partnerinnen aus der Schule und dem Non-Profit-Bereich zu Wort:

- Den Auftakt der Fallbetrachtungen bildet der Verband Deutscher Stiftungen. Der Verband Deutscher Stiftungen ist der Dachverband der Stiftungen in Deutschland. Das Gespräch wurde im Frühjahr 2015 mit Pia Elisabeth Liehr in Berlin geführt, die als Mitglied der Geschäftsleitung verantwortlich für die Personalentwicklung in der Dachorganisation ist.

- Der zweite Fall kommt aus dem Schulbereich, der Primarschule Bühl im Kanton Zürich in der Schweiz. Die Primarschule Bühl ist in einer Landgemeinde gelegen. Gesprächspartner ist der Schulleiter Martin Heimo, der in seiner Funktion verantwortlich für die Entwicklung des Lehrpersonals und der Schule ist. Auch dieses Gespräch wurde im Frühjahr 2015 geführt.

- Die dritte Fallbetrachtung stammt aus dem Kontext einer gemeinnützigen, nicht-gewinnorientierten Unternehmung in Deutschland, der BBQ. Gesprächspartnerin ist Petra Siewert-Weidler, die im Stab der Geschäftsführung verantwortlich für die Personalentwicklung in der Unternehmung ist. Das Gespräch wurde im Frühjahr 2015 in Stuttgart aufgezeichnet.

- Die vierte Fallbetrachtung kommt wieder aus dem Schulbereich. Gesprächspartner ist Claudio Tamò, der Schulleiter der Primarschule Auzelg ist. Auzelg liegt am Stadtrand von Zürich und ist von einem hohen Migrationsanteil geprägt. Das Gespräch mit Claudio Tamò wurde ebenfalls im Frühjahr 2015 geführt.

Im zweiten Teil der Fallbetrachtung werfen Fallgeber aus anderen Schultypen und aus der Stiftungslandschaft, auch über die deutschsprachigen Grenzen hinaus, einen Blick auf ihre Praxis:

- Den Auftakt bildet eine Fallbetrachtung aus einer Sekundarschule im Kanton Zürich. Autor ist Reto Valsecchi, der als Schulleiter und Schulleitungs- und Personalkoordinator die Personalentwicklung über alle Schuleinheiten der Gemeinde Dietlikon hinweg verantwortet. Dietlikon ist eine Landgemeinde im Umfeld der Stadt Zürich.

- Die zweite Fallbetrachtung stammt aus einer Zürcher Fachhochschule, der School of Management and Law. Die School of Management and Law liegt in Winterthur und gehört zur Zürcher Hochschule für Angewandte Wissenschaften (ZHAW). Autorin und Fallgeberin ist Petronella Vervoort, die den Bereich International Education & Training verantwortet und stellvertretende Leiterin der Abteilung *International Business* ist. Sie nimmt die Entwicklung des Lehrpersonals aus organisationaler und aus der Führungsperspektive heraus in den Blick.

- Die dritte Fallbetrachtung kommt aus dem Stiftungsbereich in Deutschland, der Robert Bosch Stiftung in Stuttgart. Autor ist Roland Bender, der als Leiter des Bereichs Personal die Struktur und Inhalte der Personalentwicklung bei der Robert Bosch Stiftung im Sinne eines internen Dienstleisters bzw. als Ansprechpartner für die Führungspersonen und Mitarbeitenden in der Stiftung verantwortet.

- Der vierte Fallbeitrag kommt aus dem europäischen Ausland, aus Lettland. Autorin ist Ieva Kimonte, die als Direktorin der Non-Profit-Organisation Creativity Castle in Riga nicht nur die Entwicklung der zumeist ehrenamtlich tätigen Mitarbeiter und Mitarbeiterinnen verantwortet, sondern auch mit Creativity Castle das Ziel verfolgt, *kreatives Denken* in den Schulen Lettlands zu verankern.

Die Fallbetrachtungen sollen einen essentiellen Beitrag zur Diskussion liefern, der die Praxis der Personalentwicklung zu explorieren hilft. Fragen am Ende einer Fallbetrachtung unterstützen die Reflexion und setzen die Inhalte mit den Gedanken aus der Theorie, zum Beispiel zur Reifegradorientierung von Personalentwicklung, in Beziehung. Die Arbeit an den Fällen bietet somit eine „andere" Zugangsweise zum Thema Personalentwicklung und unterstützt das persönliche Verständnis von Personalentwicklung zu differenzieren.

Eine „Richtig-" oder „Falsch-"Bewertung ist nicht die Absicht der Auswertungen. Aus diesem Grund stellt das Buch keine Lösungen zur Verfügung. Ziel ist es, das Thema *Personalentwicklung* in seiner Komplexität zu erfassen und zu verstehen.

3.1   Personalentwicklung im Bundesverband Deutscher Stiftungen, Berlin, Deutschland. Gespräch mit Pia Elisabeth Liehr.

Das Gespräch führte Cornelia Knoch. Pia Elisabeth Liehr ist Mitglied der Geschäftsleitung, Leiterin Bereich Mitglieder und Verbandsentwicklung und Koordinatorin für die Personalentwicklung im Bundesverband.

Der Bundesverband Deutscher Stiftungen wurde 1948 gegründet und blickt heute auf eine knapp 70-jährige Geschichte zurück. Mit seiner Schaffung verbanden die Gründungsväter das Ziel, eine Dachorganisation für alle Stiftungen in Deutschland herzustellen (unabhängig von ihrer Rechtsform) und damit den Austausch und die Zusammenarbeit der Mitglieder zu fördern. Als Interessensvertretung hilft der Bundesverband heute, gemeinsame Anliegen auf Bundesebene zu bündeln und an die entsprechenden Stellen zu adressieren, so zum Beispiel bei der Verbesserung rechtlicher Rahmenbedingungen, einem Kernanliegen des Bundesverbandes, denn nur die notwendigen Voraussetzungen machen die Entfaltung einer Stiftungslandschaft möglich.

Stiftungen sind zu 95 % gemeinnützig. Ihr Zweck besteht grundsätzlich darin, „die Allgemeinheit selbstlos zu fördern"[1]. Wie sich dieser Zweck im Detail definiert, bestimmen die Stifter, die eine Stiftung gründen. Rund 20.800 „rechtsfähige Stiftungen bürgerlichen Rechts"[2] gibt es derzeit in Deutschland. Jährlich kommen etwa 700 rechtsfähige Stiftungen des bürgerlichen Rechts hinzu, daneben viele Stiftungen anderer Rechtsformen, die nicht statistisch erfasst werden können.[3] Die Stiftungslandschaft in Deutschland ist heterogen: Neben unterschiedlichen Rechtsformen gibt es zum Beispiel Stiftungstypen wie Bürgerstiftungen, unternehmensnahe Stiftungen, kirchliche Stiftungen und Familienstiftungen.[4]

An dieser Stelle setzt eine der wichtigen Aufgaben des Bundesverbandes an, die der individuellen Beratung, insbesondere bei juristischen Fragestellungen zur Gründung einer Stiftung oder bei Satzungsänderungen. Aber auch darüber hinaus, denn viele Stiftungen sind aufgrund des derzeit niedrigen Zinsniveaus[5] herausgefordert, am Markt mit weniger Geld zu agieren. Auch hier setzt das Beratungsangebot an, um neue Wege bei der professionellen Etablierung am Markt zu unterstützen und zur Strategie und Entwicklung einer Stiftung beizutragen.

Teil dieser Arbeit ist auch, Transparenz über Zahlen und Fakten im Stiftungswesen herzustellen. So versteht sich der Bundesverband als Dokumentationszentrum, das den Mitgliedern relevante Informationen zum Thema *Stiftung* in Form von Serviceleistungen aufbereitet und zugänglich macht, Trends aufspürt und in den Verband zurückspielt. Dabei unterstützen Studien und Befragungen des Kompetenzzentrums Stiftungsforschung des Bundesverbandes, dessen Resultate im Verlag des Bundesverbandes publiziert werden.

---

[1] Vgl. Bundesverband Deutscher Stiftungen (Hrsg.). Informationsbroschüre „Was ist eine Stiftung", S. 8 ff.

[2] Zur rechtsfähigen Stiftung vgl. Anmerkungen.

[3] Vgl. Anmerkungen.

[4] Vgl. Stiftungen (2014), S. 12.

[5] Stiftungen leben, neben wenigen Zuwendungen, von Zinserträgen.

Die Entwicklung des Bundesverbandes spiegelt die Entfaltung des Stiftungswesens nach dem Zweiten Weltkrieg wieder: Verbesserungen der rechtlichen Rahmenbedingungen trugen wesentlich zur Gründung neuer Stiftungen bei. Klein angefangen mit wenigen Stiftungsvertretern, zählt der Bundesverband Deutscher Stiftungen darum heute 4.057 Mitglieder[6], die sich initiativ in Arbeitskreisen und in Foren treffen und zu unterschiedlichsten, stiftungsrelevanten Themen austauschen.[7] Aus den eher statischen Anfangsjahren heraus hat sich eine dynamische Verbandsstruktur ausgeformt, die den unterschiedlichsten internen und externen Ansprüchen Rechnung zu tragen versucht. Eine wichtige Aufgabe des Bundesverbandes Deutscher Stiftungen ist darum auch das Ermöglichen von funktions- und tragfähigen Netzwerken. In diesem Zusammenhang organisiert der Verband einmal im Jahr den *Deutschen StiftungsTag*, an dem sich circa 1.500 Akteure aus der ganzen Bundesrepublik und Europa treffen und austauschen. Darüber hinaus ist der Bundesverband Deutscher Stiftungen Träger der DeutschenStiftungsAkademie, die stiftungsrelevante Themen in Form unterschiedlichster Weiterbildungsangebote aufbereitet und vermittelt – bis hin zur Ausbildung zum zertifizierten Stiftungsberater und Stiftungsmanager.

Der Bundesverband Deutscher Stiftungen beschäftigt heute etwa 50 Mitarbeitende und hat damit die Zahl seiner Angestellten in den letzten zehn Jahren mehr als verdoppelt. Auch hier spiegelt die Entwicklung der Geschäftsstelle die Veränderungen im Umfeld: Reformgesetze haben zu gesteigerter Wertschätzung von Stiftungen und zu mehr Flexibilität bei der Erfüllung der Aufgaben geführt.[8] Gesetzesänderungen machten die Gründung von Stiftungen attraktiv: Diese stiegen in den letzten zwei Dekaden markant an und trugen zu einem rasanten Anstieg der Mitgliederzahlen des Bundesverbandes bei.

Die in den letzten Dekaden auf die Dachorganisation Einfluss nehmenden Entwicklungen in der Stiftungslandschaft haben nicht nur zur Erweiterung der Geschäftstätigkeit geführt, sondern auch die Prinzipien des Handelns innerhalb derselben verändert. Wie in den Mitgliederstiftungen wurde nun auch in der Dachorganisation verstärkt in Projekten gearbeitet. Die Vielfalt der Projektthemen erforderte die Erweiterung des bestehenden Mitarbeiterstamms sowie die Einführung neuer Arbeitszeitmodelle, die attraktiv waren und der Vereinbarkeit von Familie und Beruf Rechnung trugen. Teilzeitarbeit und Homeoffice wurden eingeführt. Ebenso schufen Volontariate und Praktika die Möglichkeit, aus einer Familienphase heraus wieder im Berufsleben anzuknüpfen.

Die Hierarchien der Dachorganisation[9] wurden im Zuge der Veränderungen bewusst flach gehalten. Der Vorstand und der Beirat sind ehrenamtlich tätig und von den Mitgliedern des Bundesverbandes gewählt. Sie führen den Verband auf strategischer Ebene. Ihre Aufgabe ist es, den Verband weiterzuentwickeln. Zugleich treten sie als Aufsichtsorgan gegenüber dem Generalsekretär und seiner Stellvertretung auf.

---

[6] Die 4.057 Mitglieder bestehen im Juni 2015 aus 3.547 Stiftungen und 510 Freunden des Stiftungswesens.

[7] Zahlen, Fakten, Informationen (z. B. Themenschwerpunkte der Arbeitskreise) vgl. Jahresbericht 2014 des Bundesverbandes Deutscher Stiftungen.

[8] Vgl. Interview mit Prof. Dr. Hans Fleisch, Generalsekretär des Bundesverbandes Deutscher Stiftungen. In: Stiftungen (2014), S. 8 ff.

[9] Zur Geschäftsstelle siehe Internetverweise.

Der Generalsekretär ist für die operative Führung der Geschäftsstelle, das „laufende Geschäft" und die Umsetzung von Gremienentscheidungen[10] zuständig. Er trägt als Repräsentant des Bundesverbandes maßgeblich zur Vernetzung mit den Geldgebern und Förderern bei. Er und seine Stellvertreterin sind hauptamtlich tätig und teilen sich die Aufgaben des laufenden Geschäfts auf. Vier weitere Mitglieder der Geschäftsleitung komplettieren das Leitungsteam der Geschäftsstelle. Sie führen die Geschäftsbereiche *Mitglieder und Verbandsentwicklung, Medien und Kommunikation, Justiziariat* sowie *Administration.* Nachgeordnete Leitungsfunktionen verantworten einzelne Bereiche und Teams und insbesondere die Leitung von Projekten.

Der Bundesverband Deutscher Stiftungen hat keine klassische Zuständigkeit für Personal. Die Aufgaben werden aufgeteilt. Die Verantwortung für das Personal und die Einstellungen liegen beim Generalsekretär und seiner Stellvertretung. Die Buchhaltung mit den Löhnen liegt beim Leiter der Administration.

Das Thema Personalentwicklung ist im Geschäftsbereich *Mitglieder und Verbandsentwicklung* angesiedelt. Seine Leiterin, Pia Elisabeth Liehr, ist seit zehn Jahren für den Bundesverband Deutscher Stiftungen tätig. Sie hat den Übergang von einer tendenziell „statischen" Organisation hin zu einer, wie sie beschreibt, „sich immer wieder häutenden Organisation" miterlebt und mitgestaltet. Gestartet im Jahr 2005 als Referentin für die Mitglieder des Verbandes, ist sie heute als Mitglied der Geschäftsleitung auch für die Verbands- und Personalentwicklung in der Geschäftsstelle verantwortlich. Sie versteht sich dabei als Koordinatorin von Personalentwicklung – jemand, der Personalentwicklung immer wieder in den Verantwortungsbereichen der Geschäftsstelle zum Thema macht, Anliegen aufnimmt und in den Geschäftsleitungssitzungen adressiert. Die Geschäftsleitung trifft sich im zweiwöchigen Rhythmus und tauscht sich auch darüber aus, was in der Stiftungslandschaft passiert. Die Impulse werden wechselseitig zusammengetragen und vernetzen die unterschiedlichen Perspektiven: „Was aktuell ist, wird aufgegriffen und zum Lernanlass gemacht." Personal ist dabei ein ständiges Thema: „Die Entwicklung der Mitarbeiter und Mitarbeiterinnen", so Liehr, „ist in unserer Organisation so wichtig, dass wir uns vier bis fünf Mal im Jahr in unseren Geschäftsleitungssitzungen auseinandersetzen". Personalentwicklung ist Bestandteil der Führungspraxis in der gesamten Organisation, um Potenziale in allen Bereichen der Organisation zu erschließen. Dieser starke Fokus auf Entwicklung ist im Kontext der Stiftungslandschaft zu verstehen, denn Stiftungen, so Liehr, „verstehen sich als Innovator und Labor für neue Entwicklungen und Trends – und nicht als Ersatz staatlicher Zuwendung." Davon zeugt auch das kontinuierliche Wachstum der Stiftungslandschaft in den letzten Jahren.

Der Bundesverband Deutscher Stiftungen finanziert einen Großteil seiner Tätigkeit – und damit auch das Personal und die Personalentwicklung – aus den jährlichen Beiträgen seiner Mitglieder, die nach einem solidarischen System eingestuft werden. Im Geschäftsbericht werden diese Zahlen transparent ausgewiesen. Für das laufende Budget für Per-

---

[10] Vgl. Jahresbericht 2014 des Bundesverbandes Deutscher Stiftungen, S. 22, Beispiel Mitgliederversammlung,

sonalentwicklung liefert die Evaluation des Vorjahres die erforderlichen Bezugsgrößen: „Wir schauen aufs Vorjahr, was haben wir ausgegeben, was haben wir gemacht, was hat sich bewährt, was fehlt."

Die mit den Entwicklungen in der Stiftungslandschaft verbundenen Dynamiken fördern den Anspruch der Dachorganisation, sich, so Liehr, als „lernende Organisation" zu begreifen und Veränderungen im Umfeld und intern als Chancen zu verstehen. „Wir wollen uns weiterentwickeln", so Liehr. Hierfür setzt sich die Organisation jedes Jahr einen Entwicklungsschwerpunkt – im Jahr 2015 ist es bspw. „der Blick in Stiftungen". Die Themen ergeben sich aus dem täglichen Handeln. Damit die Geschäftsleitung Entwicklungsschwerpunkte verabschieden kann, finden bereits früh Gespräche mit allen Bereichen statt. „Es findet viel Kommunikation intern statt." Dabei steht die Suche nach spezifischen Herausforderungen und Lösungsideen im Vordergrund, die beitragen, bestehende (und künftige) Aufgaben noch besser erfüllen zu können, um damit dem Stiftungszweck gerecht zu werden. Das Weiterentwicklungsangebot kann dann, dem Entwicklungsschwerpunkt entsprechend, vom klassischen Seminarbesuch bis hin zum Austausch in spezifischen Netzwerken reichen. Für das Jahr 2015 wurden dem Entwicklungsschwerpunkt entsprechend Angebote zu Hospitationen in Mitgliedsstiftungen geschaffen: „Wir kennen die Stiftungslandschaft und ihre Rahmenbedingungen. Viele Kollegen haben aber noch nicht in einer Stiftung selbst gearbeitet, darum ermöglichen wir unseren Kollegen, ein bis zwei Tage unter dem Blickwinkel eines bestimmten Schwerpunktes eine Stiftung ‚von innen' zu betrachten." Die auf diesem Weg gewonnenen Erkenntnisse sollen aber nicht nur auf die Arbeit des einzelnen Erfahrungsträgers, sondern auf die Organisation als Ganzes zurückwirken. Der Transfer ist unterschiedlich: „Wir versuchen, einen Mehrwert zu generieren, in den Verband hinein, dem wollen wir eine Bühne geben. Das Multiplizieren des Wissens ist unsere ständige Herausforderung." Darum müssen die Formen der Vermittlung sowohl für denjenigen attraktiv sein, welcher das Wissen weitergibt, als auch für diejenigen, die partizipieren. Das erfordert Pragmatik im operativen Tagesgeschäft. Eine Veranstaltung wie das *Mittagskolleg* schafft einen Anreiz, denn der Austausch von Erfahrungen wird mit einem gemeinsamen Lunch über Mittag verbunden.

Der Fokus auf Entwicklung wirft die Frage nach den Perspektiven innerhalb der Organisation auf; nach dem, so Liehr, „geeigneten Zuschnitt". Dass die Entwicklung einzelner Mitarbeiter und Mitarbeiterinnen darum auch aus der Organisation hinaus führen kann, wird als natürlich angesehen und sogar unterstützt. „Wir verbauen niemandem eine Karriere, wir helfen – auch wenn er dann geht." Das gehört zum gelebten Führungsverständnis und wird in der Vorgesetzten-Mitarbeiter-Beziehung thematisiert. Dazu Liehr: „Ich spreche an, wenn ich sehe, dass jemand Potenzial hat. Auch auf die Gefahr hin, dass er oder sie die Geschäftsstelle irgendwann verlässt." Diejenigen, die die Geschäftsstelle verlassen, können in der Stiftungslandschaft als Multiplikatoren wirken – und irgendwann in die Geschäftsstelle zurückkehren. Eine solche Sicht betont die Mitarbeiterperspektive. Zu guter Letzt, so Liehr, kommt es auf die Ausgewogenheit der Blickwinkel an. Dazu gehört nun einmal die Perspektive der Organisation und die Frage, was für diese wichtig ist. Bei allen Maßnahmen, die initiiert werden, muss also der Bezug zur Tätigkeit „stimmen". Auch hier spielt

Führung wiederum eine wichtige Rolle – indem sie genau hinsieht, wem im Team Entwicklungsmaßnahmen zugutekommen. Sind es immer die gleichen Personen? Wie profitieren „die Stillen" im Team? Liehr betont: „Personalentwicklung nimmt in unserem Führungsverständnis einen großen Stellenwert ein – in finanzieller und in zeitlicher Hinsicht. Der Wert macht sich für uns an zwei Dimensionen fest: Zum einen für den Mitarbeitenden und seine Entwicklung und zum anderen für uns als ‚lernende Organisation'. Wir wissen, dass es manchmal nur ein neuer Kontakt oder Tipp ist, der Chancen eröffnet."

Das erfordert einen differenzierten und ausgewogenen Umgang mit Fragen zur Personalentwicklung durch alle Verantwortungsbereiche der Dachorganisation hinweg. In diesem Zusammenhang sorgen auch die Jahresgespräche mit Zielvereinbarungen für eine „sanfte" Systematik. Hier werden die Ziele des Verbandes und mit den Aufgabenprofilen der Einzelnen abgeglichen und Entwicklungsthemen aufgegriffen. Wenn gewünscht, wird auch gleich eine Entwicklungsmaßnahme vereinbart. „Wir zwingen nicht, aber wir sagen, das liegt uns am Herzen." Die Aufgabe der Vorgesetzten ist also, motivierend zu agieren und Sinn zu vermitteln. Liehr gibt ein Beispiel: „Wir wollen uns als Verband in Europa stärker positionieren. Das sollte sich in den Zielen und in der Personalentwicklung spiegeln, also schaue ich als Vorgesetzte, was ist die Stärke meines Mitarbeiters und versuche, das herauszukitzeln." Sie beschreibt weiter: „Ich gehe so in die Gespräche, dass ich drei Ziele formuliere, von denen ich denke, dass die Entwicklungsschwerpunkte sein können. Es kann eine Herausforderung sein, denn die tägliche Arbeit muss ja sowieso gemacht werden. Klar ist aber, dass wir ein Gespräch führen, ich also keine Anweisungen gebe, was entwickelt werden muss." In der Jahresmitte findet ein zweites Gespräch statt. Im Mittelpunkt stehen dann die Fragen, wo der Einzelne steht und was er braucht. Damit findet gleichzeitig eine Form der Evaluation des bisherigen Prozesses statt. Sollte sich allerdings unterjährig ein konkreter Entwicklungsbedarf ergeben, der kurzfristiges Handeln notwendig macht, sei es zum Beispiel im Rahmen einer Studie, werden kurzfristig Lösungen gesucht und bereitgestellt. Hierbei helfen auch der ständige Austausch untereinander und eine *Kultur der offenen Tür*.

Die Möglichkeiten des formellen und informellen des Lernens im Verband sind vielfältig. Informell erfolgen diese vor dem Hintergrund der Organisationskultur des Dachverbandes: „Wir haben als Team ein großes Zusammengehörigkeitsgefühl. Wissen weiterzugeben gehört für uns zum Gemeingut, wir sind hilfsbereit. Dazu gehört auch eine Kultur der offenen Tür." Auf formeller Ebene bestimmen (maßgeschneiderte) interne Formate und externe Weiterbildungsangebote das Bild. Das Thema oder die Entwicklungsfrage entscheidet, ob der Lernanlass intern oder extern angeboten wird. Stiftungs- oder organisationsspezifische Themen[11] werden zumeist *on the job* oder *parallel to the job* vermittelt. So auch der Entwicklungsschwerpunkt 2015, der, wie vorgängig beschrieben, darauf abzielt, dass die Mitarbeitenden die Stiftungslandschaft noch besser kennenlernen. Organisations-

---

[11] Die Palette ist bunt und reicht vom Blick in einzelne Bereiche oder in Projekte bis hin zu Maßnahmen wie „Gesundheit am Arbeitsplatz" (in Zusammenarbeit mit den Krankenkassen) und zur Schulung neuer Gesetze.

spezifische Wissensvermittlung findet im Rahmen interner Schulungen statt. Dabei nutzt der Verband das interne Know-how: „IT ist ein großes Thema bei uns. Eine Kollegin ist in technischen Themen stark und kann super vermitteln. Sie schult Anfänger bis Fortgeschrittene und stellt die Bezüge zu unserem Arbeitskontext her. Das bringt uns sehr viel mehr als alle auf einmal extern zu schulen. Ein solches Vorgehen wäre teuer und nutzt uns zu wenig. Zusätzlich probieren wir neue Formate aus, zum Beispiel ein internes Webinar."

Manche Themen und Entwicklungsfragen können allerdings nur extern abgedeckt werden, zum Beispiel durch einen Coach. Das hängt auch von der Relevanz des Themas für den Einzelnen oder die Zielgruppe ab. Wichtig ist für den Verband die gelungene Mischung der internen und externen Angebote. „Wenn jemand mit nur einer Idee aus einer Weiterbildung zurückkehrt, ist diese Weiterbildung für uns wertvoll." Externe Weiterbildungen werden darum unter anderem nach der Maßgabe evaluiert, ob der Besuch einer Weiterbildung einen Mehrwert, zum Beispiel eine Erkenntnis, ergeben hat.

Eine echte Herausforderung stellt aus der Sicht des Bundesverbandes das Bereitstellen von Karrierewegen dar: „Wir stoßen an echte Grenzen, unsere Organisation ist stark gewachsen und wir können keine neue Organisationsform schaffen." Dabei spielt Liehr auf Führungskarrieren an, also auf den Aufstieg innerhalb der Hierarchie einer Organisation. Der hierarchische Karriereweg ist indes aufgrund der flachen Organisationsstruktur des Dachverbandes begrenzt. Der Wunsch zu führen wird derzeit zunehmend über das Leiten eines Teams entwickelt und befriedigt. Aber: „Auf viel vertikal folgt zwangsläufig horizontal. Gerade bei Jüngeren." Sie führt weiter aus: „Wir verstehen uns daher eher als ‚Begleiter' von Karrieren. Karrieren, die auch aus der Organisation hinausführen." Vor diesem Hintergrund sind die Angebote zur Qualifizierung zu verstehen: „Eigentlich wollen wir Kollegen auch befähigen, sich auf andere Stellen zu bewerben." Liehr betont: „Uns ist die vertikale Karriere wichtig, wir können diese eine Zeit bedienen, dann muss jemand aber auch gehen." Sie betont, dass es der Organisation nicht egal ist, „wenn jemand ohne Aufgabe dasteht, weil sein Projekt ausläuft. Wir unterstützen einen solchen Prozess. Darum verstehen wir uns als Führungskräfte u. a. als Coach, der einen Abschnitt eines Karriereweges begleitet."

Es gibt eine große Verbundenheit der Mitarbeitenden mit der Dachorganisation; die Fluktuation ist gering. Einige Mitarbeitende sind bereits sehr lange dabei – auch wenn die persönliche Entwicklung nicht zwangsläufig in einer Führungskarriere im Verband endet, denn dafür ist die Organisation, wie bereits erwähnt, zu klein. Fachkarrieren bieten allerdings eine attraktive Alternative, da gerade die Arbeit in Projekten den Erwerb von fachlichem Know-how und damit Lernen und Weiterentwicklung erforderlich macht.

Pia Elisabeth Liehrs Fazit zum aktuellen Stand der Personalentwicklung im Bundesverband Deutscher Stiftungen

„Es ist toll zu sehen, wie eine Organisation mit dem Verständnis, dass Personalentwicklung ein Führungsinstrument ist, umgeht. Dennoch müssen wir weiterhin darauf achten, dass wir uns weiterentwickeln. Personalentwicklung ist ein Wert für uns. Wenn jemand sagt, das ist eine tolle Weiterbildung, wirkt das auf den Verband zurück. Ich bin überzeugt, dass wir hier eine Vorreiterrolle in der Stiftungs- und Verbändelandschaft einnehmen. Unsere

Herausforderung wird sein, unser Niveau auch in den kommenden Jahren zu halten und auf der Spur zu bleiben.

Wir bewerten Weiterbildung bewusst nicht nach Kriterien wie Erfolg. Wir hängen unsere Messlatte niedrig, denn wir wollen keinen Druck erzeugen. Der wirkt sich kontraproduktiv aus. Der Mitarbeitende soll mit einem guten Impuls nach Hause kommen. Das kann die Erweiterung seines Netzwerks sein, eine Erkenntnis für seine Tätigkeit oder für seine persönliche Entwicklung. Dann kommt die Organisation zum Zuge, davon sind wir überzeugt – auch wenn sich der Nutzen unter Umständen erst zu einem späteren Zeitpunkt zeigt. Ein Kollege brachte bspw. aus seinem Coaching eine Idee mit, die letztlich dazu führte, dass wir einen Prozess veränderten.

Natürlich gibt es Unterschiede in der Bewertung des Nutzens einer Weiterbildung. Manche kommen mit der Rückmeldung zurück: „Das war o.k., aber ich mache es nicht noch mal. Ich habe nicht den Mehrwert für mich gesehen." Dann war das halt so zu diesem Zeitpunkt. Wir wollen nicht sofort eine Veränderung messen. Die kommt vielleicht später, wenn der Einzelne den Mehrwert für sich entdeckt hat. Unser Organisationsblick ist entspannt. Der Mehrwert zeigt sich irgendwann im Prozess.

Wie gesagt, wir machen keine Vollkostenrechnung. Wir wollen keine messbare Größe. Wir wollen keine Standardisierung. Das passt nicht zu uns. Wir lieben das Informelle! Das ist unser Erfolgsfaktor und das müssen wir kommunizieren. Unsere internen Schulungen, kollegialen Beratungen und informellen Gespräche erfahren bei uns eine sehr hohe Wertschätzung. Das gibt uns recht. Die Leute bleiben bei uns. Vor meiner Tätigkeit beim Bundesverband war ich schon glücklich, wenn ich alle vier Jahre eine Weiterbildung besuchen durfte. Heute fahren wir alle zusammen einmal im Jahr zum Deutschen StiftungsTag, den wir gemeinsam vor Ort managen. Das ist ein echter Teambildungsevent. Wir leben unser Netzwerk, wir sind in Kontakt mit unseren Mitgliedern. Wir sind eine lebendige Organisation.

Sicherlich können wir in Sachen Transfer und Evaluation manches systematischer machen. Aber wir machen ja nicht nur Personalentwicklung, sondern auch diverse andere Aufgaben. Unsere Aktivitäten müssen ausgewogen sein und in die tägliche Arbeit integrierbar, damit die Kollegen auch gerne die Angebote zur Weiterbildung wahrnehmen. Darum sind wir bei den Angeboten und in der Ausgestaltung flexibel. Also, nicht immer nur ein Mittagskolleg mit einem halbstündigen Bericht über Erfahrungen aus der Hospitanz, sondern zum Beispiel ein Spotlight mit ‚was war das Wichtigste'. Daneben tauschen wir uns regelmäßig in Teammeetings aus, kommen alle in einer Jahresanfangsklausur und in einer Jahresmitteklausur zusammen, machen gemeinsam einen Ausflug und am Ende des Jahres eine Weihnachtsfeier. Daneben treffen sich die Geschäftsführung und die einzelnen Bereiche in regelmäßigen Abständen. Wir haben also eine hohe Dichte interner Treffen, bei denen Informationen fließen und Austausch stattfindet.

In Zukunft werden wir wohl eine Stelle schaffen müssen, bei der alle Personalfragen gebündelt werden. Ich denke auch, dass wir im Rahmen der internen Angebote ‚formatsicher' werden müssen. Im Moment probieren wir noch aus. Eine weitere Herausforderung ist unser schnelles Wachstum. Das bringt Fragen an unser Wissensmanagement mit sich. Hierfür müssen wir Lösungen finden: Wo finden wir was? Welche Technik nutzen wir

(SharePoint)? Ich möchte zum Beispiel nicht immer das Gleiche erzählen. Wir müssen also unser internes Wissen so strukturieren, damit alle in der Lage sind, sich die relevanten Informationen selbst zu beschaffen. Dazu müssen wir eine Systematik und Struktur finden, die zu uns passt.

Der Verband ist in der letzten Dekade enorm gewachsen. Wir müssen darum auch darüber nachdenken, ob es nicht ausreicht, wenn wir einmal im Jahr zusammenkommen, denn früher waren die gemeinsamen Klausuren einfacher zu bewerkstelligen, weil die Gruppe kleiner war. Wir müssen uns aber auch fragen, was bleiben muss. Und wir dürfen nicht die externe Sicht vernachlässigen. Wir müssen weiterhin das Ohr am Mitglied, also den Stiftungen, haben und in der Lage sein, seine Themen intern zu spiegeln. Wir sind ja kein Fremdkörper. So wird unsere Herausforderung sein, einerseits Trends und Impulse aufzugreifen, andererseits selbst Impulse zu geben und so eine Vorbildrolle einzunehmen. Unsere Organisation wächst und die Stiftungslandschaft entwickelt sich. Das ist unser Umfeld, in dem wir uns bewegen.

Im Rahmen von Personalentwicklung stehen für mich weiterhin die Person und ihre Stärken und ihr Potenzial im Vordergrund. Für mich heißt das: Wie kann ich als Führungskraft mein Gegenüber in seiner Entwicklung unterstützen? Davon hat die Organisation etwas. Das erzeugt Loyalität und Motivation. Personalentwicklung ist Wertschätzung!

Persönlich würde mich noch interessieren, wie Personalentwicklung in der breiten Stiftungslandschaft gesehen wird. Wir im Bundesverband sind ja hauptamtlich tätig. Viele Stiftungen arbeiten aber mit ehrenamtlichen Mitarbeitern – zum Beispiel die Bürgerstiftungen. Wie handhabt eine kleine Organisation die vielen Ehrenamtlichen bei Fragen zur Personalentwicklung? Darüber hinaus würde ich gerne wissen, wie Vorstände und Generalsekretäre in der Stiftungslandschaft mit Fragen zu ihrer Entwicklung umgehen. Auf Projektleiter- und Referentenebene ist ja das Interesse groß. Aber wie ist das auf der Ebene der Vorstände?

1. Vergleichen Sie Ihre Organisation mit der im Fallbeispiel: Worin ähneln sich die beschriebene Organisation und ihr Verständnis von Personalentwicklung und Ihre Organisation? Was unterscheidet sie?

2. Was denken Sie, wo steht diese Organisation im Ausgestaltungsgrad von Personalentwicklung?

3. Was sind die spezifischen Elemente, die diesen Ausgestaltungsgrad kennzeichnen? Nehmen Sie auch Bezug auf das Verständnis von Führung und Entwicklung.

4. Was würden Sie aus Ihrer Sicht im Rahmen des Ausgestaltungsgrades empfehlen zu modifizieren? Begründen Sie.

5. Was ist aus Ihrer Sicht in diesem Fallbeispiel in Bezug auf Personalentwicklung gelungen?

6. Welche der dargestellten Ideen aus dem Fallbeispiel könnten Sie in Ihre Organisation transferieren? Wägen Sie das Potenzial ab und nutzen Sie dazu das Schema „Transfermöglichkeiten" im Anhang.

Fokusfrage

Wie bemessen Sie im Vergleich in Ihrer Organisation den Erfolg einer Personalent-wicklungsmaßnahme? Was sind Ihre „Indikatoren"?

3.2   Personalentwicklung in der Primarschule Bühl, Otelfingen, Schweiz. Gespräch mit Martin Heimo.

Das Gespräch führte Cornelia Knoch. Martin Heimo ist Schulleiter der Primarschule Bühl.

Die Primarschule Bühl[12] liegt in der Gemeinde Otelfingen im Kanton Zürich in der Schweiz. Otelfingen zählt knapp 3.000 Einwohner. Die Ursprünge der Gemeinde gehen bis ins 11. Jahrhundert zurück, in dieser Zeit wurde Otelfingen erstmals urkundlich erwähnt.[13] Neben der Landwirtschaft, die den ursprünglichen Schwerpunkt der Erwerbs-tätigkeit im Dorf bildete, ergänzen heute mittelständische Gewerbe- und zahlreiche Indus-trieunternehmen[14] das Bild. Dieser *Umbruch* hat die traditionelle Bevölkerungsstruktur verändert: Im ländlichen Umfeld von Zürich gelegen, ist Otelfingen heute auch ein Wohn-ort für jene Berufsgruppen, die einerseits pendeln und einer Arbeit in einem international geprägten Unternehmen in Zürich nachgehen, andererseits mit ihren Familien außerhalb der Stadt im Grünen leben.

Zur Gemeinde Otelfingen gehören eine Primar- und eine Sekundarschule[15]. Die Primar-schule Otelfingen, die in diesem Fallbeispiel näher beleuchtet wird, umfasst vier Kinder-gärten und aktuell zehn Klassen von den Stufen eins bis sechs mit etwa 300 Schülerinnen und Schülern.

Insgesamt 45 Angestellte zählen zum Stamm der Mitarbeitenden. 30 davon sind Lehr-personen, weitere 15 Mitarbeitende sind im Hort, Hausdienst, im Sekretariat oder als Assistenten[16] tätig. Als Schulleiter ist Martin Heimo für die Führung aller Angestellten zuständig. Er ist seit acht Jahren im Amt. Sechs Jahre teilte er sich die Schulleitung mit einem Stellenpartner, seit zwei Jahren übt er das Amt alleine aus.

In seiner Funktion als Schulleiter koordiniert er darüber hinaus die Schnittstellen und die Zusammenarbeit mit der Schulpflege[17], die für die strategischen Fragen der Schule zuständig ist. In der Gemeinde Otelfingen besteht die Schulpflege aus fünf gewählten Mitgliedern mit

---

[12] Siehe Homepage Schule, Internetverweise.

[13] Siehe Homepage Gemeinde, Internetverweise.

[14] Siehe Gewerbeverzeichnis Gemeinde, Internetverweise.

[15] Primarschulen in der Schweiz umfassen das erste bis sechste Schuljahr, Sekundarschulen das siebte bis neunte Schuljahr.

[16] Assistenten sind Lehrpersonen ohne Lehrdiplom, die den Lehrpersonen im Unterricht helfen.

[17] Zur Funktion von Schulpflege und Schulleitung vgl. Beispiel Schulreform – Schweiz, Kanton Zürich im Kapitel 1.

unterschiedlichen *Resorts*[18]. Für alle Ressorts der Schulpflege, in denen sich Strategisches mit Operativem mischt, wurden sogenannte *Büros* eingerichtet. Das ist so üblich in dieser Schule. Gebildet werden die Büros durch den Schulleiter, dem jeweiligen, für das Resort verantwortlichen Schulpfleger sowie – je nach Thema – einer Lehrperson. Eine besonders enge Zusammenarbeit erfolgt in diesen Büros zwischen dem Schulleiter und der Verantwortlichen der Schulpflege für das Thema Personal. Darüber hinaus ist Martin Heimo als Schulleiter Ansprechperson für die Öffentlichkeit. In seiner Funktion stellt er den Austausch mit der Gemeinde sicher. Aktuell betrifft dies bspw. eine räumliche Erweiterung der Schule.

Als Schulleiter bewegt sich Martin Heimo in einem Milieu, das sehr heterogene Ansprüche vereint. Insbesondere im Kontext einer Landgemeinde, die traditionell konservativ geprägt ist und heute einen Wandel der herkömmlichen Bevölkerungsstruktur bewältigt, müssen Wege gefunden werden, mit den Veränderungen umzugehen. Der Schulleiter beschreibt in diesem speziellen Umfeld verschiedene Spannungsfelder: „Der Ur-Otelfinger ist Bauer und Grundbesitzer. Heute haben wir es aber darüber hinaus mit Eltern zu tun, die als Ärzte oder Piloten tätig sind, die auf dem Land leben und in der Stadt arbeiten. Der Migrationshintergrund, die Ausbildung und die kulturellen Bildungsverständnisse unterscheiden sich gewaltig. Wir haben in Otelfingen beispielsweise Gewerbebetriebe, die den Zuzug portugiesischer Arbeiter mit ihren Familien begünstigten. Die brachten ein eher niedriges Ausbildungsniveau mit. Aber Zürich zieht mit seinen Banken usw. auch Personen aus einem internationalen Kontext an, die über ein hohes Ausbildungsniveau verfügen. Diese Personen kommen aus unterschiedlichsten Kulturkreisen. In unserer Gemeinde sind das zum Beispiel Kanadier und Chinesen. Diese Elternschaft hat im Vergleich hohe Erwartungen an unsere Schule. Wenn wir keine Hortlösung anbieten können, fragen sie zum Beispiel, wo man eine solche kaufen kann." Er kann nicht alle Ansprüche bedienen, sagt der Schulleiter. Es kommt letztlich immer auf das Problem an. Dann können sich auch Lösungen mit den Eltern finden lassen. Dazu muss aber die Kooperation stimmen. Er beschreibt seine Haltung sehr klar: „Kommt zum Beispiel per Mail eine Anfrage auf Englisch bei mir an, schreibe ich auf Deutsch zurück. Ich möchte als Repräsentant der Schule nämlich alle Eltern gleichbehandeln – sowohl die mit einem geringen Ausbildungsniveau als auch die, die über ein hohes verfügen. Gerade jene Eltern mit einem hohen Ausbildungsniveau bringen ja alle Voraussetzungen mit, sich sprachlich kompetent zu bewegen." Damit formuliert er selbstbewusst die Erwartungen der Schule Bühl an die Eltern. Das ist ihm bewusst: „Natürlich gebe ich so ein Stück die Regeln der Zusammenarbeit an unserer Schule vor."

Auf die Führung der Mitarbeitenden angesprochen, betont der Schulleiter die Bedeutung tragfähiger Beziehungen. Sie sind für ihn das „Herzstück" seiner Führungsarbeit. Die Tragfähigkeit der Beziehungen ist, so Heimo, die Grundlage der gesamten Zusammenarbeit, denn sie hilft ihm, eine vertrauensvolle Basis herzustellen. Für ihn hat das etwas mit Achtung und Wertschätzung zu tun, welche in der täglichen Auseinandersetzung

---

[18] Die Themen umfassen bspw. die Elternmitwirkung, die Schulsozialarbeit, die Finanzen und das Personal.

helfen, bei der Lösung von Problemen beizutragen. Wie integriert er diese Haltung in seinen Tagesablauf? Auf diese Frage angesprochen, stellt der Schulleiter folgendes Beispiel
dar: „Ich starte um 6:30 Uhr meinen Arbeitstag in der Schule. Dann arbeite ich konzent-
riert fünfundvierzig Minuten, bevor der Schulbetrieb startet. Mein Büro ist auf der oberen
Etage gelegen, das klappt gut. Wenn der Schulbetrieb startet, öffne ich meine Türe und
stehe bis zum Unterrichtsbeginn ausschließlich für das Team zur Verfügung. Die Leute
kommen zu mir rein, man bespricht sich oder vereinbart einen Termin. Dann gehe ich in
unser Lehrerzimmer, um einen Kaffee zu trinken. Diese Zeit nutze ich zum informellen
Austausch. Dazu muss man wissen, dass unser Lehrerzimmer räumlich strukturiert ist.
Ich setze mich also immer wieder an verschiedenen Orten hin, denn ich möchte zuhören
können und zugleich greifbar sein."

Diese Struktur, so Heimo, hilft ihm auch, seinen eigenen Anspruch nach Nähe und Distanz auszupendeln. Er schafft so gezielt Situationen, die er einerseits für das Team, andererseits für die Aufgaben nutzt, für die er sich zurückziehen muss. „Dann gehe ich in mein
Büro und hänge das Schild ‚besetzt' vor die Türe." Daneben sichtbar zu bleiben, ist für ihn
unabdingbar: „Das ist Prävention. Würde ich das weglassen, könnte ich bestimmte Dinge
nicht so einfach lösen." Er beschreibt dazu einen Konflikt zwischen zwei Lehrpersonen in
seinem Team: „Die Gespräche im Lehrerzimmer und die offene Türe haben mir geholfen,
die anstehenden Konfliktgespräche vorzubereiten. Zu welchem Ergebnis die auch immer
führen: In meiner Führungsarbeit bin ich einen Schritt weiter gekommen." Unabhängig
vom Ausgang des Einzelkonflikts bleiben die Beziehungen zu den Mitarbeitenden nach
Einschätzung des Schulleiters auf diese Weise weiterhin belastbar und tragfähig.

In seiner Funktion als Schulleiter steuert Martin Heimo alle Personalgeschäfte. Dazu
arbeitet er, wie eingangs beschrieben, mit der für das Thema Personal verantwortlichen
Schulpflegerin zusammen. Im *Büro Personal* werden alle Änderungen der laufenden Personalprozesse ausgehandelt, protokolliert und dokumentiert. In diesen Protokollen ist
dann für alle nachzulesen, dass der Schulleiter zum Beispiel die Lehrpersonen nicht einmal, sondern zweimal im Jahr im Unterricht besuchen und beobachten möchte.

Zu den typischen Personalgeschäften an der Primarschule in Otelfingen zählen das
Einstellungsgespräch, das jährliche Mitarbeitergespräch (MAG), die unterjährigen Mit-
arbeitergesprächsrunden sowie die Mitarbeiterbeurteilung (MAB).[19] Für diese Prozesse
wird auf bestehende Reglemente und Formulare zurückgegriffen. Ein Konzept, das alle
Personalprozesse an der Schule schriftlich abbildet, gibt es, so der Schulleiter, nicht. Das
hat einen Grund: „Eine Verschriftlichung in Form eines Konzeptes bringt uns aktuell zu
wenig Nutzen, bei uns sind die Prozesse gelebte Realität. An einer größeren Schule wäre
ein Konzept bestimmt nötig. Hier lebt viel von meiner Idee. Vielleicht wird ein Konzept
in der Zukunft ein Thema sein." Trotzdem sind die Prozesse nach seiner Einschätzung
unmissverständlich: „Unsere Rahmenbedingungen sind klar, aber nicht eng. Innerhalb der

---

[19] Die Mitarbeiterbeurteilung (MAB) findet alle vier Jahre statt und beinhaltet einen Unterrichtsbe-
such. Die jährlichen Mitarbeitergespräche (MAG) werden im MAB berücksichtigt.

Rahmenbedingungen besteht eine große Freiheit, darüber bin ich froh", betont der Schulleiter. Viele Prozesse seien einmalig, je nach Situation muss ein Vorgehen auch angepasst werden können und darum Spielraum bieten: „In einem Auswahlverfahren bspw. führen die Schulpflege, eine Lehrperson und ich das Gespräch mit dem Bewerber. Dann übernimmt der Bewerber zusammen mit einem erfahrenen Kollegen, der unsere Kultur kennt, den Unterricht in dessen Klassenzimmer. Wir als Kommission besuchen diesen Unterricht nicht. Aber wir holen uns die Rückmeldung des Kollegen nach dem gemeinsamen Unterricht ab. Sollten sich aus der Rückmeldung heraus Widersprüche ergeben und unsere Einschätzung in Frage stellen, passen wir den Prozess entsprechend an und laden den Kandidaten unter Umständen noch einmal ein."

Als Schulleiter ist Martin Heimo für die Weiterbildung der Lehrpersonen zuständig. Formell nutzt er dazu sowohl das standardisierte Mitarbeitergespräch als auch die unterjährigen Gesprächsrunden:

- Die Gesprächsrunden werden zum Beispiel genutzt, um Stärken und Schwächen der Einzelnen zu thematisieren. „Dazu arbeiten wir bspw. mit Karten, auf denen unsere schulischen Kompetenzen[20] abgebildet sind. Ich wähle eine Karte aus, über die ich sprechen möchte und die Lehrperson wählt eine Karte aus, über die sie sprechen möchte. Welche das sind, legen wir im Vorfeld fest. Dann frage ich zum Beispiel, warum hast du die Karte ausgewählt? So kommen wir auf die Geschichte dahinter." Auf diese Weise soll das Sprechen über die eigenen, individuellen Kompetenzen zu mehr Bewusstheit und Schärfung des professionellen Handelns beitragen.

- Weiterbildungen oder sonstige Maßnahmen, die die Entwicklung unterstützen, werden, wenn nötig, im standardisierten Mitarbeitergespräch (MAG), das einmal im Jahr stattfindet und vom Kanton vorgegeben ist, diskutiert und protokollarisch festgehalten. „Ich greife dabei immer auf die Vereinbarungen aus dem Vorjahr zurück, schaue, wo steht jemand, manchmal schlage ich etwas vor, manchmal der Mitarbeiter. Wir diskutieren das dann. Manche Vereinbarungen können auch luftig ausfallen. Erst dann, wenn wir wiederholt auf das gleiche Thema zu sprechen kommen, formuliere ich eine Vereinbarung verbindlich, also zum Beispiel, wenn sich das Thema *Belastung* wiederholt, sage ich: ‚Das reicht mir jetzt nicht, mach‘ bitte ein Protokoll deines Arbeitstages.‘ "

Entwicklungsbedarf und Weiterbildung werden primär an der Verbesserung und Optimierung der individuellen Situation festgemacht. „Wenn es nichts Konkretes gibt, vereinbaren wir auch nichts." Dabei sieht der Schulleiter die Initiative nicht nur bei sich und weist auf die (indirekten) Effekte der kollegialen Feedbacks hin. Die Primarschule in Otelfingen führt diese regelmäßig durch. Dazu bilden die Lehrpersonen Tandems und besuchen sich im Unterricht. Ziel ist, voneinander zu lernen und sich Rückmeldungen zu geben. „Das läuft für sich. Ich habe damit nichts zu tun. Es kann jedoch vorkommen, dass einer der

---

[20] Vgl. fortlaufenden Text.

Kollegen auf mich zukommt und mir sagt, dass es ein Thema gibt, was mit mir besprochen werden muss. Ich erfahre aber nichts über den konkreten Inhalt. Wenn derjenige, den das betrifft, dann allerdings nicht auf mich zukommt, frage ich bei ihm nach. Was auch immer dann hochkommt, eine Lösung finden wir im gemeinsamen Gespräch, wobei ich grundsätzlich versuche, ein Ziel zu vereinbaren, das messbar ist."

Die Arbeit mit Kompetenzen zur Unterstützung der Entwicklung der Lehrpersonen ist im Schulhaus Bühl, wie erwähnt, relativ neu. Ein neuer Lehrplan[21] schaffte die Voraussetzungen und damit auch einen Paradigmenwechsel in der schulischen Organisation, der über die Unterrichtsebene hinausgeht – weg vom *Pflichtenheft* von Lehrpersonen hin zu *Kompetenzen.* „Mit einem Pflichtenheft, in dem eine Lehrperson alle Aufgaben auflistet, die sie macht, kann ich als Vorgesetzter ja nicht einschätzen, was eine Lehrperson tatsächlich kann." Doch nicht nur das Können, auch die Passung und Planung lasse sich, so der Schulleiter, durch Kompetenzen sehr viel besser ermitteln: „Was wollen wir? Das muss man ja vorher definieren können. Der bisher übliche Weg war: ‚Wir brauchen einen Mittelstufenlehrer für das Fach Französisch.' Aber als schulische Organisation benötigen wir ja viel mehr! Wenn man das einmal ausgehandelt hat, dann hat man ein Instrumentarium an der Hand, das einem hilft zu entscheiden, welche Kompetenzen für eine bestimmte Stelle tatsächlich *Wert* haben."

Gemeint sind damit Anforderungen, die über die fachlichen Erfordernisse hinausgehen. Heimo sieht darum den konkreten Nutzen der Arbeit mit Kompetenzen auch gerade beim Treffen von Entscheidungen im Führungsalltag, die die Auswahl, den Einsatz und die Entwicklungsperspektiven von Lehrpersonen betreffen: „Wir schaffen es als kleine Schule zum Beispiel nicht, den einzelnen Lehrer in allen Fächern, in denen er oder sie ausgebildet ist, unterrichten zu lassen. Das erfordert sowohl von uns als auch von der jeweiligen Person Anpassungsbereitschaft. Hier hilft eine klare Analyse im Vorfeld und die gezielte Entscheidung für bestimmte Kompetenzen, zum Beispiel ‚wir brauchen das Talent'. Das legitimiert im folgenden Prozess und man muss sich nicht mit irgendeinem Bauchgefühl in irgendwelchen Kommissionen rechtfertigen und beklagen, was man eigentlich machen müsste." So ist die Arbeit mit Kompetenzen für den Schulleiter ein „zielscharfes" Führungsinstrument, das er auf mehreren Ebenen und an verschiedenen Orten einsetzt.

Da der Nutzen der Arbeit mit Kompetenzen für den Schulleiter von Beginn an auf der Hand lag, wollte er die Kompetenzen auch im Lehrerteam zum Thema machen. Sein Ziel war, alle vorhandenen Kompetenzen an der Primarschule Otelfingen zu erfassen und auf sogenannten Kompetenzkarten abzubilden, die wiederum in verschiedenen organisationalen (Führungs-)Prozessen gezielt zum Einsatz kommen sollten.

Die Idee, einen solchen Prozess zu initiieren, war nicht von Beginn an bei allen Beteiligten auf offene Ohren gestoßen. „Die erste Reaktion der Schulpflege war kritisch. Die fragte, ob ich überhaupt Zeit für einen solchen Prozess habe. Sie hatte Angst, dass das

---

[21] Im Kanton Zürich der Lehrplan 21, der Kompetenzen formuliert. Vgl. Internetverweise.

Ganze zu viel Zeit und Energie kostet." Bei der Überzeugungsarbeit habe ihm vermutlich seine eigene Begeisterung geholfen: Er wollte nicht nur die Personalverantwortliche an Bord holen, sondern auch die Gesamtschulpflege. Darum hat er seine Idee auch dem ganzen Gremium vorgestellt. Das, so Heimo, war ihm wichtig, denn er wollte, dass auch die Behörde „ihre Punkte einbringt", damit die Kompetenzen und Karten auch den Anspruch der Schulpflege abbilden. Natürlich wollte er, dass seine Idee breit akzeptiert und das Ergebnis in der gemeinsamen Arbeit genutzt wird, zum Beispiel bei der Anstellung neuer Lehrpersonen.

Im nachfolgenden Prozess handelten der Schulleiter und die verantwortliche Schulpflegerin das Grundgerüst der aus ihrer Sicht für die Schule notwendigen Kompetenzen aus. Die so gefundene Struktur stellte der Schulleiter im Anschluss an eine gemeinsame Konferenz den Lehrpersonen vor. Zielsetzung war, das nötige Verständnis für die gemeinsame Ausarbeitung der Details herzustellen. Dieser Aushandlungsprozess erfolgte dann im Rahmen eines schulinternen Weiterbildungstages.

Vorgegeben wurden an diesem Weiterbildungstag nur die Titel der Kompetenzen und zwei bis drei Indikatoren („Sätze"), an denen diese gemessen werden sollten. Wie erwähnt, war dies das Ergebnis der ersten Diskussion zwischen dem Schulleiter und der Schulpflegerin. Für Martin Heimo ist das Resultat durchaus persönlich: „Das, was ich in den Prozess gegeben habe, hat mit meinen Werten zu tun." Zu seiner eigenen inhaltlichen Klarheit habe, so Heimo, die Auseinandersetzung mit der Literatur und in entsprechenden Weiterbildungen beigetragen. Die Auseinandersetzung mit der Schulpflegerin hat dann in den weiterführenden Diskussionen die persönlichen Sichtweisen erweitert und differenziert. Dieser Prozess war auch emotional: „Wir haben miteinander gerungen, ob wir zum Beispiel *Kundenorientierung* zu den Führungskompetenzen ordnen. Oder ob *Leiterschaft* zu Führungskompetenzen gehört. Gerade im Non-Profit-Bereich sind wir ja keine Manager, die hinten sitzen und steuern, sondern voran gehen."

Den Weiterbildungstag mit den Lehrpersonen schätzt Martin Heimo als gelungen ein. Am Ende des Tages standen nämlich ganz konkrete Resultate. „Die Lehrpersonen sind einfach mitgegangen. Da wir unseren Weiterbildungstag dazu genutzt haben, hatten viele die Haltung, dass das Thema spannend sein könnte und sind entsprechend offen an die Sache herangegangen. Aber natürlich gab es auch solche, denen sich der Nutzen nicht direkt erschloss." In solchen Fällen halfen, so der Schulleiter, Argumente, die den individuellen Erfahrungsbereich betrafen: „Jemand, der in einem Auswahlverfahren mitwirkte, sah die Vorteile. Andere waren einfach nur neugierig."

Dass der Weiterbildungstag in konkreten Ergebnissen mündete, erklärt sich der Schulleiter auch durch die Herangehensweise und die Struktur des Tages. „Die Lehrpersonen mussten mitdenken und konnten Einfluss auf die Inhalte der Kompetenzen nehmen. Diese betrafen sie ja selbst. Sogar die Titel[22] der Kompetenzen konnten diskutiert werden."

---

[22] Jede Kompetenz ist wiederum in Schwerpunkte unterteilt, vgl. fortlaufenden Text.

Die Arbeit erfolgte in Gruppen. Zuerst hat man sich innerhalb der einzelnen Funktionen ausgetauscht, um zielgerichtet an den Fachkompetenzen zu arbeiten, danach ging es in gemischten Gruppen weiter. Dabei diskutierte nicht jede Gruppe jede einzelne Kompetenz, das wäre zeitlich, so der Schulleiter, nicht möglich gewesen: „Sicherlich hätte man noch einen Tag dranhängen und alle Gruppen alle Kompetenzen diskutieren lassen können." Moderiert wurde der Weiterbildungstag übrigens durch den Schulleiter selbst: „Das hat auch etwas mit meinen eigenen Werten zu tun, das will ich nicht nach außen geben." Die Ergebnisse des Tages trug der Schulleiter im Anschluss zusammen, stellte die Resultate der Schulpflege vor und veranlasste den Druck der Kompetenzkarten.

Heute steht jedem Team ein Kartenset mit den Kompetenzen der Primarschule Bühl zur Verfügung. Die Primarschule Bühl unterscheidet fünf Kompetenzkategorien: a) PSO-Kompetenzen[23] (die Kultur der Schule betreffend), b) Selbstkompetenzen, c) Sozialkompetenzen, d) Fachkompetenzen, differenziert in Mittelstufe, Unterstufe, Kindergarten, Hort, Sekretariat und Schulleitung sowie e) Führungskompetenzen.[24] Diese Kategorien beinhalten verschiedene Schwerpunkte, die jeweils durch *Titel* gekennzeichnet sind. Zusammen ergeben so sich 25 Kompetenzkarten mit Kategorien und Schwerpunkten, die wiederum auf jeder Karte mit Hilfe von drei bis sechs Indikatoren[25] („Sätze") beschrieben werden. Jede der fünf Kategorien wird im Kartenset farblich unterschieden.

Die Karten bilden die Gesamtheit aller Kompetenzen an der Schule ab und nicht die Anforderungen an eine einzelne Person. Die Führungskompetenzen zum Beispiel betreffen primär die Anforderungen an die Schulleitung. Aus der Gesamtheit können aber die Erwartungen an jeden einzelnen Mitarbeitenden ermittelt werden. Das ist dem Schulleiter wichtig: „Wir haben jetzt eine Sammlung aller Kompetenzen, über die wir uns einig sind, dass sie für unserer Schule wichtig sind. Hätten wir uns von Beginn an auf eine begrenzte Zahl an Kompetenzen festgelegt, wären wir Gefahr gelaufen, in unseren Aussagen zu allgemein zu werden. Dann kommt es auch nicht mehr darauf an, an welchem Ort man arbeitet. Gerade darum haben wir bspw. Kompetenzen definiert, die die Kultur unserer Schule in Otelfingen spiegeln." Martin Heimo merkt an, dass es im nächsten Schritt interessant wäre zu wissen, welches aktuell die fünfzehn wichtigsten Kompetenzen im Schulhaus Bühl sind.

Der Schulleiter ist sich heute sicher, dass sich die Idee, auf der Ebene der schulischen Organisation und ihrer Mitglieder mit Kompetenzen zu arbeiten, bereits nach dem ersten Prozess, der die Ausarbeitung eines Kompetenzkanons für alle Mitarbeitenden beinhaltete, gelohnt hat. „Die Diskussionen waren hoch interessant, also das Sprechen über die Kompetenzen. Warum nehmen wir eine Anforderung rein, die andere aber nicht? Wie formulieren wir eine Erwartung?" Seine nächste Zielsetzung ist nun, die Arbeit mit den Kompetenzen und den Karten noch mehr im Alltag zu verankern, selbstverständlicher

---

[23] PSO-Kompetenzen stehen für „Primarschule Otelfingen Kompetenzen".
[24] Kompetenzen auf der Unterrichtsebene fließen beispielsweise bei den Fachkompetenzen ein. Ansprüche der Organisation spiegeln sich bei den PSO-Kompetenzen, aber auch in den einzelnen Funktionen.
[25] Vgl. Anmerkungen.

zu machen, nicht nur punktuell in Anstellungs- und Mitarbeitergesprächen. „Das Team bestimmt zum Beispiel jedes Jahr ein Motto. Da kommen die Kompetenzen wieder." So möchte er die Auseinandersetzungen mit den Kompetenzen zur Kulturentwicklung innerhalb der Schule nutzen. „Ich würde zum Beispiel die Arbeit mit den Kompetenzen gerne in der Stufenkonferenz wieder aufnehmen. Die umfasst ja vier bis zehn Leute. Oder bei der Unterrichtsplanung. Aber natürlich muss der Aufhänger passen."

Aktuell nutzt der Schulleiter die Kompetenzkarten als Gesprächsanlass in den Mitarbeitergesprächen. Die Wahl der Kompetenz bestimmt die Schwerpunkte und den Verlauf des Gesprächs. „Ein solches Vorgehen lohnt sich aus meiner Erfahrung beispielsweise, wenn der Einzelne zu weit weg von mir ist oder im Umkehrschluss die Vertrautheit bereits zu groß ist. Die Karten helfen mir außerdem, eine eher unstrukturierte Zusammenarbeit zu strukturieren. Für mich hat sich der Einsatz der Karten alleine schon dann gelohnt, wenn wir „miteinander sprechen". Sicher habe ich aber auch Mitarbeitende, für die ich die Karten als Gesprächsanlass nicht benötige."

In diesem Jahr nutzt der Schulleiter die Kompetenzkarten außerdem für ein 180-Grad-Feedback. Das Ziel soll die Auseinandersetzung mit Selbst- und Fremdbild sein. In diesem Prozess unterstützen die Karten als zusätzliches Instrument die Reflexion: Konkret geht es um die Einschätzung einer individuellen Kompetenz, die sowohl von außen (durch den Schulleiter und durch die Kollegen) als auch von innen (durch die Person selbst) „gespiegelt" wird. „Ich habe mit der Schulpflegerin 18 Kompetenzen im Vorfeld ausgewählt. Von denen nehmen wir an, dass sie momentan die Wichtigsten sind. Die Lehrpersonen schätzen sich nun mit Hilfe einer Kompetenzspinne zu jeder Kompetenz selbst ein und holen sich dazu auch die kollegialen Feedbacks ein. Die Ergebnisse sind dann die Grundlage im jährlichen Mitarbeitergespräch: Dort, wo es einen Ausschlag gibt oder die Bewertungen zwei Punkte auseinanderliegen, wird angesetzt und darüber gesprochen."

Noch gezielter möchte der Schulleiter in Zukunft die Kompetenzen mit Projekten zur Schulentwicklung vernetzen: „Steht zum Beispiel ein neues Projekt an, möchte ich die Karten nutzen, um die nötigen Kompetenzen für die Umsetzung eines solchen Projektes im Vorfeld festzulegen. Ich möchte die Personen begründet auswählen und dann im Prozess unterstützen." Bedauernd merkt er an, dass eine solche Bedarfsplanung derzeit noch nicht stattfindet.

Martin Heimos Fazit zum aktuellen Stand der Kompetenzarbeit und Personalentwicklung an der Primarschule Bühl

„Im Vergleich zum Team bin ich immer am Thema dran. Das Team beschäftigt sich nur im Gespräch oder wenn sie in einer Kommission sind mit den Kompetenzen. Ich will das Thema darum noch mehr unters Team bringen. Zum Beispiel hängt am Kühlschrank (im Lehrerzimmer) eine Kompetenzkarte. Manchmal hängt sie einfach, manchmal schreiben die Leute noch etwas darauf.

Die Kompetenzen stehen und fallen mit mir. Ich könnte die auch wieder austauschen. Das macht mir aber keine Sorge, denn wir haben damit gearbeitet und das brachte uns einen Nutzen. Ich kann mich auch wieder davon lösen. Die Karten sind ja nur ein Instrument.

Auf das Instrument an sich kommt es letztlich nicht an. Das ist nur Mittel zum Zweck. Es verändert sich ja immer etwas, wenn man aktiv Personal führt. Eben diese Führung kann man gestalten und mit den Leuten arbeiten. Darum geht es. Ich möchte helfen, dass sich die Mitarbeitenden entwickeln. Dass es jetzt gerade die Karten waren, die mir dabei geholfen haben, ist Zufall. Die haben mich damals überzeugt.

Wichtig an der Arbeit mit den Kompetenzen und den Karten ist, sie mit den richtigen Inhalten zu füllen. Das ist eine Sender-Empfänger-Thematik. Heute könnte man die Formulierungen wahrscheinlich überarbeiten, vielleicht haben wir die gar nicht im wissenschaftlichen Sinn von Kompetenzen „richtig" formuliert. Aber die Inhalte sind gut. Es war eine Grundsatzentscheidung, ob Kompetenz oder Pflicht. Ich könnte jetzt eine Liste machen und Plus und Minus verteilen. Im Sinne von ‚das sind unsere heiligen Sätze'. Aber an den Sätzen[26] halte ich formal nicht fest. Ich kontrolliere nicht die Formulierungen. Wir haben uns gefunden, das ist wichtig.

Mich hat das Instrument gepackt, aber mein Wunsch war eigentlich, etwas festzumachen im Personalbereich, neben dem Strukturellen die richtigen Inhalte zu finden, in der Überzeugung, wir sind eine lernende Organisation, wir wollen das auch leben und uns identifizieren können. So sind die Kompetenzen also für mich ein Aufhänger, um für meine Schule die richtigen Inhalte zu finden. Die Leute sollen ja an der Schule bleiben und gute Arbeit machen. Wenn sie weg wollen, helfen wir ihnen sogar, wenn der Ort besser ist für sie. Sonst wollen wir sie lieber behalten. Genau dann machen wir nämlich auch Schulentwicklung.

Gleichzeitig sind die Kompetenzkarten aber auch ein Reflexionsinstrument, das hilft, über Prozesse nachzudenken und: ‚was kann ich, was kann ich nicht'. Die Arbeit mit den Kompetenzen und den Karten war für mich das erste Projekt, das ich als Schulleitung ohne Auftrag und aus einer Notwendigkeit heraus initiiert habe. Kein Konflikt, kein Problem gaben den Ausschlag. Das war neu. Ich habe gestaltet, ich bin raus aus der Verwaltung der Schule. Auch neu war die Begeisterung für ein Thema. Ich wollte das Projekt umsetzen. Es ging verblüffend schnell, die anderen haben wohl gedacht, das ist schon gut, was er da macht.

Eine Herausforderung wird künftig sein, wie ich mit den Kompetenzen umgehe, wenn die Leute, die in die Arbeit involviert waren, die Schule verlassen. Werde ich die Kompetenzen alle paar Jahre diskutierten müssen? Vor drei Jahren haben wir diesen Prozess initiiert, ein Drittel der Lehrpersonen außer den Klassenlehrern ist heute nicht mehr da. Die Leistungsträger verändern sich.

Ich benutze die Karten im Moment bewusst als Führungsinstrument. Sollte sich das in Zukunft verändern, geht das nur über eine Analyse, die mich dann zu ‚jetzt machen wir es anders' führt. Womit ich nicht arbeite, ist das Leitbild. Keiner macht das, keiner braucht es, keiner lebt es. Das will ich nicht. Im Grunde genommen habe ich ja Leitbilder in Form der Sätze auf den Kompetenzkarten. Mit denen gehe ich spielerisch um, setzte

---

[26] Gemeint sind die Indikatoren, die die Erwartungen an einen Kompetenzschwerpunkt beschreiben.

Schwerpunkte. Allerdings sind die Kompetenzen nicht verzahnt mit dem Leitbild. Wir haben ja eines! Jetzt könnte man eigentlich aus den Kompetenzen heraus das Leitbild erneuern. Aber nicht umgekehrt.

Mein Ziel ist es, dass sich die Mitarbeitenden selbst entwickeln. Ich verstehe mich in dem Prozess als Coach, die Karten sind mein Instrument. Ich helfe also beim Selbstentwickeln. Wenn natürlich echtes Interesse fehlt, geht das nicht. Wenn der Garten zu klein ist, dann auch nicht. Wenn ich nur im Kopf habe, dass das Französisch-Patent fehlt, dann geht das auch nicht. Klar, Schüler müssen zu ihren Sachen kommen. Mein Fokus ist aber auch das Personal. Ich muss über meinen Garten hinaus denken. Meine Schule ist nicht nur in Otelfingen, sondern auch im Kanton Zürich.

Ich bin interessiert, wo jemand hin möchte. Ich bin interessiert am einzelnen Mitarbeiter, an der Organisation im Hintergrund, an der Entwicklung des Mitarbeiters. Ich kann keine Versprechen machen, wo er oder sie in meiner Organisation in ein paar Jahren ist. Ich möchte aber meine Mitarbeiter konfrontieren, dass sie nicht einfach ‚sind‘, sondern sich bewusst entscheiden.

Meine Sicht ist, dass Mitarbeiter an einer Schule einen sehr guten Arbeitsplatz haben. Wahrscheinlich besser als in vielen anderen Organisationen. Für mich ist ein zufriedener Mitarbeiter ein besserer Mitarbeiter. Viel Zufriedenheit kommt aus der Arbeit mit den Kindern. Beim Rest kann ich ihm oder ihr weiterhelfen und bspw. Unzufriedenheit auffangen. Ich kann helfen, Entwicklungen anzustoßen. Wenn er oder sie dann weiterzieht, möchte ich stolz sein und sagen können, das war ein guter Weg. Ich habe Mühe mit Geschichten, die ‚im Elend‘ beendet werden. Ich möchte einen guten Abschluss. Einer meiner Mitarbeiter pendelt zum Beispiel täglich von Bern nach Otelfingen. Klar, hört der irgendwann auf bei uns zu arbeiten. Jetzt hat er aber gesagt, er macht es noch mal ein Jahr. Darauf bin ich stolz.

Zum Schluss kommen wir eben doch wieder auf die Beziehung zurück. Ich habe jetzt zwar viele Kompetenzen, aber die brauchen eben Vertrauen als Voraussetzung, sonst lösen sie etwas aus, was gar nicht gemeint war.

Wie gesagt, ich experimentiere, wie ich die Kompetenzen noch mehr im Alltag verankern kann. In diesem Jahr ist es die Kompetenzspinne. Bei manchen fehlt der Prozess dahinter, die haben jetzt halt ‚nur‘ eine Karte bekommen. Im Moment drückt mich die Zeit wegen der Anzahl der Gespräche, aber das löse ich im Prozess. Wie gesagt, ich ‚verknorze‘ mich nicht mit den Karten. Auch die wachsen und wandeln sich. Zehn Jahre möchte ich jetzt mal damit arbeiten, vielleicht kommt auch eine neue Farbe dazu. Der Prozess ist offen.

Mir ist die Anzahl der Karten und Sätze eigentlich zu viel. Lieber wären mir zum Beispiel drei Kompetenzen. Dann sprechen wir jedes Jahr darüber. Aber wir haben uns für ein Kartenset entschieden, weil wir so alles für unsere Schule haben und vermeiden, dass bei einer kleinen Anzahl die Aussagen beliebig werden. Vielleicht mache ich die Kompetenzen zum Thema auf unserem nächsten Teamentwicklungstag. Einfach einen Schwerpunkt aus den Kompetenzen heraus wählen. Ich bin also mitten in der Arbeit!“

1. Vergleichen Sie Ihre Organisation mit der im Fallbeispiel: Worin ähneln sich die beschriebene Organisation und ihr Verständnis von Personalentwicklung und Ihre Organisation? Was unterscheidet sie?

2. Was denken Sie, wo steht diese Organisation im Ausgestaltungsgrad von Personalentwicklung?

3. Was sind die spezifischen Elemente, die diesen Ausgestaltungsgrad kennzeichnen? Nehmen Sie auch Bezug auf das Verständnis von Führung und Entwicklung.

4. Was würden Sie aus Ihrer Sicht im Rahmen des Ausgestaltungsgrades empfehlen zu modifizieren? Begründen Sie.

5. Was ist aus Ihrer Sicht in diesem Fallbeispiel in Bezug auf Personalentwicklung gelungen?

6. Welche der dargestellten Ideen aus dem Fallbeispiel könnten Sie in Ihre Organisation transferieren? Wägen Sie das Potenzial ab und nutzen Sie dazu das Schema *Transfermöglichkeiten* im Anhang.

Fokusfrage

Was müsste aus Ihrer Sicht gegeben sein, damit ein Leitbild „Leben" entfalten kann? Wie sollte es idealerweise mit den Kompetenzen verknüpft sein? Vergleichen Sie dazu die Ausführungen im fortlaufenden Text unter ▶ Kap. 4.3.1. Skizzieren Sie Maßnahmen, die aus Ihrer Sicht erfolgen müssten, um ein *wirkungsvolles* Leitbild zu installieren.

3.3   Personalentwicklung bei der BBQ Berufliche Bildung gGmbH, Stuttgart, Deutschland. Gespräch mit Petra Siewert-Weidler.

Das Gespräch führte Cornelia Knoch. Petra Siewert-Weidler ist im Stab Personal der BBQ.

Die BBQ, Berufliche Bildung gGmbH[27], ist eine Gesellschaft[28] des Bildungswerks der Baden-Württembergischen Wirtschaft e. V.. Das Bildungswerk wird von 26 Verbänden und Unternehmen getragen.

Die BBQ versteht sich als „Impulsgeber und Innovationstreiber in bildungs- und gesellschaftspolitischen Themen, wie zum Beispiel der Inklusion und Rehabilitation, der Entwicklung europäischer Ausbildungsstrukturen, der Förderung der Vereinbarkeit von

---

[27] Gemeinnützige Gesellschaft mit beschränkter Haftung (gGmbH)

[28] Vgl. Internetverweise.

Beruf und Familie oder der Grundbildung und beruflichen Qualifizierung von An- und Ungelernten"[29]. Als Bildungseinrichtung setzt das BBQ national und international geförderte Projekte der öffentlichen Hand um.

Auf nationaler Ebene gehören dazu zum Beispiel das Projekt *Wirtschaft inklusiv*[30] sowie Projekte zur Rehabilitation und Wiedereingliederung von Arbeitnehmern und Arbeitnehmerinnen am Arbeitsplatz, so bspw. das Beratungsangebot der BBQ zum *Betrieblichen Eingliederungsmanagement*[31] (BEM).

Auf internationaler Ebene komplettieren insbesondere Aktivitäten zur Auswahl und Gewinnung von Auszubildenden im europäischen Umland die Projekttätigkeiten, bspw. im Rahmen des Förderprogramms *MobiPro-EU*[32]. Aktuell baut die BBQ mit der Robert Bosch Stiftung die Koordinations- und Beratungsstelle CET (Center for European Trainees) auf, „die Informationen und Wissen zum Thema Rekrutierung ausländischer Azubis bündeln und zugleich den Aufbau dualer Ausbildungsstrukturen in Italien und Spanien voranbringen soll"[33].

Die Fachbereiche der BBQ sind *Frühkindliche Bildung und Familie*[34], *Berufsorientierung und Schulentwicklung, Berufsvorbereitung und Berufsausbildung, Berufliche Weiterbildung und Qualifizierung, soziale Dienstleistungen für Unternehmen* sowie *Internationale Projekte*. Die einzelnen Geschäftsfelder der BBQ sind diesen Fachbereichen zugeordnet.

Dreh- und Angelpunkt der Bildungs- und Projekttätigkeit der BBQ war in den Anfängen die Arbeit mit „benachteiligten Jugendlichen". Die Integration in die Ausbildung stand im Fokus der Geschäftstätigkeit. Damit wurde das Kompetenz-Portfolio durch ein sozialpädagogisches Betreuungsangebot erweitert, das zur tragenden Säule des Projektes *Berufspraktisches Jahr* (BPJ) wurde. Dieses Projekt hat auch heute noch das Ziel, die auf dem Arbeitsmarkt benachteiligten Jugendlichen mit Hilfe von Praktika auf den Berufseinstieg vorzubereiten und für einen Ausbildungsplatz zu qualifizieren. Dazu arbeiteten die Betreuer der Arbeitsgemeinschaft eng mit den Ausbildern in den Betrieben zusammen und stellten so die sozialpädagogische Betreuung der Jugendlichen sicher.

Mitte der 90er-Jahre kamen Angebote für Erwachsene dazu. 1998 entstand die Ausbildungs- und Qualifizierungsinitiative *Start 2000* und später *Start 2000 Plus* der Metall- und Elektroindustrie als Initiative zur Sicherung des Bedarfs an Fachkräften. Damit verbunden war der Aufbau von Projektstrukturen in den Bereichen *Berufsorientierung, MINT-Förderung* sowie *Ausbildungsbegleitung*.

Die Organisation unterscheidet drei Hierarchiestufen: die Geschäftsführung, die Regionalleitungen und die Niederlassungsleitungen. Die Regionalleitungen sind verantwortlich für die Umsetzung der Strategie in den Regionen und für die Führung der Niederlassungsleitenden. Die Niederlassungsleitungen setzen das operative Geschäft in den Regionen

---

[29] Vgl. Geschäftsbericht 2013/2014 der BBQ, S. 4.

[30] Siehe Ziele, Inhalte, Internetverweise.

[31] Vgl. Anmerkungen.

[32] Vgl. Anmerkungen, Internetverweise.

[33] Vgl. Geschäftsbericht 2013/2014, S. 4, vgl. Anmerkungen.

[34] Vgl. *familiyNet*, Internetverweise.

um. Sie wurden im Sommer 2014 eingerichtet und sind außerdem für die Mitarbeiterführung an den Standorten zuständig. Neben dieser regionalen Struktur existiert eine fachliche Führungsstruktur mit Fachbereichsleitungen und Fachberatungen. Rund 465 Mitarbeitende sind für die BBQ tätig.

Die Schwerpunkte der internen Personalentwicklung setzt die BBQ in den Themenbereichen

- Qualifizierungsplanung,

- interne Seminare,

- Supervision,

- BEM,

- Gesundheitsmanagement sowie

- Vereinbarkeit von Beruf und Familie/Pflege.

Die Personalentwicklung wird durch eine Stabsstelle verantwortet und ist direkt der Geschäftsführung unterstellt. In ihrer Funktion als interne Personalentwicklerin ist Petra Siewert-Weidler in strategischen und operativen Fragen zur Personalentwicklung die Ansprechpartnerin sowohl für die Geschäftsführung und die Führungskräfte als auch für die Mitarbeitenden der BBQ.

Petra Siewert-Weidler ist seit 2001 in der Organisation tätig, hat die Personalentwicklung aufgebaut und die interne Vernetzung sichergestellt. „Bis zur Schaffung dieser Stelle gab es nur in Ansätzen Mitarbeitergespräche", erinnert sie sich an ihre Ausgangssituation. „Meine Aufgabe bestand unter anderem auch darin, Datenbanken mitzuentwickeln, die unsere Arbeit wesentlich erleichtern. Wir sind dezentral organisiert und die Zentrale sitzt in Stuttgart."

Die Mitarbeiterschaft ist überwiegend weiblich (etwa 78 %). Die Organisation versucht, durch flexible Arbeitszeitmodelle und -organisation (Teilzeitarbeit, Homeoffice) familiäre und berufliche Anforderungen in Einklang zu bringen und auf diese Weise insbesondere die Erwerbstätigkeit der weiblichen Belegschaft mit Kindern zu unterstützen. Das wird, so die Bewertung der Personalentwicklerin, geschätzt. „Wenn du gute Leute willst, musst du denen auch Angebote machen. Darum muss man Möglichkeiten anbieten, Teilzeit arbeiten zu können. Das lässt sich in einer Projektleiterstruktur gut umsetzen. Es gibt Mitarbeiterinnen bei uns, die bspw. mit 100 % eingestiegen sind. Heute haben sie Kinder und arbeiten vorübergehend 30 %. Sie sind zufrieden, weil sie so Familie und Beruf vereinbaren können."

Herausforderungen sieht die Personalentwicklerin allerdings in der homogenen Gestaltung der Altersstruktur im Unternehmen. „Viele unserer Mitarbeiter bewegen sich in den Altersstufen zwischen 45 und 60 Jahren, gefolgt von sehr jungen Mitarbeitenden. Der ‚ausgleichende Mittelbau' fehlt uns weitgehend."

Fachkarrieren bilden primär die Laufbahnwege bei BBQ ab. Spezialisierungen erfolgen im Rahmen der zahlreichen Projektaktivitäten. Bei der fachlichen Entwicklung ist auch der Erwerb von Führungskompetenzen möglich, zum Beispiel durch Fachberatung oder als Koordinator im Projekt *BPJ*. Der Weg entlang der internen Hierarchiestufen steht allen Mitarbeitenden grundsätzlich offen.

Mitarbeitende bei der BBQ haben die Selbstverpflichtung, auf den Gebieten, in denen sie arbeiten, fachlich „fit" zu sein. Die Arbeit in immer wieder neuen Projekten, die je nach Region unterschiedlich sind, erfordert Beweglichkeit der Einzelnen in Sachen Fachkompetenz. Darum stellt die BBQ als Arbeitgeber fünf individuell einsetzbare Fortbildungstage in Form von Arbeitszeit zur Verfügung. Darüber hinaus wird Weiterbildung finanziell durch die BBQ unterstützt.[35] Die BBQ unterscheidet dabei leistungserhaltende und leistungsentwickelnde Maßnahmen. Die Budgets für beide Maßnahmen unterscheiden sich graduell (entwickelnde Maßnahmen 500 €, leistungserhaltende Maßnahmen 400 € pro Kalenderjahr/pro Mitarbeitenden in Vollzeitanstellung).

Dem Mitarbeitenden ist es grundsätzlich frei gestellt, ob er eine Weiterbildungsmaßnahme außerhalb oder innerhalb der Organisation wählt. Als Arbeitgeber bietet BBQ Inhouse-Seminare an, die beim Umsetzen der Aufträge helfen, die gestellten Anforderungen optimal zu erfüllen. Diese Seminare werden im Kontakt mit den Führungskräften und Mitarbeitenden definiert. „Ich entwickle in Absprache mit den Fachberatungen, den Fachbereichsleitungen und zum Teil auch mit den Mitarbeitenden maßgeschneiderte Fortbildungen. Wir bieten zum Beispiel Coachinggrundlagen für unsere Leute aus der Rehabilitation an und für diejenigen, die mit benachteiligten Jugendlichen arbeiten. Diese Mitarbeiter brauchen spezielle Tools. Die Inhalte stimme ich mit der betreffenden Referentin konkret ab. Das Seminar wird wegen der hohen Nachfrage bereits zum dritten Mal durchgeführt. Der Erfolg gibt uns Recht", so Siewert-Weidler. Die Geschäftsführung unterstützt die internen Angebote, indem sie finanzielle Anreize schafft. So werden bspw. die Fahrtkosten zum zentral gelegenen Bildungshaus übernommen.

Neben der Selbstverpflichtung der Mitarbeitenden sich fortzubilden, unterliegt also auch die BBQ als Arbeitgeberin und als Anbieter von Bildung der Verpflichtung, die Leistung der Mitarbeitenden zu unterstützen und zu entwickeln:

- Diese Verpflichtung ergibt sich zum einen aus den Auflagen der öffentlichen (Projekt-) Auftraggeber, zum Beispiel muss ein Drittel der Projektmitarbeitenden drei Tage pro Jahr Fortbildungen besuchen. Als Bildungsanbieter richtet sich die BBQ darüber hinaus an Normen wie die DIN EN ISO 9001 und die DIN ISO 29990 aus, deren Umsetzung jährlich durch interne und externe Auditoren überprüft wird. Projekte, die durch Europäische Sozialfonds finanziert werden, unterliegen zum Beispiel der Prüfung durch die Landeskreditbank Baden-Württemberg.

- Die Verpflichtung zur Unterstützung von Fortbildung ergibt sich zum anderen aus den Leitlinien der Organisation selbst. Zwei von sieben Leitlinien beziehen sich explizit auf die interne Personalentwicklung. Mit diesen Leitlinien verpflichtet sich die Organisation, die Leistung der Einzelnen durch Maßnahmen der Personalentwicklung

---

[35] Vgl. Anmerkungen, Finanzierung Personalentwicklung.

zu unterstützen: „Unsere Mitarbeiterinnen und Mitarbeiter sind unser wertvollstes Kapital. Sie bieten kompetente Beratung, zielgerichtete Hilfestellung zur beruflichen Integration und professionelle Qualifizierung im Hinblick auf die Entwicklungen des Arbeitsmarktes" sowie „Mit dem Ziel der zukunftsorientierten Personalentwicklung erschließen wir neue, internationale Märkte".[36] Die Personalentwicklerin resümiert: „Die Mitarbeitenden müssen viel in ihrem Job leisten. Wir haben einen hohen Anspruch an das, was wir als BBQ den Kunden liefern, darum unterstützen wir zum Beispiel unsere Mitarbeitenden durch Supervisionen. Dafür stellen wir ein relativ hohes Budget von etwa 770 € für eine Vollzeitstelle zur Verfügung, damit Probleme, die im Arbeitsfeld auftauchen, in der Supervision aufgearbeitet werden können."

Die Leitlinien bilden für Petra Siewert-Weidler darüber hinaus den Rahmen für das Personalentwicklungskonzept der BBQ ab. Sie führt aus: „Die Normen, nach denen sich die BBQ als Bildungsanbieter ausrichtet und nach denen die BBQ zertifiziert ist, geben Empfehlungen zu den Qualifizierungen der Mitarbeitenden." Einzelne Maßgaben betreffen beispielsweise die Anforderungen an die Qualifikationen von Mitarbeitenden im Projekt. „Manche Projekte erfordern explizit eine sozialpädagogische Ausbildung oder eine Lehre mit pädagogischer Zusatzqualifikation, zum Beispiel, um in der Rehabilitation mit Behinderten arbeiten zu können. Im BPJ kann die Arbeit mit den Jugendlichen Methoden der Gesprächsführung oder der Traumapädagogik erfordern, die den Zugang zu den Jugendlichen erleichtern helfen."

Auch die Zusammenarbeit mit dem internen Qualitätsmanagement ist vor diesem Hintergrund für die Personalentwicklerin eine wesentliche Grundlage ihrer Arbeit. Sie verweist auf Trends und Erwartungen, die im Bildungssektor formuliert werden und hebt hervor, dass das interne Qualitätsmanagement für sie hier wichtige Hinweise gibt: „Als zum Beispiel DIN ISO 29990 eingeführt wurde, die für alle Bildungsanbieter gilt, mussten meine Kollegin ich innerhalb von zwei Monaten unsere gesamten Stellen- und Anforderungsprofile in Kompetenzprofile umschreiben. Die DIN ISO 29990 ist eine Übersetzung der DIN EN ISO 9001, die aus dem Produktionsbereich kam. Sie beinhaltet gerade für den Personalbereich detailliertere Vorgaben, die intern überprüft, erweitert und angepasst werden müssen. Wir haben uns als *innovativer* Bildungsträger zu dieser Zertifizierung commitet, denn diese Norm ist nicht verpflichtend." Derartige Herausforderungen geht die Stabsverantwortliche proaktiv an: „Für mich ist der Austausch mit dem Qualitätsmanagement sehr wichtig. So weiß ich, welche Arbeiten anstehen, welche Norm überarbeitet wird. Das Qualitätsmanagement sagt mir, was für den Personalbereich relevant ist. Ich überprüfe dann, ob wir das Geforderte schon haben oder ob wir etwas schaffen müssen. Manchmal sind diese ständigen Anpassungen auch aufwendig. Aber in der Regel macht es Spaß, wenn man sieht, wie sich die Dinge weiterentwickeln."

Das interne Qualitätsmanagement spielt auch eine besondere Rolle bei der Evaluation von Weiterbildungen und stellt hierzu ein standardisiertes Rückmeldesystem zur Verfügung. Ihre Rückmeldung tragen die Teilnehmenden von Weiterbildungsveranstal-

---

[36] Vgl. Leitlinien, Homepage BBQ.

tungen anonymisiert oder nicht anonymisiert in die elektronischen Fragebögen ein. Die erste Feedbackschleife erfolgt zwei Wochen nach dem Besuch einer Weiterbildung. Die zweite ein halbes Jahr später: „Das ist wichtig für die Transfersicherung. So sehen wir, ob sich durch die Weiterbildung etwas verändert hat." Manche Mitarbeitende korrigieren in diesem Zeitraum auch ihren ersten Eindruck: „Zuerst geben sie die Rückmeldung, dass ihnen die Weiterbildung nichts gebracht hat. Nach einem halben Jahr verändern sie ihre Einschätzung hin zu ‚hat etwas gebracht'."

Die Beurteilungen sind für die Personalentwicklerin aber auch aus einem anderen Grund wichtig: „Ich möchte wissen, wie ein Referent ankommt und von den Mitarbeitenden beurteilt wird. Es ist auch schon vorgekommen, dass ich eine Maßnahme abgebrochen habe. Darum werden unsere Referenten *umfassend*, also fachlich, methodisch und didaktisch über unser Rückmeldesystem bewertet. Die Ergebnisse aus den Seminarbewertungen sind auch Teil meiner eigenen Managementbewertung, denn die Geschäftsführung beurteilt meine Arbeitsleistung zum Beispiel danach, wie gut die Referenten und Inhalte von mir abgestimmt wurden. Das ist also auch ein Maßstab der Beurteilung der Personalentwicklung." In Zukunft möchte Petra Siewert-Weidler einführen, dass die Gruppe durch die Referenten beurteilt wird. Das soll ihr helfen, ihre Eindrücke abzurunden: „Im Moment bin ich bei fast jeder Seminareröffnung dabei. Speziell bei neuen Referenten bin ich vormittags anwesend, so kann ich die fachliche Kompetenz beurteilen."

Nach den Herausforderungen im täglichen Tun gefragt, erwidert die Personalentwicklerin, „die Ansprüche eines Projektes und die Ansprüche an Fortbildungen unter einen Hut zu bekommen". Das betrifft insbesondere den Zeitpunkt einer Qualifizierung, denn die Projektarbeit erfordert den vollen Einsatz und die Erreichbarkeit der Projektmitarbeiter: „Manche Mitarbeiter sagen mir, dass sie keine zwei Tage weg sein können. Ich bin froh über solche Rückmeldungen. Dann ist mir das Thema *Terminierung* bewusst und ich kann das ganz anders berücksichtigen. So wird bspw. gewünscht, für bestimmte Zielgruppen im Schulbereich, Fortbildungen in den Schulferien anzubieten." Seminare am Montag oder Freitag kommen nicht gut an. Die Personalentwicklerin führt dies auf die dezentrale Organisationsstruktur der BBQ zurück, die eine Anreise zu den Seminarhäusern erfordert: „Manche kommen von weit her, zum Beispiel aus Lörrach, arbeiten Teilzeit und haben Kinder. Diese Mitarbeitenden schätzen Seminare am Freitagnachmittag verständlicherweise nicht. Solche Informationen entnehme ich dann unter anderem auch den Seminarrückmeldungen."

Eine weitere Herausforderung ist für die Personalentwicklerin die Schnelllebigkeit des Bildungsmarktes, die sie zwingt, permanent am Ball zu bleiben. So sind auch die Anforderungen an die Aus- und Weiterbildungen von Mitarbeitenden im Laufe der Jahre umfangreicher geworden. Vor dem Hintergrund von Normen und Standards muss auch die Personalentwicklung immer mehr *dokumentieren*. Wenn die Projektvorgaben eines Kunden zum Beispiel verlangen, dass die Mitarbeitenden von BBQ im Berufspraktischen Jahr Förderpläne erstellen und Ziele mit den Jugendlichen vereinbaren, dann müssen die entsprechenden Fortbildungen angeboten und die Teilnahme in der Personaldatenbank dokumentiert werden. In diesem Prozess unterstützen und erleichtern die internen Datenbanksysteme das Dokumentieren und erlauben bei externen und internen Prüfungen einen direkten Zugriff. Allerdings führt, nach Einschätzung von Petra Siewert-Weidler, die Dokumentationspflicht in Kombination mit der steigenden Zahl der Teilnehmer und Teilnehmerinnen und das wachsende individuelle Anspruchsniveau auch zu mehr Komplexität bei der Arbeit.

Die persönliche Vernetzung der Personalentwicklerin innerhalb der Organisation hilft, so Siewert-Weidler, die genannten Dynamiken und Herausforderungen zu bewältigen und aktiv zu gestalten. Wichtig sind aus ihrer Sicht insbesondere die enge Zusammenarbeit mit dem Qualitätsmanagement und der permanente Austausch mit den Fachberatungen, den Regionalleitungen und der Geschäftsführung, die Einfluss auf die Ausgestaltung der Personalentwicklung nehmen. Daneben übt der Markt direkten Einfluss aus, zum Beispiel dann, wenn die Agentur für Arbeit als Kunde veränderte Erwartungen an einen Projektauftrag formuliert.

Die Mitarbeitergespräche im ersten Quartal eines Jahres helfen, den Qualifizierungsbedarf eines einzelnen Mitarbeitenden gezielt zu ermitteln und den Transfer absolvierter Maßnahmen zu überprüfen. „Das ist bei uns ein Teil von Personalentwicklung, der zwischen dem Vorgesetzten und dem Mitarbeitenden direkt besprochen wird." Maßnahmen werden dann in Abstimmung mit den Projektzielen oder unter Berücksichtigung der individuellen Bedürfnisse festgelegt. Wird im Rahmen der Mitarbeitergespräche eine Fortbildung vereinbart, wird diese über die Personalentwicklung beantragt: „Ich kann die Fortbildung auch ablehnen, zum Beispiel dann, wenn sie keinen strategischen oder projektspezifischen Nutzen hat. So kann der Einsatz der finanziellen Mittel gezielt gesteuert werden. Ich unterstützte die Führungskräfte, indem ich die Relevanz und den Nutzen der Fortbildung in Bezug auf die Zielgruppe und das Projekt prüfe."

Je nach individueller Ausgangslage kommen die Mitarbeitenden auch direkt in die Personalentwicklung. „Ich versuche dann einzuschätzen, ob ihr Thema für die ganze Organisation interessant sein könnte und unterstütze den Mitarbeitenden, ein gutes und günstiges Angebot zu finden. Wenn zum Beispiel jemand einen pädagogischen Abschluss benötigt, überlege ich, was ihm in Bezug auf sein persönliches Profil hilft. Mitunter finden viele Telefonate statt, bis der Mitarbeitende das richtige Angebot gefunden hat." Die Personalentwicklerin beschreibt den Bildungsmarkt als „komplex". Ihr Selbstverständnis ist es, hier für Transparenz zu sorgen und „hochwertige Beratung" anzubieten: „Mein Anspruch ist immer, für die BBQ und für den Mitarbeitenden eine Win-Win-Situation zu schaffen." Personalentwicklung bei der BBQ umfasst aus der Sicht der Verantwortlichen darum viele Bausteine, die sie einerseits direkt steuert (u. a. Beratungen, Seminarangebote, Abgleich der Kompetenzprofile), andererseits in die Ausgestaltung der Personalentwicklung integriert (u. a. Strategie, Mitarbeiterführung, Trends).

Grundsätzlich unterscheidet die BBQ zwischen erhaltenden und entwickelnden Qualifizierungsmaßnahmen:

- Erhaltende Maßnahmen beinhalten fachliche, methodische und didaktische Themen. Das können Inhalte aus der Gesprächsführung, dem Projektmanagement, der Moderation, der Präsentation oder aus dem Recht sein. Ziel erhaltender Qualifizierung ist, die professionellen Grundlagen aufzufrischen, damit der Mitarbeitende weiterhin kompetent agieren kann.

- Entwickelnde Maßnahmen sind Weiterbildungen, die über einen längeren Zeitpunkt erfolgen und in einem Abschluss münden. Das können zum Beispiel mehrere Module in Folge oder Lehrgänge sein, die mit dem Titel *Bildungsmanager* oder *Sozialwirt* zertifiziert werden.

Daneben gibt es einen sogenannten *angeordneten Bereich*, der von der Geschäftsführung initiiert wird. Dieser kommt dann zum Einsatz, wenn gesamtorganisationsrelevante Themen betroffen sind, zum Beispiel, wenn sich die Strategie der BBQ ändert oder Mitarbeitende für ein neues Geschäftsfeld qualifiziert werden. In diesen Fällen werden die gesamten Kosten und die Arbeitszeit durch den Arbeitgeber getragen.

Damit der einzelne Mitarbeitende durchgängig „Leistung erbringen kann", setzt die BBQ an verschiedenen Ansatzflächen an:

- Sind Mitarbeitende länger als sechs Wochen krank, greift das sogenannte *Betriebliche Eingliederungsmanagement*. Das BEM ist seit 2004 gesetzlich geregelt und gehört zum Pflichtrepertoire des Arbeitgebers. Ziel ist die erfolgreiche Wiedereingliederung des Betroffenen in den Arbeitsprozess. Da derartige Fälle in der Regel sensitiv sind, müssen die Gespräche kompetent geführt werden, damit Ängste aufgefangen werden und eine Rückführung möglich ist. Die BBQ unterstützt die Qualifizierung der Ansprechpartner des BEM.

- Eine Ansprechperson für das betriebliche Gesundheitsmanagement stellt sicher, dass der Arbeitsplatz zum Beispiel ergonomisch korrektes Arbeiten ermöglicht. Fitness-Abonnements erhalten einen Zuschuss von etwa 50 € durch den Arbeitgeber. Teamausflüge werden darüber hinaus mit etwa 25 € pro Mitarbeitenden gesponsert.

- Für Fragen zur Vereinbarkeit von Beruf und Familie können individuelle Lösungen zwischen den Betroffenen und dem Arbeitgeber gefunden werden. Das kann bspw. die vorübergehende Reduktion der Arbeitszeit oder das Arbeiten von zu Hause aus beinhalten. Hier gelten die Maßgaben der Vertrauensarbeitszeit. Für Pflegefälle in der Familie stellt die BBQ drei zusätzliche Sondertage über die gesetzliche Pflicht hinaus zur Verfügung

- In Ausnahmefällen kann auch ein Sabbatjahr in Absprache mit dem Vorgesetzten vereinbart werden. Lösungen werden auf die Situation bezogen individuell gesucht und ausgehandelt.

- Supervisionsangebote unterstützen die Arbeit in den Projekten und den gemeinsamen Austausch.

- Gezielte Maßnahmen zur Unterstützung des professionellen Handelns helfen, wie bereits im vorangehenden Text ausgeführt, Projektarbeit und sonstige Aktivitäten im Zusammenhang mit der Anstellung kompetent zu bewältigen.

Petra Siewert-Weidlers Fazit zum Stand der Personalentwicklung bei der BBQ

„Eine Herausforderung ist es immer wieder, die Strategie umzusetzen. Auch, dass genau die Seminare besucht werden, die der BBQ nutzen. Das muss optimiert werden, dazu bin ich im Gespräch mit meinem Kollegen aus dem Schwesterunternehmen. Wir wollen die von den Kollegen entwickelte Software nutzen. Dieses System[37] erlaubt uns, die Qualifikationen und Kompetenzen der Mitarbeiter mit den Anforderungen im Projekt besser zu matchen. Damit wollen wir erreichen, dass unsere Führungskräfte mehr Handlungssicherheit in den Mitarbeitergesprächen erhalten. Im Sinne von: ,Dein Profil sagt mir, du müsstest dich etwas mehr in Richtung XY entwickeln.'

In Bezug auf unsere interne Zusammenarbeit bin ich zufrieden. Wir kennen uns alle bereits lange, mit allen unseren Ecken und Kanten. Da muss man einfach ins Gespräch kommen. Manchmal dauert das länger. Manchmal ist auch nicht der richtige Zeitpunkt für ein Thema im Unternehmen, man muss Geduld haben, einen langen Atem haben. Immer wieder kommen. Manchmal auch akzeptieren, dass es jetzt nicht der richtige Zeitpunkt ist. Man muss dann ad acta legen können.

Ich habe einen hohen Serviceanspruch und versuche, vorausschauend zu arbeiten und frühzeitig einen Input bringen. Manchmal ist dieser zu früh. Gut, dann wird das Ganze erst zwei Jahre später realisiert, aber davon darf man sich nicht zurückschrecken lassen. Außerdem braucht man in meiner Sandwichposition eine Art Frustrationstoleranz, da die Geschäftsführung und die Mitarbeitenden einen hohen Anspruch an die Personalentwicklung haben.

Erfolg ist für mich als Personalentwicklerin, wenn die BBQ als Unternehmen gut dasteht, zum Beispiel wenn eine Neuerung kommt, und sich die Kosten dann auch noch in Grenzen halten. Aber auch, wenn wir proaktiv, zielgerichtet und hochwertig qualifizieren oder unsere Mitarbeitenden schon qualifiziert haben, wenn der Markt sie benötigt. Als zum Beispiel 2008 das AGG (Allgemeines Gleichstellungsgesetz) eingeführt wurde, waren wir gut vorbereitet. Wir hatten bereits unsere stellenspezifischen Anforderungsprofile. Durch eine Bewertungsmatrix können wir auf dieser Grundlage unsere Personalauswahl ,objektivieren' und dokumentieren.

Wir haben außerdem ein Einarbeitungsprogramm. Das ist aufwendig und dauert zwei Tage. Unser Chef begrüßt die neuen Mitarbeiter. Wir führen ein Kamingespräch mit den Führungskräften durch. Der Stab stellt sich vor. Wir stellen die Organisation vor. Die fachspezifische Einführung findet dann vor Ort statt. Die neuen Mitarbeiter schätzen dieses Einführungsprogramm sehr. Sie sagen zu mir: ,So sind wir noch nie in einem Unternehmen begrüßt worden.' Was wir so vermitteln wollen ist: ,Wir arbeiten, um erfolgreich zu sein – und wir leben auch.' Die Einführung ist ein zwangsloser Austausch, der dazu dient, unsere Organisation begreifbar und greifbar zu machen. So werden die Wege im Anschluss kürzer. Die Leute kennen mich und greifen schneller zum Telefonhörer, wenn sie etwas wollen. Das ist für mich Nutzen von Personalentwicklung.

---

[37] Vgl. Internetverweise.

Was die Qualität unserer Angebote anbelangt, bin ich sehr zufrieden. So, wie wir das aktuell machen, bewährt es sich. Der Kosten-Nutzen-Effekt ist sehr gut. Das spiegeln die Rückmeldungen der externen Auditoren des Qualitätsmanagements und die Feedbacks der Seminare. Die externen Referenten sagen mir, es sei alles top organisiert.

Wenn ich weniger Geld für die Qualifizierung zur Verfügung habe, kann ich das über die Art der Fortbildungsangebote steuern. Die Mitarbeitenden erhalten dann trotzdem die erforderlichen Weiterbildungen, das Angebot ist dann eben nicht mehr ganz so vielfältig.

Was ich jetzt noch tun möchte ist, in unser Bewertungssystem die Rückmeldungen der Referenten aufzunehmen. Davon erhoffe ich mir mehr Objektivität und weniger Zeitaufwand, denn ich muss dann nicht mehr nachforschen, wenn ein Seminar nicht so optimal gelaufen ist.

Als nächstes Personalentwicklungsthema steht die Softwarelösung für das Matching auf unserer Agenda. Von dem Matching der individuellen Kompetenzen und Anforderungen in den Projekten erhoffe ich mir, zur Zufriedenheit der Mitarbeitenden bei der Auswahl ihrer Fortbildungen beizutragen. Dieses Projekt soll in einem Jahr realisiert werden.

In Zukunft müssen wir in der Organisation noch mehr Spezialisten ausbilden und die vorhandenen Kompetenzen noch stärker nutzen. Generell brauchen wir mehr Spezialisten. Wir müssen auch mehr stärkenorientiert arbeiten.

Der Transfer der Qualifizierungen in die tägliche Arbeit wird dann auch ein Thema sein. Das heißt, wir müssen noch viel mehr das Wissen aus den Qualifizierungen im Arbeitsalltag umsetzen. Wir müssen, wie gesagt, viel mehr unsere Stärken nutzen und im Unternehmen nutzbringend einsetzen. Dann sind die Mitarbeitenden zufrieden – das wirkt sich positiv auf die Arbeitsatmosphäre aus und letzten Endes auch auf den Umgang mit den Kunden!"

1. Vergleichen Sie Ihre Organisation mit der im Fallbeispiel. Worin ähneln sich die beschriebene Organisation mit ihrem Verständnis von Personalentwicklung und Ihre Organisation? Was unterscheidet sie?

2. Was denken Sie, wo steht diese Organisation im Ausgestaltungsgrad von Personalentwicklung?

3. Was sind die spezifischen Elemente, die diesen Ausgestaltungsgrad kennzeichnen? Nehmen Sie auch Bezug auf das Verständnis von Führung und Entwicklung.

4. Was würden Sie aus Ihrer Sicht im Rahmen des Ausgestaltungsgrades empfehlen zu modifizieren? Begründen Sie.

5. Was ist aus Ihrer Sicht in diesem Fallbeispiel gelungen in Bezug auf die Personalentwicklung?

6. Was könnten Sie von den dargestellten Ideen in Ihre Organisation transferieren? Wägen Sie das Potenzial ab und nutzen Sie dazu das Schema *Transfermöglichkeiten* im Anhang.

Fokusfrage

Welche Funktionsgruppen (Schnittstellen) der in der Fallbetrachtung dargestellten Organisation sind für die Personalentwicklung relevant? Arbeiten Sie die Gründe heraus und stellen Sie einen Vergleich zu Ihrer Organisation her.

3.4   Personalentwicklung in der Primarschule Auzelg in Schwamendingen, Zürich, Schweiz. Gespräch mit Claudio Tamò.

Das Gespräch führte Cornelia Knoch. Claudio Tamò ist Schulleiter der Primarschule Auzelg.

Die Primarschule Auzelg liegt im Quartier Auzelg in Schwamendingen, einem Stadtkreis am nördlichen Stadtrand von Zürich[38], „eingebettet im Autobahndreieck, zwischen der Kehrichtverbrennungsanlage, dem Heizkraftwerk Aubrugg und dem Elektrizitätswerk"[39]. Grünflächen, Baumbestände und Spielplätze im Quartier selbst bilden einen Kontrast zum eher „harten" Eindruck der Umgebung. Dreh- und Angelpunkt von Auzelg ist die *Siedlung Au*[40], die von der *Stiftung Wohnungen für kinderreiche Familien*[41] der Stadt Zürich verwaltet wird.

Wer über diese Stiftung Wohnraum beziehen möchte, muss bestimmte Eingangsvoraussetzungen[42] erfüllen. Dazu gehören ein geringes Einkommen und mindestens drei Kinder unter 18 Jahren. Das begründet den hohen Anteil von Kindern und Jugendlichen im Quartier, der „weit über dem städtischen Durchschnitt"[43] liegt. Der Anteil fremdsprachiger Kinder liegt bei etwa 80 %.

Das Quartier Auzelg verfügt über eine Primarschule mit zwei Schulhäusern für die Unter- und Mittelstufe sowie drei Kindergärten und einem Hort. 230 Schüler und Schülerinnen besuchen die Schule und die Kindergärten und werden von etwa 35 Lehrpersonen betreut. Mit den Mitarbeitenden im Hort, der Schulsozialarbeit und dem Hausdienst beschäftigt die Schule insgesamt etwa 50 Mitarbeitende.

Claudio Tamò arbeitet seit knapp 24 Jahren an der Schule Auzelg, seit knapp zehn Jahren davon als Schulleiter. Seine Arbeit in einem Umfeld mit hohem Migrationsanteil erfordert Spezialisierung.[44] Neben seinem Pensum als Schulleiter arbeitet Claudio Tamò

---

[38] Vgl. Quartierverein Auzelg, Internetverweise.

[39] Vgl. Quartierverein Auzelg, Internetverweise.

[40] Die Siedlung Au „entstand 1952 bis 1954 als Gartenstadtquartier der Stadt Zürich." Heute gehören die „nach nordischem Vorbild gestalteten Reiheneinfamilienhäuser" zum „Inventar der schützenswerten Gebäude" der Stadt Zürich. Vgl. Quartierverein Auzelg, Internetverweise.

[41] Vgl. Stiftung Wohnungen für kinderreiche Familien, Internetverweise.

[42] Vgl. Anmerkungen.

[43] Vgl. Quartierverein Auzelg, Internetverweise.

[44] Das spezielle Umfeld der Schule mit einem hohen Migrationsanteil veranlasste die Schule, sich fachlich mit Partnern außerhalb zu vernetzen, zum Beispiel in Fragen zur Heilpädagogik mit einer Hochschule.

darum auch als schulischer Heilpädagoge mit etwa sechs Lektionen in der Woche: „Der Anteil fremdsprachiger Kinder an unserer Schule liegt bei 80%. Die meisten Kinder kommen aus Familien mit bildungsfernem Hintergrund und oft aus einem anderen Kulturkreis. Deutsch als Zweitsprache ist bei uns die Regel." Der Schulleiter erzählt, dass das Quartier in den letzten Jahrzehnten den Mittelstand verloren hat. „Es gibt ihn so gut wie nicht mehr. Das Auzelg ist nicht durchmischt." Die Gründe für die mangelnde Durchmischung sind vielschichtig: „Das Quartier hat einen schlechten Ruf, viele wollen nicht nach Auzelg ziehen. Dabei hat das Quartier einen gewissen Charme, ist idyllisch mit viel Grünfläche und Spielplätzen. Eine Durchgangsstraße fehlt, es geht eine Straße hinein und dieselbe wieder heraus. Aber ansonsten ist das Quartier vom Rest von Schwamendingen isoliert und abgeschnitten durch die Autobahn, dem Kehrichtkraftwerk und dem Fernheizkraftwerk. Die startenden und landenden Flugzeuge machen das Quartier zudem recht laut." Der Schulleiter führt weiter aus, dass die Bedingungen, eine Wohnung in der Siedlung Auzelg über die Stiftung zu beziehen, im Moment „vor allen Dingen Familien aus afrikanischen Ländern zu erfüllen scheinen." Entsprechend steht eine gute Elternarbeit, die diese Zielgruppe bestmöglich abholt, im Fokus der schulischen Arbeit. „Unsere Elternarbeit zielt darauf ab, unsere Elternschaft zu mobilisieren. Wir laden sie ein, an unseren Veranstaltungen teilzunehmen und wir bieten sie auf, wenn es Probleme mit Kindern gibt. Von selbst kommen die Eltern eher nicht. Wir müssen an unserer Schule keine Eltern abwehren, wie das an anderen Schulen der Fall sein kann. Wir haben hier nur sehr wenige Eltern, die Ansprüche an die Schule formulieren. Wir müssen die Eltern hier vor allen Dingen ‚aktivieren'."

Sein Pensum als Schulleiter teilt sich Claudio Tamò mit einer Kollegin. Die Verantwortungsbereiche haben sie untereinander nur partiell aufgeteilt: „Wir haben von Anfang an überlegt, ob es Gebiete gibt, die der eine besser als der andere kann. Wir haben dann auch ein paar wenige Themen aufgeteilt. Meine Kollegin hat zum Beispiel die Informatik übernommen, ich die Finanzen." Claudio Tamò führt aus, dass sie sich als Team bewusst entschieden haben, die Verantwortung für die Schule gemeinsam zu tragen, auch nach der Pensenreduktion der Kollegin. Darum verantworten sie wichtige Bereiche gemeinsam: „Wir teilen uns zum Beispiel die Personalführung, das wäre ein zu großes Feld, um da zu fehlen. Auch wenn meine Kollegin ein kleines Pensum hat, ist sie überall dabei. Das stimmt für mich, das stimmt für sie. Sie hatte Angst, nach ihrer Pensenreduktion nicht mehr vollwertige Schulleiterin zu sein. Gerade für wichtige Entscheidungen und bei Problemen ist es aber sehr entlastend, zu zweit zu sein." Claudio Tamò betont den Wert des wechselseitigen Austausches, auch wenn die Organisation herausfordernd sein kann: „Für uns ist das nicht immer die effizienteste Lösung. Wenn meine Kollegin da ist, besteht der Tag aus Absprachen und sich erzählen, was passiert ist und gemeinsam Schauen, was wir anpacken. Aber das stimmt für uns beide so."

Beide Schulleiter tragen die personelle Verantwortung. Im praktischen Tun haben sie diese aufgeteilt: „Bei der Personalführung haben wir die Mitarbeitenden nach Stufen aufgeteilt. Ich übernehme die Unterstufe und den Kindergarten, meine Kollegin die Mittelstufe. Ich habe schon meinem Pensum entsprechend mehr Personen zu betreuen und führe fast doppelt so viele Mitarbeitergespräche und Mitarbeiterbeurteilungen durch."

Bei diesen Aufgaben hilft auch die enge Zusammenarbeit mit der Schulbehörde, die der Schulleiter als „effizient" charakterisiert: „Unsere Schulpflege[45] ist ein wichtiger Partner. Wir arbeiten intensiv zusammen und haben eine schlanke Aufsichtsorganisation mit zwei Personen und einem Präsidenten. Die machen die Mitarbeiterbeurteilungen mit uns. Mit der Sekretärin, die für das Personal verantwortlich ist, sind wir in ständigem Austausch."

Das soziale Umfeld der Schule mit einem hohen Ausländeranteil hat die Schule bereits sehr früh herausgefordert, über Wege der Förderung in diesem speziellen Kontext nachzudenken. Der Schulleiter führt aus: „Weil wir eben so abgeschnitten waren und auch örtlich weit weg von anderen Schulen, mussten wir alle Kinder nehmen. Die Eltern wären auch nicht einverstanden gewesen, wenn ihre Kinder irgendwohin ‚verfrachtet' worden wären. Aber die Bevölkerungsstruktur im Quartier hat die Kinder für uns herausfordernd gemacht. Kinder, die anderswo nicht mehr tragbar gewesen wären, mussten wir behalten. Wir waren gezwungen, diese Kinder zu integrieren. Darum mussten wir uns einfach damit auseinandersetzen, wie wir das schaffen." Aus diesem Grund hat sich die Schule bereits früh mit Ideen und Gedanken zur *Integrativen Förderung* auseinandergesetzt. „Ich habe unter anderem eine Ausbildung zum schulischen Heilpädagogen gemacht. Im Rahmen meiner Ausbildung habe ich dann ein Konzept erstellt, wie wir unsere Situation am besten lösen. Das Konzept habe ich nicht in einer Schublade versorgt, sondern umsetzen wollen." Der Schulleiter hat dazu Unterstützer gesucht und sich an die entsprechenden behördlichen Stellen auf kantonaler Ebene gewandt: „Beim Kanton habe ich offene Türen eingerannt. Die haben gesagt, endlich kommt mal einer von einer Schule aus der Stadt." Die Schule Auzelg wurde in der Folge Teil eines Pilotprojektes (IFS-Projekt) und damit zur Pionierschule in Sachen *Integrative Förderung*. Der Schulleiter beschreibt dies als eine für die Schule Auzelg sehr glückliche Zeit in Sachen Ressourcen: „Unsere Hochblüte war Ende der 90er-Jahre und Anfang 2000. Wir haben bekommen, was wir wollten. Damals war das noch möglich." Das Selbstverständnis, eine innovative Schule zu sein, die gestaltet, prägte sich insbesondere in dieser Phase der schulischen Entwicklung aus: „Wir haben viele Innovationen früh mitgemacht. Wir waren auch im Projekt *Teilautonome Schule*[46] dabei, haben schon früh über ein eigenes Budget verfügt und unsere schulinternen Weiterbildungstage selbst gestaltet."

Die Integrative Förderung wurde etwa acht Jahre später flächendeckend[47] eingeführt. „Das war der Zeitpunkt, an dem ich Schulleiter wurde." Vieles, was die Schule schon individuell gelöst hatte, wurde nun durch den Kanton und die Behörden strukturell vereinheitlicht. Die Ressourcen wurden neu nach bestimmten Vorgaben zugeteilt: „Vorher konnten wir sagen, wir brauchen so und so viel. Das hat geklappt. Jetzt mussten wir uns Reglementen unterordnen und zittern, ob das weiterhin möglich ist in unserem schwierigen Umfeld." Für die noch junge Schulleitung, die gerade erst aus dem Team heraus zur Leitung der Schule berufen wurde, galt, die bereits erarbeiteten Lösungen an der

---

[45] Vgl. Funktion Schulpflege, „Beispiel Schulreform – Schweiz, Kanton Zürich", Kapitel 1.

[46] Vgl. Anmerkungen.

[47] 2007/2008

Schule Auzelg so in dieses neue Gefüge zu integrieren, ohne dass wertvolle Arbeit und Bewährtes verloren gegangen wären: „Wir mussten verteidigen, was wir hatten. Wir hatten Angst, dass wir verlieren, was funktionierte. Wir hatten ja schon überlegt, was gut zu uns passt und jetzt kam von oben eine Norm, die bestimmt hat, wie etwas sein muss." Die Pionierzeit war vorbei, der Schulleiter beschreibt diese Erkenntnis als „ernüchternd". Zuerst versuchte man, durch eine Partnerschaft mit der Hochschule für Heilpädagogik zusätzliche Ressourcen zu mobilisieren. Diese kam allerdings in der gewünschten Form nicht zustande. „Wir mussten ein paar Jahre mühsam kämpfen, waren unsicher, mussten schauen, was jetzt wieder kommt."

Der Schulleiter beschreibt diese Phase als „Kampf an verschiedenen Fronten": „Oft waren die Leute, die bestimmt haben, ziemlich weit weg. Es war schwierig, an die heranzukommen. Wir haben unsere Bedürfnisse beim Schulpräsidium immer wieder angemeldet. Wir haben immer wieder betont, dass unser Umfeld herausfordernd ist. Wir haben nicht gelten lassen, wenn gesagt wurde, dass es anderswo auch schwierig ist." Der Schulleiter betont, dass sie als Schule und Leitung für *ihren* Maßstab eingestanden sind. Dass sie wiederholt argumentiert haben und durch Zahlen, die eine klare Sprache sprachen, belegen konnten, dass das Umfeld der Schule außerordentlich ist. Dabei war die gegenseitige Unterstützung im Leitungsteam von großer Bedeutung. Ihr gemeinsames Ziel war es, dem Lehrerkollegium den Rücken frei zu halten: „Wir haben das Team nicht in den Kampf einbezogen, aber wir haben gesagt, was wir tun, dass wir kämpfen. Wir haben informiert." Auf diese Weise, so der Schulleiter, habe man es geschafft, Vertrauen in das Handeln des Leitungsteams zu gewinnen: „Ich glaube, es ist den Leuten hier sehr bewusst, dass wir nach außen sehr engagiert auftreten."

Jeder Schritt war ein Resultat der jeweiligen Situation: „Es hat sich so ergeben mit allem, was umzusetzen war. Dann haben wir gemerkt, jetzt müssen wir wieder in die Hosen steigen, jetzt geht es wieder los." Das Einzige, was immer gleich blieb, so der Schulleiter, war letztlich die „fehlende Durchmischung" im Quartier. Die erforderte eine verstärkte Spezialisierung und Profilbildung der Schule, um den Schülern gerecht zu werden.

Das Profil der Schule wurde in der Folge wahrnehmbar nach innen und außen differenziert und entwickelte sich zum Qualitätsmerkmal der Schule. „Dies", so der Schulleiter, „ist das Ergebnis der ständigen Auseinandersetzungen. Es gibt gar keine oder nur wenige vergleichbare Schulen, die ein ähnliches Umfeld haben. So homogen bildungsfern und fremdsprachig. Wir sind ein besonderer Fall. Die fehlende Durchmischung zwingt uns, anders zu handeln." Der Schulleiter beschreibt, dass er und seine Kollegin eine Zeit lang sogar versucht haben, das Umfeld der Schule zu verändern. So haben sie beim Büro für Stadtentwicklung vorgesprochen und versucht, die Verantwortlichen dort zu überzeugen, für eine heterogene Bevölkerungsstruktur im Quartier zu sorgen. Rückblickend meint er dazu: „Das haben wir aufgegeben. Man kann ja nicht meinen, wir bauen hier ein paar Luxuswohnungen und damit ist das Quartier durchmischt." So erfolgte eine Kehrtwende und Besinnung: „Darum haben wir uns auf unser Umfeld spezialisiert und das Beste daraus gemacht, und zwar mit den Eltern und den Kindern, die wir haben." Dass dies offenbar der richtige Weg war, zeigt die weitere Entwicklung. Der Schulleiter resümiert: „Wir haben nicht viel verloren, von den Befürchtungen ist wenig eingetreten. Aber wir mussten natürlich im Zuge der Sparübungen Zugeständnisse machen." Heute ist die Schule Auzelg eine *Quims-Schule*[48] und erhält hierfür vom Kanton besondere fachliche und finanzielle Förderung. So beschäftigt sie unter anderem eine eigens ausgebildete *Quims-Beauftragte*, die die Lehrpersonen an der Schule in Fragen zur integrativen Förderung unterstützt und schult. Eine *Quims-Schule* zu sein, wertet der Schulleiter als Durchbruch in der Phase des Konsolidierens der Organisation in der kantonalen Reformphase: „Die Unterrichts-entwicklung fehlte bei uns ja weitgehend. Die kam dann mit Quims. Gut, wir hatten die Kinderkonferenz und waren in der Partizipation stark. Aber mit Quims konnten wir eine Lehrperson aus dem Team zur Spezialistin ausbilden, die uns auf der Unterrichtsebene weitergebracht hat. Diese Kollegin hat übrigens auch ein Lehrmittel herausgegeben und wird von vielen anderen Schulen als Expertin angefragt."

Ein weiteres Ergebnis der Profilierungs- und Konsolidierungsphase ist die Homepage der Schule, die für die Schule ein wichtiger Kommunikationskanal nach außen ist. Die Initiative, eine Homepage aufzubauen, ergab sich wieder im Prozess: „Wir hatten die Gelegenheit, alles, was wir gut machen, nach außen darzustellen. Es stand kein geplanter Entscheid dahinter. Wir haben einfach festgestellt, dass wir eine Homepage brauchen und haben dann im Team gefragt, wer das Thema in die Hand nehmen möchte. Letztlich haben einige mitgewirkt." Der Schulleiter erzählt, dass sie als Leitungsteam aber erst nach einiger Zeit bemerkt haben, wie wertvoll die Homepage für die Schule ist. Er führt aus, dass er und seine Kollegin dann beschlossen haben, die Homepage in ihren Verantwortungsbereich zu übertragen: „Wir wollten persönlich Sorge tragen. Das Thema war zu wichtig." Man habe realisiert, wie viele Personen die Homepage anschauen – von Interessierten bis hin zu Stellensuchenden.

Auf seine persönliche Motivation, die Schule Auzelg zu leiten, angesprochen, hebt der Schulleiter das Umfeld hervor: „Man bewegt sich in einem Kontext, in dem einem bewusst wird, was für schlechte Startchancen diese Kinder haben. Hier etwas zu machen, gibt ein gutes Gefühl. Ich würde aber immer nur sagen, man macht etwas gegen Chancenun-gleichheit, nicht für Chancengleichheit. Die Unterschiede zwischen unserem Quartier und anderen, zum Beispiel dem Zürichberg, sind einfach zu gravierend." Das Wirken gegen *Chancenungleichheit* macht darum auch einen wesentlichen Teil der schulischen Identität aus. Dieses Engagement ist der Grund, warum viele Lehrpersonen bereits sehr lange an der Schule arbeiten. Die Fluktuation ist gering: „Eine Mitarbeiterin hat einmal zu mir gesagt, dass sie weiß, warum sie morgens aufsteht, warum sie hier arbeitet – eben weil es sinnvoll ist." Der Schulleiter ist stolz, dass die Schule Auzelg in einem Quartier mit einem eher schlechten Image einen so guten Ruf hat. „Wir haben Konstanz hinbekommen. Wir

---

[48] „Quims" steht für „Qualität in multikulturellen Schulen". Die Schule Auzelg ist seit 2007 offi-ziell eine Quims-Schule. Damit erkennt der Kanton Zürich an, dass die Schule Auzelg im ihrem besonderen multikulturellen Umfeld Herausforderungen zu bewältigen hat, für die sie vom Kanton finanzielle und fachliche Unterstützung erhält. Ziel ist es, den Schulerfolg und die Sprachentwick-lung sicher zu stellen.

passen uns nicht dem Image des Quartiers an." So hat die Schule auch einen Beitrag zur Entwicklung der Gemeinde geleistet, auch wenn dies nicht das primäre Ziel der Schulleitenden war. Claudio Tamò lehnt es auch ab, sich über seine Funktion als Schulleiter hinaus als *Vertreter des Wohnquartiers* in Gremien „instrumentalisieren" zu lassen. Er grenzt seine Funktion klar ab. „Ich gehe schon ab und zu zu diesen Veranstaltungen, aber Sprachrohr möchte ich nicht sein."

Dennoch ist es gerade die Zusammenarbeit mit den Eltern, in die die Schule Auzelg sehr viel investiert hat. Diese sieht der Schulleiter – trotz oder gerade wegen der herausfordernden Umstände – als besonders gelungen an, auch im Vergleich mit anderen Schulen: „Wir haben gemerkt, dass andere Schulen das Thema *Elternmitarbeit* nicht so ernst nehmen. Wir haben es aber ernst genommen, obwohl wir skeptisch waren und nicht weiter als andere Schulen. Wir dachten, es ist nicht möglich, unsere Elternschaft partizipativ einzubeziehen und ein Gremium zu schaffen, welches in bestimmten Bereichen ‚mitredet'. Aber wir wurden herausgefordert, eben genau das auf die Beine zu stellen. Die Partizipation ist nicht an einem großen Ort, aber nicht mehr wegzudenken. Wir haben unser Elterngremium sehr wohlwollend eingerichtet."

Wohlwollen ist die Grundlage der Zusammenarbeit mit den Eltern. Für den Schulleiter ist die Elternarbeit und ihr Gelingen darum auch mehr eine Frage der Haltung, die darauf beruht, auf die Eltern zuzugehen und ihnen mit Respekt, Offenheit und Freundlichkeit zu begegnen. Der Schulleiter nennt dies „willkommen heißen": „Das muss so sein. Die Eltern wissen nicht, wie sie sich verhalten sollen, wir wissen nicht, wie sie sich in ihren fernen Ländern verhalten. Also müssen wir sie von unserer Seite aus willkommen heißen." Dieses Selbstverständnis braucht, so der Schulleiter, kein Konzept. „Wir setzen das um." Wichtig ist ihm, dass die Lehrpersonen am Ball bleiben, dass sie bewusst handeln, nicht aufgeben und immer wieder auf die Eltern zugehen. Er verweist auf die Elterngespräche: „Ich sage immer, wir zeigen keine Formulare. Wir machen deutlich, dass wir das Kind kennen und es schätzen. Das muss man vermitteln. Dann kann man über Probleme sprechen. Aber zuerst müssen sich die Eltern wohl fühlen und den Eindruck haben, dass der Lehrer das Kind kennt und es mag."

Die Kommunikation ist es dann auch, die der Schlüssel zur kooperativen Zusammenarbeit ist und die, so die Einschätzung des Schulleiters, an der Schule Auzelg anders als an anderen Schulen abläuft. „Wir kommunizieren mehr, wir wiederholen und wir machen keine Vorwürfe." Das erfordert Kreativität, um nicht in repetitiven Schleifen und wirkungslosen Appellen zu enden. Auf Einladungen zum Elternabend im Kindergarten sind zum Beispiel Fotos aller Schüler und Schülerinnen zu sehen. Zeichnungen von den Kindern werden vor dem Elternabend in kleine Reminder umfunktioniert und mit der Post nach Hause geschickt. Aber auch darüber hinaus ist die Präsenz der Lehrpersonen gefordert: „Der erste Elternabend einer ersten Klasse findet statt. Trotz Einladung und Reminder fehlen um sieben Uhr acht von 20 Eltern. Dann setzt sich man sich bei uns hin und ruft die Eltern an, auch wenn es fünf nach sieben ist. Viertel nach sieben stoßen dann noch einmal vier Eltern zum Elternabend dazu." Zwar ist es traurig für die Kinder, räumt der Schulleiter ein, dass die Eltern nicht am ersten Elternabend teilnehmen, betont aber, dass man keinesfalls annehmen solle, das passiere mit Vorsatz: „Wir wissen, dass sie den Termin schlicht vergessen haben. Von einer somalischen Kulturvermittlerin zum Beispiel haben wir gelernt, dass somalische Leute keine Agenda haben. Man soll nicht glauben, das sei böser Wille. Manche haben bis zu zehn Kinder hier, die kommen mit Elternabenden und Problemgesprächen sehr oft in die Schule. Da darf man nicht verzweifeln. Die meinen das nicht böse. Wir schauen mit den Eltern, wie wir das hinbekommen." Gelingt das, können auch gemeinsame Veranstaltungen ausgerichtet werden, die das gegenseitige Kennenlernen unterstützen und einfach Spaß machen: „Wir haben schon gemeinsam gekocht, auch wenn das organisatorisch eine Herausforderung ist. Aber wenn man dann sieht, was bei so einem kulinarischen Buffet alles zusammen- und herauskommt, ist das ist schon erstaunlich."

Den eigenen Anspruch herunterschrauben, immer wieder kommunizieren und in die Beziehung gehen, ein echtes Interesse am Gegenüber haben und grundsätzlich von einer positiven Intention des anderen ausgehen – das sind die Charakteristiken der Herangehensweise, die die Elternarbeit an der Schule Auzelg kennzeichnen. Der Schulleiter umreißt ein Beispiel, welches für ihn einen Wendepunkt in seiner Arbeit darstellt: „Ich bin eine Zeit lang ob des Temperamentes somalischer Jungen fast verzweifelt. Die hatten emotionale Ausbrüche, meistens auf dem Pausenhof, manchmal auch im Klassenzimmer. Dann waren sie nicht mehr zu stoppen. Ich wusste nicht mehr, was ich tun sollte. Die Eltern waren nett und sehr kooperativ und hatten ein schlechtes Gewissen wegen ihrer Kinder – aber wir kamen nicht weiter. Das wäre auch fast gekippt: Die Eltern haben sich irgendwann gefragt, was wir gegen sie haben, weil wir immer wieder mitteilen mussten, dass es Probleme gab mit ihren Kindern. Dann haben wir einen Kulturvermittler eingeschaltet und mit unserer Schulsozialarbeiterin überlegt, wie man die Situation ändern könnte – und kamen so auf die Lösung: Wir haben bei Schwierigkeiten mit den Kinder bewusst vermieden, dass sich die Eltern dafür verantwortlich fühlen und sich Vorwürfe machen, sondern ihnen gesagt, dass wir ihre Unterstützung unbedingt brauchen, damit das Kind sein Verhalten anpasst! Wir brauchen sie als Mutter und Vater, jetzt, gemeinsam kriegen wir das hin." Dieser Weg brachte eine Wende. „Damit haben wir gute Erfahrungen gemacht. So konnten die Eltern mithelfen und ihren Kindern auf ihre Art erklären, was unser gemeinsames Anliegen war." Ressourcenorientierung ist für den Schulleiter darum eine wichtige *ideelle* Grundlage: „Sonst hält man die Arbeit hier unter Umständen nicht lange aus. Es ist überlebenswichtig, auf die Stärken zu schauen und das scheinen wir hier sehr gut vorzuleben."

In all diesen Phasen sei die Führung der Schule effizienter und schlanker geworden, meint der Schulleiter. Grundsatzdiskussionen mit dem Team führen sie heute nicht mehr. Er weist darauf hin, dass die Vorgängerin noch viel *demokratischer* geführt hat und mit dem Team vieles diskutiert hat. Auch wenn sich das Leitungsteam immer noch mit dem Lehrerkollegium zu wichtigen Themen auseinandersetzt und sie gemeinsam eine Lösung suchen, ist ihre Haltung doch eine andere: „Die Führungsebene ist klar bei uns. Wir entlasten die Mitarbeitenden." Ihr Leitungsverständnis besteht darin, die Mitarbeiter und Mitarbeiterinnen transparent zu informieren und aufzuzeigen, was die Schulführung macht. Das, so der Schulleiter, sei für die meisten das Wichtigste. Nicht jeder möchte in jede Führungsentscheidung einbezogen werden. „Wir hatten einmal auf Anraten des Schulpräsidenten das Team einbezogen, als es darum ging, strukturell eine Klasse streichen zu müssen, die eigentlich die Kündigung einer Lehrperson erfordert hätte. Im Nachhinein muss ich sagen, dass sich das Ganze, obwohl wir eine Lösung gefunden haben, so sehr in die Länge zog, dass es für viele entlastender gewesen wäre, wenn wir ‚von oben herab' entschieden hätten." Er beschreibt die Konfusion, die ein solcher Prozess mit sich bringen kann: Manche können nicht mehr unterscheiden und zuordnen, wer eigentlich Verantwortung im Prozess trägt. Spannung wird aufgebaut. Diese Erkenntnis war für das Leitungsteam richtungsweisend für das weitere Leitungshandeln: „Wir haben diese Rückmeldungen sehr ernst genommen und haben die Mitsprache auch im Sinne des Teams zurückgenommen, damit die ihre Energie für die tägliche Arbeit mit den Kindern einsetzen können."

Ihre Erfahrung ist, dass insbesondere die jüngeren Lehrpersonen im Team weniger Partizipation in derartigen Entscheidungssituationen wünschen – auch, damit sie sich nicht emotional „verzetteln". Er begründet das damit, dass die Jüngeren im Team „Führung gewohnt sind." Für die ältere Lehrerschaft war das Einbinden in den Prozess selbstverständlicher: „Die älteren Lehrpersonen haben ein größeres Autonomieempfinden und ein anderes Verständnis von basisdemokratischen Entscheidungsfindungen." Aber nicht nur die Reaktionen des Teams nahmen Einfluss auf die Differenzierung des eigenen Führungshandelns: „Wir sind mutiger und effizienter geworden. Wir haben gemerkt, dass wir nichts verlieren. Wir müssen uns nicht rechtfertigen. Im Gegenteil, wir hören sogar, was wir gut gemacht haben." Auch im Fordern, den der Schulleiter als den „unangenehmeren Teil seiner Führungsarbeit" kennzeichnet, ist das Leitungsteam klarer geworden. Er führt dies auch auf die lange Zeit als Schulleitung zurück, die viel Erfahrung mit sich brachte. „Es war erstaunlich, wie Leute, die mir vorher sehr nah waren, dann akzeptiert haben, dass ich jetzt ihr Chef bin."

Teamsitzungen finden an der Schule Auzelg alle zwei Wochen statt. Es gab einmal den Vorstoß, diese nur noch im Wechsel mit den Vertretungen der einzelnen Klassen durchzuführen. Aus der Sicht des Schulleiters begünstigte dieses Vorgehen allerdings eine zunehmende Fragmentierung: „Ich habe festgestellt, dass ich die Leute sehen und hören möchte. Ich glaube auch, dass es wichtig ist, dass die Leute uns als Leitungsteam in solchen Sitzungen sehen. Ich möchte, dass sie uns reden hören. Das ist wichtig, denn dann spüren sie, was wir für eine Haltung haben. Wir nehmen uns ja beide Zeit für die Einzelnen, aber letztlich ist es nicht viel und die Beziehung muss ja stimmen, wir müssen uns vertrauen." Damit die Teamsitzungen ihren Zweck erfüllen, nutzt das Leitungsteam die gemeinsame Zeit effizient aus: „Wir sind immer gut vorbereitet. Das ist unsere Gelegenheit, allen zu sagen, was gut läuft! Wir geben das Gefühl weiter, dass wir eine gute Schule sind." Dabei ist es für den Schulleiter aber wichtig, nicht zu übertreiben: „Wir haben ja auch Baustellen. Ich möchte auch nicht als Besserwisser daherkommen." Authentisch möchte er sein. Dazu gehört, das Positive gerade in den Teamsitzungen hervorzuheben und das Interesse von außen an der Schule ins Team zurückzutragen, denn das, so der Schulleiter, „macht unsere Identität aus."

Das Wichtigste beim Führen von Menschen ist für den Schulleiter *Offenheit, Wertschätzung, Sorgfalt* und eine gewisse *Planung*. Dabei hilft ihm heute insbesondere seine Erfahrung.

Sein Ziel in der Zusammenarbeit mit den Lehrpersonen ist es, bei Problemen greifbar zu sein. Er möchte hinhören und einordnen zu können, damit er sich ein Bild machen kann. „Ich höre zu, brauche das Gespräch, um mir ein Bild zu machen oder eine Meinung zu bilden. Das ist mein Kompetenzverständnis." Das erfordert von ihm, prozessorientiert zu bleiben. Wenn Handeln erforderlich ist, handelt er: „Wenn etwas wichtig ist, nehmen wir uns sofort Zeit, zum Beispiel im Notfall, dann legen wir alles weg. Aber man muss nicht bei allem gleich in Panik geraten. Man muss den Leuten zeigen, dass man sie ernst nimmt und auch bereit ist, etwas zu tun." Das bedeutet konkret, „dass ich ein Anliegen zumindest so entgegennehmen möchte, dass das Gegenüber das Gefühl hat, dass ich sein Anliegen teile und er oder sie weiß, in welche Richtung es jetzt weitergehen könnte. Ich muss nicht gleich agieren. Manchmal reicht es zu signalisieren, dass man jetzt Bescheid weiß und man vereinbart einen Termin." Dieser Umgang mit individuellen Anliegen braucht Wertschätzung und Sorgfalt, die, so der Schulleiter, nicht schwer fällt, wenn man eine ressourcenorientierte Haltung pflegt. „Ich sage es einfach, wenn ich etwas Positives sehe." Wichtig ist, persönlich und sorgfältig zu handeln: „Ich beantworte jedes Mail und ich bedanke mich. Oder wenn wir ein Problem haben, über-legen wir als Leitungsteam sehr genau, wen wir einbeziehen und wen nicht. Diese Sorgfalt haben einige schon erlebt. Ich muss auch nicht immer sofort eine Lösung parat haben. Ich stutze, wenn manche Leute sofort eine Meinung an der Hand haben."

Grundlage von Offenheit, Wertschätzung, Sorgfalt und Planung ist, wie bereits erwähnt, die Orientierung an den individuellen Ressourcen. Gemeint ist der Fokus auf die Stärken der Mitglieder der Organisation *Schule*. Dass nicht nur für die Schüler und Eltern gesorgt wird, sondern auch für die Lehrpersonen, zeigt sich auf verschiedenen Ebenen. Gesund-heit ist bspw. ein Planungspunkt im Schulprogramm. Der Schulleiter führt aus: „Wir laden unsere Leute ein, verpflegen sie an Weiterbildungstagen. Das geht finanziell gut, ich nehme das vom Budget. Ich denke, in der Privatwirtschaft sind solche Einladungen selbstverständlicher. Aber warum sollen wir das nicht auch tun? Es nicht viel Aufwand, es braucht nicht viel und die Leute schätzen es so."

Das Erschließen von Ressourcen und damit *Leistung* bedingt auch, als Führungskraft zu motivieren. Der Schulleiter sieht sich hier in einer Vorbildrolle, die zum Nachahmen anregt: „Ich lebe Ressourcenorientierung vor. Die Lehrer sehen mich, wie ich mit Eltern und Kindern spreche. So motiviere ich. Ich habe zwar auch mal Fußball gespielt, aber ich motiviere nicht wie ein Fußballtrainer. Ich gebe nicht ständig Parolen durch. Ich lebe das." Dabei versucht er, das Spektrum der Einflussnahme auszuloten: „Ich bin nicht immer ruhig und besonnen. Ich kann bei Grenzüberschreitungen auch laut und wütend werden. Aber ich bin immer kontrolliert." Gerade bei Kindern, betont der Schulleiter, muss er schon einmal gegensteuern. Das erzeugt einen Effekt.

Die typischen Personalführungsprozesse an der Schule, bei denen die Schulleitung eine maßgebliche Rolle spielt, sind das alljährliche Mitarbeitergespräch (MAG) und die Mitar-beiterbeurteilung (MAB), die alle vier Jahre gemeinsam mit der Schulpflege durchgeführt werden. Diese Prozesse sind standardisiert und vom Kanton vorgegeben. „Obwohl das gar nicht so viel ist, melden uns die Leute im Mitarbeitergespräch zurück, dass sie sich wertgeschätzt fühlen." Auch die Gewinnung neuer Mitarbeiter und Mitarbeiterinnen spielt eine Rolle. Die ist aber, so der Schulleiter, im Laufe der Jahre immer kleiner geworden, denn es findet kaum Fluktuation statt: „Eine Zeit lang dachten wir, wir vergreisen. Aber es sind junge Lehrer nachgekommen. Wir haben den Nachwuchs gerade dann gebraucht, als Mangel war. Die Wenigen, die wir fanden, haben wir selbst aufgebaut." In Sachen Führung sind es, so der Schulleiter, aktuell nur Einzelfälle, die situativ herausfordern: „Es ist dann mal eine einzelne Person, von der ich finde, dass sie am falschen Ort ist. Ich frage mich, wie schafft man es aufzuzeigen, dass wir Erwartungen haben und dass das, was wir sehen, nicht genügt? Wie können wir diese Diskrepanz auflösen? Und wenn alles nicht hilft, wie kann man sich trennen?" Das, so der Schulleiter, erfordert Beharrlichkeit von ihm. Beharrlich, weil er immer wieder eine professionelle Haltung und Einsatz einfordert. Das sei auch für die Führung des gesamten Teams wichtig: „Ich denke, es ist für die anderen gut zu sehen, dass bestimmte Dinge nicht gehen, dass es nicht funktioniert, wenn man sich nicht bemüht. Das muss ich nicht dem Team direkt kommunizieren. Das wird ja trotzdem klar, auch wenn man nichts dazu sagt." Spiegelungen des Teams, ob beabsichtigt oder nicht, helfen ihm dabei, seine Wirkung nach außen zu erfassen.

Claudio Tamòs Fazit zum Stand der Personalentwicklung in der Schule Auzelg

„Wenn Mitarbeiter in ein Mitarbeitergespräch kommen und sagen, sie wollen eine Weiterbildung besuchen, bin ich offen. Meine Kollegin und ich signalisieren, dass wir den Besuch von Weiterbildungen begrüßen. Meine persönliche Erfahrung zeigt, dass wir als Schule davon profitieren und uns Weiterbildungen etwas bringen. Wir fragen zum Beispiel gegen Schluss im Mitarbeitergespräch, ob das Gegenüber eine Weiterbildung plant. Wir fragen auch, in welcher Phase er oder sie gerade steht und wie es weitergeht mit ihm oder ihr. Es gab auch schon einmal in der Mitarbeiterbeurteilung eine ungenügende Bewertung, weil ein Mitarbeiter keine Weiterbildung in den letzten Jahren besucht hat. Ein anderes Beispiel ist eine Person, die als Heilpädagogin bei uns tätig ist, obwohl sie eigentlich zur Gymnasiallehrerin qualifiziert wäre. Die hat den Job so gut gemacht, dass wir sie angestellt haben. Jetzt hat der Kanton allerdings veranlasst, dass solche Stellen auch einen bestimmten Abschluss erfordern. Die Lehrerin muss jetzt also eine Ausbildung nachholen. Wir unterstützen ihre Weiterbildung und zeigen ihr so, dass wir sie behalten wollen.

Ich muss aber sagen, dass wir eher das Gefühl haben, die Leute machen zu wenig Gebrauch von Weiterbildungen. Wir haben auch schon aufgerufen, mehr Weiterbildung zu machen. Wir haben intern eine Beauftragte für Quims, die eine sehr gute interne Weiterbildung bietet, so dass die Leute das Gefühl haben, dass sie schon alles sehr gut machen. Wir sind gut aufgestellt, um das Umfeld zu bewältigen. Eine Weiterbildung muss viele Punkte erfüllen, um uns etwas zu bringen. Wir hatten schon Leute, die haben eine Weiterbildung abgebrochen und gesagt, das bringt mir nichts.

Entwicklung ist auch ohne externe Weiterbildung möglich. Wir haben Leute hier, von denen ich nicht gedacht habe, dass die sich so entwickeln. Leute, von denen ich nicht glaubte, dass wir eine gemeinsame Zukunft haben. Trotz Konflikt war irgendwann wieder ein konstruktiver Umgang möglich. Komisch, dass das möglich ist nach allem. Dass wir wieder professionell zusammen arbeiten. Wir klammern das Problem heute aus. Manchmal denke ich, ist es vielleicht auch Feigheit? Aber wir haben uns irgendwo gefunden. Was hilft, ist eine ressourcenorientierte Haltung und Beharrlichkeit. Es ist also möglich, den Beitrag eines Mitarbeiters wieder anzuerkennen. Dazu muss man aber Werte teilen und der andere muss auch signalisieren, dass er weiterhin dabei ist.

Wir haben ein Personalentwicklungskonzept. Das habe ich in einer Weiterbildung erstellt. Das hat mir geholfen zu sehen, was wir bereits umsetzen. Auch, was wir einführen wollen. Es hat mit ein gutes Gefühl gegeben zu sehen, was wir schon alles haben. Ich bin dennoch kein Konzept-Typ. Ich bin jemand, der eine Idee hat, sie sieht und umsetzt. Aber ich muss aufpassen, dass sich das nicht zum Strohfeuer entwickelt, sondern darauf achten, dass es auch verankert wird. Es kommt immer mal wieder etwas dazu, gerade das 100-Tage-Gespräch. Das haben wir jetzt institutionalisiert. Was noch fehlt, ist das Strategische, die Struktur. Ich hoffe im Moment, dass uns alles so wichtig ist, dass uns nichts verloren geht.

Ich habe im Moment keine Vision, wohin die Entwicklung unserer Mitarbeiter gehen soll. Ich muss noch einmal sagen, dass wir an unserer Schule so spezialisiert sind, dass es schwierig ist, eine Weiterbildung zu finden, die zu uns passt. Es gibt eine ganze Generation von Leuten, die hier begonnen haben, die sich entwickelt haben, Kinder bekommen haben und dann ihr Pensum reduziert haben. Die wollen keine Karriere machen. Die haben auch nicht die Zeit für eine Weiterbildung. Die wollen sich innerhalb der Schule weiterentwickeln. Das ist eine Herausforderung, denn ich sehe ja, wie wertvoll es ist, sich nach außen zu bewegen. Ich habe selbst drei Weiterbildungsstudiengänge absolviert. Darum unterstütze ich auch den Besuch von Weiterbildungen. Es wäre ja arrogant zu glauben, dass wir unsere Leute nur selbst weiterbilden können. Aber es hat eben auch mit unseren internen Strukturen und Ressourcen zu tun, dass unsere Leute Weiterbildungen kaum nachfragen. Viele sind um die vierzig, die haben kleine Kinder, die sie in Anspruch nehmen und haben darum wenig Energie für Weiteres.

Was unsere Organisation anbelangt: Wir planen einen Neubau 2021/2022. Unsere Vision ist, alle Stufen an einem Ort zu haben. Eine bessere Durchmischung des Quartiers würde es uns ermöglichen, auf vieles an Aufwand zu verzichten. Aber dann ginge uns ein Stück Identität verloren, eben das, was wir aufgebaut haben. Eigentlich war das Quartier eine Fehlplanung und wir müssen heute die Konsequenzen tragen. Aber das ist unsere Identität geworden.

Meine Kollegin und ich haben einmal dem Team gesagt, wir bleiben noch nächstes Jahr. Da wurde denen erst bewusst, dass wir auch gehen könnten. Einige haben dann gesagt, dass sie dann auch gehen. Es gibt mir kein gutes Gefühl, dass nach unserem Weggang alles zusammenbrechen könnte. Jetzt sagen wir jedes Jahr, bevor die Lehrpersonen selbst ihre Entscheidung treffen, ob wir bleiben oder nicht."

1. Vergleichen Sie Ihre Organisation mit der im Fallbeispiel: Worin ähneln sich die beschriebene Organisation und ihr Verständnis von Personalentwicklung und Ihre Organisation? Was unterscheidet sie?

2. Was denken Sie, wo steht diese Organisation im Ausgestaltungsgrad von Personalentwicklung?

3. Was sind die spezifischen Elemente, die diesen Ausgestaltungsgrad kennzeichnen? Nehmen Sie auch Bezug auf das Verständnis von Führung und Entwicklung.

4. Was würden Sie aus Ihrer Sicht im Rahmen des Ausgestaltungsgrades empfehlen zu modifizieren? Begründen Sie.

5. Was ist aus Ihrer Sicht in diesem Fallbeispiel in Bezug auf Personalentwicklung gelungen?

6. Welche der dargestellten Ideen aus dem Fallbeispiel könnten Sie in Ihre Organisation transferieren? Wägen Sie das Potenzial ab und nutzen Sie dazu das Schema *Transfermöglichkeiten* im Anhang.

Fokusfrage

Vergleichen Sie die Aussagen zur Führung unterschiedlicher Generationen im Fallbeispiel mit den entsprechenden Impulsen im ▶ Kap. 1 und setzen Sie beides mit Ihren Erfahrungen in Beziehung.

3.5   Personalentwicklung an der Sekundarschule Dietlikon, Zürich, Schweiz. Eine Fallbetrachtung von Reto Valsecchi.

Reto Valsecchi ist Schulleiter der Sekundarschule Dietlikon.

Dietlikon liegt in der Agglomeration von Zürich und versteht sich als Dorf am Rande der Stadt mit ungefähr 7.200 Einwohnern. Ungefähr 800 Kinder und Jugendliche besuchen die öffentliche Volksschule in der Gemeinde. Knapp 100 Lehrpersonen arbeiten an der Schule Dietlikon in zwei Primarschul- und einer Sekundarschuleinheit. Geleitet wird die Schule von Schulleitungen auf operativer und von den Schulbehörden (Schulpflege) auf strategischer Ebene.

Die Schule Dietlikon[49] verfügt über eine langjährige Innovationstradition, die 1997 mit dem Einstieg in ein Pilotprojekt als teilautonome Volksschule zur Erprobung verschiedener Reformelemente gestartet wurde (Einführung von Schulleitungen, Elternmitwirkung, längerfristige Planung der strategischen Ausrichtung etc.). Dabei war der aktive Aufbau

---

[49] Siehe Homepage, Internetverweise.

einer gemeinsamen pädagogischen Haltung auf allen Ebenen der Schule immer ein wichtiger Aspekt.

17 Jahre später, im Jahre 2014, benannte die Fachstelle für Schulbeurteilung des Kantons Zürich die Schule Dietlikon als Beispielschule im Bereich *Qualitätssicherung und -entwicklung*. Es wurden dabei vor allem folgende Punkte hervorgehoben: das umfassende Qualitätsmanagement, die ausgewogene Mischung zwischen Top-Down- und Bottom-Up-Steuerung bei Entwicklungsprojekten, die Projektorganisationen und die starken, gemeindeweiten Strukturen, die einen fruchtbaren Austausch zwischen den drei Schuleinheiten ermöglichen.

An der Sekundarschule Dietlikon, die in diesem Fallbeispiel näher beschrieben werden soll, unterrichten etwa 30 Lehrpersonen und bereiten ungefähr 200 Schüler/innen auf das Leben und die Anforderungen des 21. Jahrhunderts vor. Sie vermitteln den Lernenden dafür die nötigen Schlüsselkompetenzen, damit Lehrbetriebe gerne Schülerinnen und Schüler einstellen, welche die Schule Dietlikon besucht haben. Dabei ist es der Sekundarschule Dietlikon wichtig, den Schüler/innen neben fachlichem Wissen und Können auch überfachliche Kompetenzen und Werte zu vermitteln. Es ist den Lehrpersonen jederzeit bewusst, dass sie junge Menschen in einer wichtigen Lebensphase begleiten und unterstützen. Sie legen deshalb großen Wert auf die Persönlichkeitsentwicklung ihrer Schüler/innen. Gemeinsam mit den Schüler/innen schaffen sie ein sicheres, strukturiertes und von Respekt geprägtes Umfeld. Die Sekundarschule als abnehmende Stufe baut dabei auf dem auf, was die Lehrpersonen auf den vorhergehenden Schulen geleistet und erreicht haben. Die Lehrpersonen sind überzeugt, dass bei guter Absprache Synergien zwischen den Schulstufen genutzt werden können. Einerseits für Informationen, welche die einzelnen Schülerinnen und Schüler betreffen, andererseits auch bei Stoffabsprachen (Sprach- und Gesundheitsförderung, Medienbildung, Curriculum im Bereich Kooperative Lernformen und überfachliche Kompetenzen etc.). Dies ist hilfreich für den Lernerfolg und die Entwicklung der Lernenden.

Seit 2001 leite ich, Reto Valsecchi, die Sekundarschule Dietlikon. Seit 2009 übe ich neben der Führung der eigenen Schuleinheit zusätzlich in einem Teilpensum die Funktion des Schulleitungs- und Personalkoordinators aus und trage zusammen mit dem Schulpräsidenten die Verantwortung für die Personalentwicklung aller Mitarbeitenden.

Das Personalentwicklungskonzept der Schule Dietlikon ist zentraler Bestandteil der Organisation und enthält zahlreiche Aspekte wie zum Beispiel Standards zum Selektionsverfahren, Einführung von neuen Mitarbeitenden, Diversity Management, Knowledge- und Beschwerdemanagement, Retention-Management oder Burn-Out-Prophylaxe.

Im ausgewählten Beispiel soll ausgeführt werden, wie an der Schule Dietlikon mit einem 360°-Feedbacksystem als Personalentwicklungsmaßnahme eine Qualitätskultur aufgebaut wurde, die sich nachhaltig auf die Entwicklung von Unterricht und Persönlichkeit auswirkte.

Ich war seit Anfang der Entwicklung in diesem Bereich Mitglied der Steuerungsgruppe und begleite den Veränderungsprozess seither kontinuierlich. Es ist meine Aufgabe, die Prozessstandards (in Zusammenarbeit mit den Schulleitenden) zu garantieren, neue Lehrpersonen einzuführen und entsprechende Evaluationen und daraus abgeleitete Interventionen zu initiieren.

Einführung der Mitarbeiterbeurteilung als Wendepunkt in der Personalentwicklung an der Schule Dietlikon

Am Anfang des Schuljahres 1999/2000 wurde im Kanton Zürich für Lehrpersonen eine lohnwirksame Mitarbeiterbeurteilung eingeführt. Zentrale Beurteilungsgrundlage waren ein durch die Lehrperson erstelltes Dossier, ein sogenanntes Erkundungsgespräch und sechs Besuche im Unterricht durch die Aufsichtsbehörde bzw. später durch die vorgesetzte Schulleitung. Verantwortlich für die Beurteilung waren die politisch gewählten Behördenvertreter/innen. Die Leistung einer Lehrperson wurde auf einer vierstufigen Skala bewertet: Note I: übertrifft die Anforderungen, Note II: entspricht den Anforderungen vollumfänglich, Note III: entspricht den Anforderungen teilweise, Note IV: genügt den Anforderungen nicht.

Nachdem dieses Verfahren in den ersten drei Jahren (nicht nur) an der Sekundarschule Dietlikon zu vielen Kränkungen, Missverständnissen und teilweise sogar zu Konflikten geführt hatte, die eine Entwicklung und Verbesserung der Qualität eher verhinderte als begünstigte, erschien im Februar 2003 ein wissenschaftlicher Bericht im Auftrag der Bildungsdirektion des Kantons Zürich. Eine Arbeitsgemeinschaft, die sich aus Arbeitspsychologen, Lehrerbildnern und Erziehungswissenschaftlern der Eidgenössischen Technischen Hochschule (ETH), der Pädagogischen Hochschule Zürich und der Universität Zürich zusammensetzte, hatte das System der Mitarbeiterbeurteilung für Lehrpersonen im Kanton Zürich analysiert. Es waren 941 Lehrpersonen, 141 Schulpflegepräsidentinnen und -präsidenten, 571 Beurteilungsverantwortliche bzw. Beurteilungsmitglieder per Fragebogen befragt und Fokusinterviews durchgeführt worden. Die Befunde waren zu einem großen Teil ernüchternd. Der abschließende Bericht mit dem Titel *EvaMab* machte unter anderem folgende Aussagen[50]:

- Die expliziten Auswirkungen des Beurteilungsprozesses sind eindeutig: 98 % der Lehrpersonen genügten den Anforderungen bzw. übertrafen diese.

- Die Mitarbeiterbeurteilung (MAB) erfüllt keine Selektionsfunktion, selbst der diagnostische Wert ist bei der gegebenen Verteilung der Bewertungsurteile gering. Betrachtet man zusätzlich, dass Förderungsmaßnahmen selten diskutiert und empfohlen wurden, kann vermutet werden, dass zwischen guter Gesamtbeurteilung und Förderung – in den Vorstellungen der Beurteilenden – eine negative Abhängigkeitsbeziehung bestand: Positiv beurteilten Lehrpersonen konnte man nicht zusätzlich noch Förderungsmaßnahmen vorschlagen.

- Letztlich haben jedoch sowohl die expliziten als auch die impliziten Auswirkungen nicht dazu beigetragen, dass sich die Qualität des Unterrichts bereits – aufgrund der

---

[50] Wehner et al. (2003). Wissenschaftliche Evaluation der Mitarbeiterbeurteilung für Lehrkräfte der Zürcher Volksschule (EvaMAB), S. 98ff.

subjektiven Bewertungen der Lehrpersonen und Schulpflegemitglieder – zum jetzigen Zeitpunkt nachhaltig verbessert hat.

- Betrachtet man die Einstellungen und Bewertungen der Lehrpersonen gegenüber dem Konzept, so ist das Ergebnis eindeutig: Die Mitarbeiterbeurteilung wird abgelehnt.

- Auch wenn sich durch einen Extremgruppenvergleich zeigen lässt, dass positive MAB-Erfahrungen letztlich auf einzelne Beurteilungselemente zurückgeführt werden können, kann nicht von einer Identifikation mit dem Instrument oder von einer positiven Motivierung durch das Beurteilungsverfahren ausgegangen werden.

- Vor diesem Hintergrund kann der neuerlichen Diskussion um das Konzept nicht ausgewichen werden.

- Bezüglich der Lohnwirksamkeit ist die fünf- respektive vierstufige Skalierung zu überdenken. Da auf ihrer Grundlage nur zwischen zwei Konsequenzen entschieden wird (Lohnaufstufung vs. Lohnstagnation), ist eine dichotome Skalierung (erfüllt/nicht erfüllt) angemessener. Dafür spricht auch, dass bei einem Großteil der Lehrpersonen eine Lohnaufstufung erfolgt ist.

- Auf der konzeptuellen Ebene muss überdacht werden, ob die beiden Aspekte Lohnwirksamkeit und Förderungsmöglichkeit in einem Verfahren aufrechterhalten werden sollen oder ob eine Trennung in lohnwirksame Aspekte (Angestelltenbeurteilung) und förderungswirksame Aspekte (Mitarbeiterbeurteilung) den beiden Schwerpunkten besser gerecht wird.

- Bei einer Trennung von Förder- und Lohnwirksamkeit muss darüber nachgedacht werden, welche Rolle die Schulleitungen und welche die Schulpflegen im Beurteilungsprozess übernehmen können. Damit zusammenhängend sind schulische Organisationsformen dahingehend zu optimieren, dass die Einbettung von Mitarbeiterbeurteilungen in einem umfassenderen Qualitätssicherungsprozess der Einzelschule möglich wird.

- Die Selbstbeurteilung ist im gesamten Beurteilungsprozess stärker zu gewichten; gegebenenfalls sollte sie sogar obligatorisch verfasst werden. Momentan wird sie lediglich nach Ermessen eingebunden, womit den Selbsteinschätzungen der Lehrpersonen nur ungenügend Rechnung getragen werden kann.

Die im wissenschaftlichen Bericht über die Mitarbeiterbeurteilung für Lehrpersonen im Kanton Zürich festgehaltenen Mängel des Systems deckten sich mit den Erfahrungen, die bei der MAB-Durchführung in Dietlikon gemacht wurden:

- Eine Auseinandersetzung mit Unterrichtsqualität erfolgte kaum, weil das Verfahren der Mitarbeiterbeurteilung nicht bzw. wenig animierend für ein Gespräch über Unterrichtsqualität war. Dies vor allem weil Indikatoren und Standards größtenteils fehlten.

- Die Beurteilung war wenig aussagekräftig darüber, was im Unterricht passiert.

- Das Missverhältnis von Aufwand und Ertrag führte bei den Beurteilten wie bei den Beurteilenden zu Unmut.

- Bereits bei der zweitbesten Bewertung einer Lehrperson trat das Gespräch über Unterrichtsqualität oder Verbesserungen in den Hintergrund, wurde stark erschwert oder gar verunmöglicht. Stattdessen stand die Beurteilung bzw. deren Rechtfertigung im Vordergrund.

- Die Beurteilungsspanne war (für eine amtliche, lohnwirksame Beurteilung) zu kurz: sechs Lektionen von ca. 1.100 durch eine Lehrperson pro Jahr erteilte Lektionen entsprechen ca. 0,5% der jährlichen Unterrichtszeit. Dies wiederum würde in einem 90-minütigen Fußballmatch einer Beobachtungsdauer von 27 Sekunden entsprechen. Niemand würde die Gesamtleistung eines Fußballers an 27 beobachteten Sekunden Spielzeit messen.

- Die Grundhaltung gegenüber einer Mitarbeiterbeurteilung war auf Führungsebene (auch in Dietlikon) nicht geklärt. Dies wäre aber entscheidend für das Gelingen von Mitarbeiterbeurteilungen und Personalentwicklung. (Defizit- vs. Ressourcenperspektive bzw. Beurteilen vs. Beobachten/Spiegeln)

- Es existierte im vorgegebenen MAB-System wenig Gestaltungsspielraum und die Selbstbeurteilung wurde nicht produktiv genutzt bzw. der Umgang damit führte teilweise zu Demotivation.

- Die Akzeptanz der MAB bei den Lehrkräften war nicht gegeben.

- Eine valide Trennschärfe zwischen den einzelnen Beurteilungsstufen schien nicht gegeben (98% erfüllen die Anforderung oder übertreffen sie).

Aufgrund der wissenschaftlichen Ergebnisse und Empfehlungen und der eigenen Erfahrungen stellte die Schule Dietlikon einen klaren Handlungsbedarf im Bereich Personalentwicklung und Qualitätssicherung/-entwicklung fest. Der Führungsebene der Schule Dietlikon war klar, dass das „Pferd" Mitarbeiterbeurteilung, wie sie bis dahin durchgeführt wurde, tot war und hielt es mit einer alten Weisheit, die den Dokota-Indianern zugeschrieben wird: „Wenn du entdeckst, dass du ein totes Pferd reitest, steig ab."

„Wenn du entdeckst, dass du ein totes Pferd reitest, steig ab."

Wir tun oft etwas anderes, z. B.:

▶ Wir sagen, dass es keine Alternative zum Reiten von toten Pferden gibt.

▶ Wir stellen fest, dass andere auch tote Pferde reiten und erklären das zum Normalzustand.

▶ Wir besorgen eine stärkere Peitsche.

▶ Wir wechseln die Reiter.

▶ Wir sagen: „So haben wir das Pferd doch immer geritten."

▶ Wir gründen eine Arbeitsgruppe, um das Pferd zu analysieren.

▶ Wir besuchen andere Orte, um zu sehen, wie man dort tote Pferde reitet.

▶ Wir ändern die Kriterien, die festlegen, wann ein Pferd tot ist

360°-Feedback an der Schule Dietlikon

In einer Projektgruppe bestehend aus Schulleitungen und Behördenvertreter wurde überlegt, wie ein alternatives System aussehen müsste, das einerseits die Qualität einer Schule
sichert (Garantie eines Qualitätsstandards) und andererseits eine nachhaltige Entwicklung von Unterricht und eine wirksame Personalentwicklung ermöglicht. Relativ rasch
war klar, dass es im Grunde in beiden Bereichen hauptsächlich um die Steuerung von
Entwicklungsprozessen geht und dass dies gutes und umfangreiches Umsetzungs- oder
Steuerungswissen voraussetzt. Es ist jedoch im Bildungsbereich – in der Arbeit mit Lehrpersonen und Lernenden – oft schwierig abzuschätzen bzw. mit Sicherheit vorauszusa-
gen, welche Konsequenzen eine Veränderung haben wird. Gerade wenn Entwicklungen
zudem mittel- und längerfristig angelegt sind, scheint es zentral zu sein, genug Wissen über den Ist- und den Soll-Zustand und den daraus erfolgenden Handlungsbedarf
zu besitzen. Auf Grund dieser Tatsachen kam die Projektgruppe zum Schluss, dass eine
systematische Feedbackkultur Voraussetzung für die erfolgreiche Steuerung von Qualitätsentwicklung ist.

Gemeinsam mit Herrn Dr. Anton Strittmatter entwickelte die Schule Dietlikon ein Qua-
litätsmanagementsystem, mit dem eine gelebte Qualitätskultur aufgebaut werden sollte,
bei der eine Art 360°-Feedback das zentrale Element darstellt. Auf der Führungsebene
wurde der strategische Grundsatz gefasst, dass die Mitarbeiterbeurteilung (MAB) der
Schule Dietlikon in erster Linie ein Förderinstrument sein soll. Die MAB sollte demnach
dem Erhalt und der Entwicklung der Unterrichts- bzw. der Arbeitsqualität der Lehrpersonen und Mitarbeitenden dienen und offene Gespräche über Unterricht und dessen Qualität
bzw. dessen Verbesserung ermöglichen. Im Weiteren ging es auch darum, eine Form der
Mitarbeiterbeurteilung zu finden, die der *Expertenorganisation Schule* Rechnung trägt,
die sich dadurch charakterisiert, dass die Mitarbeitenden dieser Organisation fast durchweg hochqualifiziert sind und sehr autonom arbeiten.

Das auf die Schule Dietlikon zugeschnittene System wurde im Jahre 2004 allen Lehrpersonen der drei Schuleinheiten in einer Veranstaltung vorgestellt und demokratisch
angenommen. Dies im Sinne eines Kontraktes, der für alle Beteiligten verbindlich ist und
die Ziele, Wirkungserwartungen, die gegenseitigen Verpflichtungen und die Spielregeln
festlegt. Im Rahmen des so beschlossenen 360°-Feedbacks holen seither alle Mitarbei-

tenden systematisch Feedbacks zu ihrer Arbeit ein, und zwar von allen an der Schule beteiligten Personen.

Voraussetzung für das *Gelingen* dieser Feedbackarbeit ist die Grundhaltung aller beteiligten Personen: Die Schulleitung und die Behörden gehen von der Grundannahme aus, dass die in Dietlikon angestellten Lehrpersonen gute Arbeit leisten. Sonst wären sie nicht eingestellt worden. Lehrpersonen stehen also grundsätzlich unter einem *positiven Qualitätsverdacht*. Für die Lehrpersonen der Schule Dietlikon gilt als zweite Grundannahme, dass sie sich weiterentwickeln und (noch) besser werden wollen. D. h., sie verfügen über ein Selbstverständnis, in dem sie wissen, dass sie gute Arbeit leisten und welche Stärken sie besitzen, dass sie aber auch Schwächen und Fehler haben, die es zu bearbeiten gilt. Für alle Mitarbeitende der Schule Dietlikon gilt drittens die Grundannahme, dass sie über eine Forscherhaltung verfügen. Das heißt, sie wollen wissen: Wie kann ich mich verbessern? Welches Verhalten unterstützt Schüler/innen in ihrem Lernprozess, welches behindert sie? Welches sind meine nächsten Entwicklungsbereiche?

Anhand von *elf Prozessstandards* wird die Durchführung einer seriösen Selbstevaluation beschrieben. Das Ziel der Standards für das Einholen von 360°-Feedbacks im Sinne von Personalentwicklung ist es,

- pädagogisch wirksame Synergien zu schaffen,

- dem Anliegen, eine Mindestqualität zu sichern, ein Gewicht zu geben,

- potentiell erheblichen Schaden an der Schule und der einzelnen Lehrperson wegen fehlendem Steuerungswissen zu vermeiden und

- mit gewissen Routinen und Abmachungen Mitarbeitende zu entlasten.

Die Standards sind dabei bewusst offen gehalten. Dies, weil sie einerseits teilweise schwierig zu beschreiben und zu quantifizieren sind und andererseits, weil es auch darum geht, Spielraum zu erhalten und zu ermöglichen. Lehrpersonen sollen als eine Art *Mitunternehmer* ernst genommen werden und aktiv Verantwortung für die eigene Unterrichtsqualität bzw. die Qualität der ganzen Schule übernehmen. Es ist von Lehrpersonen, die Experten für Entwicklung sind, zu erwarten, dass sie die Verantwortung dafür auch für sich selber übernehmen (können). Trotzdem sind die Standards so angelegt bzw. etabliert, dass die Durchführung der Selbstevaluation vorhersagbar wird und ihre Qualität den Anforderungen der Organisation genügt. Verschiedene Prozesse sind zudem wiederum als Feedbackschlaufen so konzipiert, dass sie eine kontinuierliche Prozessverbesserung ermöglichen und unterstützen:

1. Bei wem und wie viele Feedbacks werden eingeholt?
Bei der Entwicklung und Festlegung des *Prozessstandards 1* wurde berücksichtigt, welche Anspruchsgruppen Einfluss auf Unterricht bzw. auf die Entwicklung einer Lehrperson haben, vgl. ▶ Abb. 3.1. Neben den Lernenden sind das hauptsächlich die Eltern, andere Lehrpersonen und die Vorgesetzten.

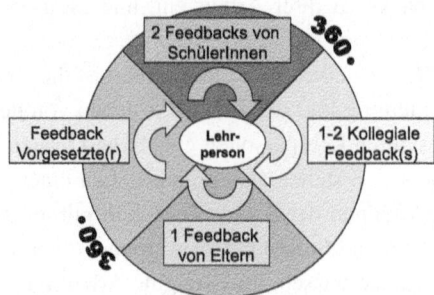

Abb. 3.1 Anspruchsgruppen für 360°-Feedback (Lehrpersonen)

Demzufolge dokumentiert jede Lehrperson pro Schuljahr

- zwei Feedbacks von einer Gruppe von Schüler/innen, in der Regel einer Klasse, die sie unterrichtet.

- ein Feedback einer Gruppe von Eltern von Schüler/innen, die sie unterrichtet.

- ein Feedback einer anderen Lehrperson, die sie im Unterricht besucht hat (Hospitation-/ Peerfeedback).

- ein Vorgesetzten-Feedback (in der Regel von der Schulleitung oder von dem zuständigen Behördenmitglied).

Personen, die nicht als Lehrpersonen angestellt sind (z. B. Schulleitende, Leiter Informatikdienste, Schulverwaltung etc.), holen sich ebenfalls ein 360°-Feedback ein. Die Anspruchsgruppen können sich dabei jedoch unterscheiden.

2. In Kooperation mit wem?
Der *Prozessstandard 2* regelt die Form, wie die Selbstevaluation durchgeführt wird. Die Vorbereitung, Durchführung und Analyse der Feedbacks erfolgt in einer sogenannten Q-Gruppe. Jede Lehrperson der Schule Dietlikon ist Mitglied in einer solchen Gruppe. Diese setzt sich aus vier bis sechs Lehrpersonen zusammen, die sich vier bis sechs Mal pro Schuljahr treffen. Die Q-Gruppen sind als professionelle Lerngemeinschaften für eine bestimmte Dauer angelegt. Die Mitglieder einer Q-Gruppe sollen sich gegenseitig unterstützen. Sie planen gemeinsam Feedbacks, indem sie zum Beispiel Qualitätsstandards bestimmen, situativ geeignete Feedbackinstrumente entwickeln oder im Gespräch ihr Forscherinteresse klären. Es ist möglich, dass im Laufe der Zeit auch Synergien bei der Erstellung von Fragebögen entstehen, wenn z. B. eine andere Lehrperson einen Themenkreis bereits behandelt hat. Anderseits unterstützen sich die Mitglieder einer Q-Gruppe beim Analysieren von Feedbacks. Jede Lehrperson in der Q-Gruppe erhält und gibt „Kommentare unter kritischen Freunden" und Hinweise beim Bestimmen der daraus abzuleitenden Konsequenzen.

Die Arbeit in der Q-Gruppe ist durch eine Vertraulichkeitsvereinbarung geschützt. Alles, was Lehrpersonen innerhalb der Q-Gruppe besprechen, wird vertraulich behandelt. Das beinhaltet auch die Ergebnisse der Feedbacks wie z. B. Umfrageresultate einer Klassenbefragung. Die Informationshoheit der Feedbacks liegt also in jedem Fall bei der Person, die das Feedback eingeholt hat.[51] So soll der *Qualitäts-Forscheranspruch* unterstützt werden und verhindert werden, dass Lehrpersonen nur Rückmeldungen zu Themen einholen, von denen sie wissen, dass sie dort stark sind. Am Schluss des Schuljahres bestätigen sich alle Mitglieder der Q-Gruppe gegenseitig in einer sogenannten Vollzugsmeldung die vollständige und sorgfältige Durchführung der Q-Gruppenarbeit (und sichern so die Einhaltung der Prozessstandards). Es wird damit auch eine Art kollegiale Halböffentlichkeit hergestellt, die das Vertrauen in die Verbindlichkeit und Seriosität der Selbstevaluation stärken soll. Gleichzeitig wird so auch ein stückweit den Zweifeln begegnet, ob die Selbstevaluation auch wirklich seriös gemacht wurde und die Antworten wirklich ernst genommen werden. Für den Fall, dass die Kooperation innerhalb einer Q-Gruppe schwierig ist, besteht die Möglichkeit, einen externen Coach oder Supervisor hinzuzuziehen, der ebenfalls an die Vertraulichkeitsvereinbarung gebunden ist.

3. Inhaltliche Festlegung der Fragestellungen

Im *Prozessstandard 3* wird definiert, welche Themenbereiche eine Lehrperson selbst evaluiert. Diese sollen sorgfältig ausgewählt werden und nicht bloß als (vordefinierte) Routinefragen oder Checklisten abgearbeitet werden. Folgende Leitfragen können den Lehrpersonen helfen, die Fragestellung(en) für ihre Befragung zu finden:

● Wozu besteht bei mir gerade Forschungsneugier?

● In welchen persönlichen Entwicklungsvorhaben kann Evaluation steuern helfen?

● Welche wichtigen Leitideen, Regeln, Abmachungen oder Entwicklungsvorhaben z. B. im Stufenteam oder an der Schule brauchen Kontrolle bzw. Evaluation?

● Bei welchen Unsicherheiten bzw. Dilemmata des Alltags kann mir Evaluation mehr Sicherheit schaffen?

● Bei welchen Ansprüchen an meinen Beruf ist besondere Sorgfalt geboten und kann Evaluation helfen, das Risiko von „Schäden" gering zu halten?

● Wo bahnen sich möglicherweise Probleme an, welche rechtzeitig auf den Tisch kommen sollen, damit sie sich nicht groß machen können?

● Welche Daten braucht es, um den Rechenschaftslegungspflichten nachzukommen? Welches sind die Selbstevaluationsregeln bzw. die Pflichtthemen der Schule?

● In welche „stille", länger etwas vernachlässigte „Ecke" sollte ich wieder mal einen Blick werfen? Diese Frage kann über eine Breitband-Erhebung geklärt werden.

---

[51] Dies im Gegensatz zu gewissen 360°-Feedbackmodellen in der Privatwirtschaft, wo die Ergebnisse teilweise der vorgesetzten Person offengelegt werden müssen bzw. von dieser eingeholt werden.

Als weiteres Hilfsmittel für die Planung der Selbstevaluation dient das Kompetenzprofil für Lehrpersonen an der Schule Dietlikon. Es wurde eigens dafür entwickelt und soll eine systematische Reflexion einerseits und eine Diskussion über die Kompetenzen von Lehrpersonen andererseits ermöglichen bzw. erleichtern. Im Folgenden soll kurz auf den Entstehungsprozess eingegangen und das Instrument selber vorgestellt werden[52].

In einem intensiven Arbeitsprozess wurde zuerst definiert, welche Kompetenzen eine gute Lehrperson ausmachen. Die folgenden Leitfragen waren der Ausgangspunkt für diese Auseinandersetzung mit den Qualitäten von Lehrpersonen:

- Welche Situationen sind für eine erfolgreiche Tätigkeit als Lehrperson entscheidend? Welche davon kommen häufig vor? Welche sind die wichtigsten? Wie verhalten sich erfolgreiche Lehrpersonen in diesen Situationen? Welches Verhalten zeigen sie dabei?

- Was unterscheidet erfolgreiche von weniger erfolgreichen Lehrpersonen? Was machen die Erfolgreichen zusätzlich, besser, schneller, sorgfältiger etc.?

- Was würde man sehen, spüren, hören, wenn man eine „Superlehrperson" einen Tag, eine Woche oder gar ein Jahr lang begleiten könnte? Was würde ein/e Vorgesetzte/r über eine solche Person sagen? Und was das Lehrerkollegium, die Schüler/innen, die Eltern?[53]

In vielen Diskussionen, anfänglich nur unter den Schulleitungen aller Schuleinheiten der Gemeinde Dietlikon, wurden Kompetenzen definiert und in einem Kompetenzprofil zu fünf Bereichen zusammengefasst (vgl. ▶ Tab. 3.1). Die so entstandene Diskussionsgrundlage wurde anschließend den Lehrpersonen der einzelnen Schuleinheiten vorgelegt, gemeinsam begutachtet, kommentiert, ergänzt und angepasst. Diese teilweise auch ringende Auseinandersetzung mit der Frage, was die Qualität einer Lehrperson ausmacht, wie und wo sie beobachtbar ist, war sehr fruchtbar und hat einen wichtigen Beitrag zur Entwicklung einer Qualitätskultur beigetragen. Aus diesem Grund spielte es auch keine so große Rolle, dass es sich streng formal gesehen nicht bei allen Formulierungen um Kompetenzen im engeren Sinne handelt und auch die Formulierungen nicht immer ganz präzise sind. Im Folgenden findet sich ein Auszug.

---

[52] Das Kompetenzprofil kommt zudem in Bewerbungsverfahren zum Einsatz. Es ist Grundlage für die Ausschreibung von neu zu besetzenden Stellen bzw. die Definition der Schlüsselkompetenzen. Das strukturierte Interview mit den Kandidaten/Kandidatinnen baut ebenfalls auf dem Kompetenzprofil auf.

[53] in Anlehnung an die Critical-Incidents-Technique vgl. Jetter (2008), S. 119.

Tab. 3.1 Kompetenzprofil für Lehrpersonen der Schule Dietlikon (Auszug)

A) Klassenführung

1) LP kann wertschätzend mit den Schüler/innen/der Klasse umgehen.

2) LP kann Schüler/innen begeistern (Motivationsfähigkeit).

3) LP ist zuversichtlich betreffend dem Lernerfolg der Lernenden und kann diese Zuversicht gegenüber den Lernenden spürbar machen (Zumutung und Zuversicht/„Du schaffst das!").

4) LP kann wahrnehmen, was in der Klasse passiert.

5) LP kennt Qualitätsmerkmale von gutem Classroom-Management, kann sie in der Praxis umsetzen und mit allfälligen Störungen im Klassenzimmer umgehen.

6) LP kann mit Eltern und Einzelschüler/innen, Gruppen und der ganzen Klasse konstruktive, informative Gespräche führen.

7) LP kann Gemeinschaftsbildung initiieren.

8) LP kann Deeskalationsformen mit Schüler/innen und Eltern einsetzen.

9) LP kann mit Beschwerden (von Schüler/innen und Eltern) umgehen und sie konstruktiv bearbeiten (Beschwerde-Management).

10) LP kann souverän auftreten.

11) LP kann sucht- und konfliktpräventiv mit Schüler/innen arbeiten (inkl. Mobbing).

12) …

B) Fachliche Kompetenz

1) LP verfügt über das fachliche Wissen in den Fächern, die sie unterrichtet.

2) LP verfügt über das nötige ICT-Know-how und kann Computer kompetent nutzen (für eigenes Arbeiten und die Arbeit mit den ICT-Zielen der Schule Dietlikon).

3) LP kann sich in allen nötigen Situationen in Standardsprache klar, differenziert und auf dem sprachlichen Niveau der unterrichteten Schüler/innen ausdrücken. (Sprachliche Kompetenz)

4) LP kann den Lernstand von Schüler/innen erheben, Schwächen, Lücken und Lernschwierigkeiten identifizieren.

5) LP kann entsprechende (Förder-)Maßnahmen treffen/einleiten bzw. verfügt über Förder-/Beratungsfähigkeiten (für Klassen und Einzelschüler/innen).

6) LP verfügt über für ihre Stufe relevantes Wissen in Lernpsychologie und hirngerechtes Lernen.

7) …

C) Didaktische Kompetenz

1) LP kann den Stoff verständlich aufbereiten und präsentieren.

2) LP kann personalisiertes Lernen initiieren, steuern und reflektieren lassen.

3) LP kann strukturierte Lerncoaching-Gespräche führen.

4) LP kann eine genügende Anzahl von didaktischen Formen in der Praxis kompetent einsetzen. (Welche?)

5) LP kann Lesestrategien von Sachtexten kompetent vermitteln und einsetzen.

6) LP kann Lernenden das Schreiben von Sachtexten vermitteln.

7) LP kann Leistungsfortschritte sichtbar machen (Klassen- und individuelle Fortschritte).

8) …

Tab. 3.1 (Fortsetzung)

D) Schulentwicklung, Zusammenarbeit

1) LP kann gut mit anderen zusammenarbeiten und andere arbeiten gerne mit der LP zusammen.

2) LP kann Zusammenarbeit planen und reflektieren.

3) LP hinterlässt Spuren an der Schule, an der er/sie arbeitet.

4) LP ist loyal gegenüber Führung und informiert die Schulleitung angemessen.

5) LP kann ihre Interessen zugunsten einer sachorientierten Problemlösung/Teaminteressen zurückstellen.

6) LP kann initiativ handeln.

7) LP teilt die Werte und Regeln der Schule und kann sie in (der alltäglichen) Arbeit umsetzen und sich aktiv dafür einsetzen.

8) LP kann einen Beitrag zu einem guten Arbeitsklima leisten.

9) …

E) Selbstmanagement

1) LP kann eine ausgeglichene Work-Life-Balance halten.

2) LP achtet auf eine ausgewogene Aufwand- und Ertragsbilanz (kann sich, wenn nötig, auch in einem gesunden Maß abgrenzen).

3) LP ist zuverlässig.

4) LP kann genau arbeiten.

5) LP kann schnell arbeiten.

6) LP kann konsequent handeln/ist konsequent. LP kann im richtigen Moment auch mal fünf gerade sein lassen.

7) LP hat eine positive Grundhaltung und verfügt über Zuversicht und kann dies gegenüber Schüler/innen auch sichtbar machen.

8) LP empfindet sich als selbstwirksam („Ich kann Schwierigkeiten bewältigen.").

9) LP kann mit den Anforderungen und/oder Belastungen umgehen.

10) LP kann Kritik annehmen (reagiert angemessen auf Veränderungsvorschläge).

11) LP kann mit Unsicherheit umgehen (nimmt Entwicklungen auch mal wie sie kommen).

12) LP pflegt in einem guten Rahmen die Selbstrepräsentation und Self-Branding.

13) LP kann flexibel reagieren.

14) LP kann in ihrem Rahmen Prioritäten setzen (Wo lohnt sich was?).

15) …

Im *Prozessstandard 3* wird zudem definiert, dass über vier Jahre Selbstevaluationen in allen Bereichen des Kompetenzprofils (vgl. ▶ Tab. 3.1) durchgeführt werden sollen.

4. Form der Befragung

Die Art der Befragung wird im *Prozessstandard 4* geregelt. Die Form der Evaluation ist stark abhängig von der Befragungsthematik und vom Alter der befragten Lernenden. Im Kindergarten und den unteren Primarklassen können gewisse Befragungen nicht eingesetzt werden: die Kinder können (noch) nicht lesen oder schreiben, überblicken nur kurze Zeiträume und können darum noch nicht so gut zu länger zurückliegenden Ereignissen oder Verhaltensweisen befragt werden und sich noch nicht so differenziert ausdrücken.

Den Lehrpersonen steht aus diesem Grund ein Werkzeugkoffer mit Selbstevaluations-methoden zur Verfügung, der je nach Fragestellungen und Interessen adäquate Erhebun-gen für die Selbstevaluation bietet. Es wird zwischen geschlossenen und offenen (meist schriftlichen) Befragungen und mündlich-dialogischen und symbolhaften Befragungen unterschieden. Für jede dieser Kategorien werden konkrete Methoden beschrieben, wel-che die Lehrpersonen einsetzen können. Da ein zu häufiger Einsatz derselben Erhebungs-methode die befragten Personen abstumpfen kann, sind Abwechslung und gute Dosierung ebenfalls Bestandteil des Prozessstandards 4. Als technisches Hilfsmittel und Unterstüt-zung steht den Lehrpersonen eine Online-Plattform zur Verfügung. Diese erlaubt auch den Zugriff auf früher (von anderen Lehrpersonen) erstellte Online-Fragebogen, was den Austausch von Befragungsinstrumenten ermöglicht. Eltern, Lehrpersonen und Schüler/innen ab ca. der dritten Primarklasse können Fragebogenerhebungen mittels automatisch generierter Zugangscodes online völlig anonym ausfüllen. Nach Abschluss der jeweiligen Umfragen liegen die Ergebnisse in einem automatisch generierten Schlussbericht statis-tisch ausgewertet vor. Anschließend findet gemäß Prozessstandard 2 in der Q-Gruppe die Diskussion der Ergebnisse und der daraus gezogenen Konsequenzen statt.

5. Anonymität
Der *Prozessstandard 5* sieht vor, dass die Feedbacks grundsätzlich anonym eingeholt wer-den. Es gibt jedoch Settings, in denen die Anonymität nicht gewährleistet werden kann (z. B. bei einer sehr kleinen Anspruchsgruppe oder bei mündlichen Feedbacks) bzw. ein Befragungsinteresse keine Anonymität zulässt oder nicht sinnvoll ist. In diesem Fall ist die Wahl des Vorgehens zu begründen.

6. Form der Dokumentation
Im *Prozessstandard 6* wird geklärt, wie die eingeholten Feedbacks dokumentiert werden. Ziel des Dokumentierens ist eine für die Lehrperson selber hilfreiche und gewinnbrin-gende Selbstreflexion über die eingeholten Feedbacks bzw. deren Ergebnisse und der dar-aus erfolgten Erkenntnisse und Umsetzungen. Die Form der Dokumentation trägt einen relativ großen Teil dazu bei, ob diese individuell als hilfreich erlebt wird oder nicht. Aus diesem Grund sind die formalen Vorgaben dafür sehr zurückhaltend formuliert. Zuhan-den der Schulleitung beschreibt die Lehrperson jeweils schriftlich die Thematik und die Art der Befragung sowie die daraus gezogenen Konsequenzen, den Handlungsbedarf und die Überlegungen zu den erhaltenen Feedbacks, jedoch nicht zwingend die Resultate selber.

▶ Abb. 3.2 zeigt das Beispiel einer Dokumentation einer Breitbanderhebung. Die Lehrperson legte dabei ohne Weiteres die detaillierten Ergebnisse offen, auch wenn sie kritisches Feedback enthalten. Dies ist nur denkbar in einer von Vertrauen geprägten Feed-backkultur, in der auch Fehler und Schwächen erlaubt sind und es möglich ist, diese anzu-nehmen und daran zu arbeiten.

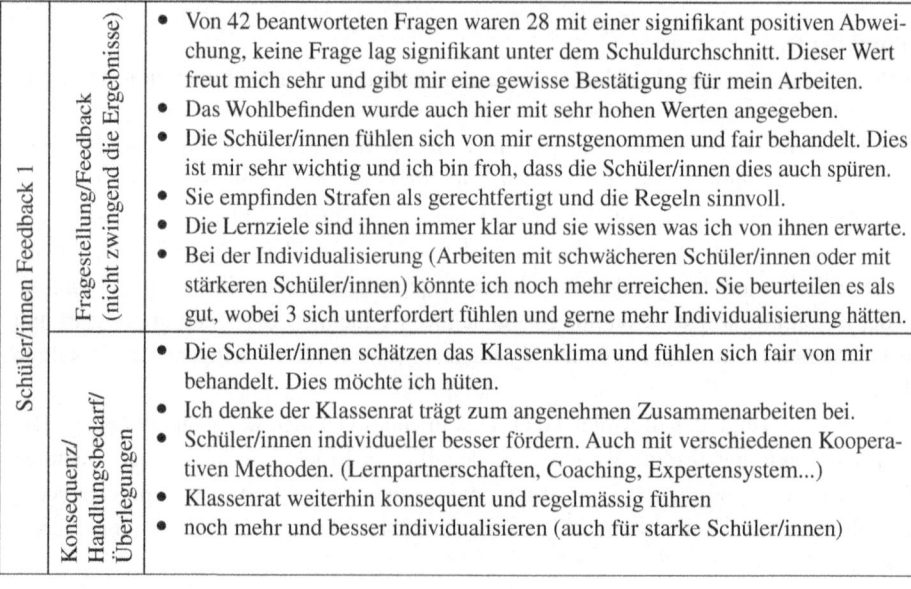

Nr.	Wie gut sind deiner Meinung nach die folgenden Aussagen erfüllt?	N=16 5= sehr gut 4 = gut 3 = genügend 2 = schlecht 1 = sehr schlecht	Weiss nicht	leer	Anteil „gut" und „sehr gut"	Abweichung vom Schuldurchschnitt (Sekundarstufe)
2	Ich fühle mich wohl in dieser Klasse.			0	100%	+
29	Meine Klassenlehrperson gibt den Schülerinnen und Schülern unserer Klasse oft unterschiedliche Aufgaben, je nach ihrem Können.			0	38%	n.s.

Abb. 3.2 Ergebnisse Schüler/innen-Feedback einer Breitband-Erhebung auf Klassenebene (Auszug)

In der anschließenden Dokumentation (▶ Abb. 3.3) interpretiert die Lehrperson die Feedbacks und hebt Wichtiges hervor.

Schüler/innen Feedback 1	Fragestellung/Feedback (nicht zwingend die Ergebnisse)	• Von 42 beantworteten Fragen waren 28 mit einer signifikant positiven Abweichung, keine Frage lag signifikant unter dem Schuldurchschnitt. Dieser Wert freut mich sehr und gibt mir eine gewisse Bestätigung für mein Arbeiten. • Das Wohlbefinden wurde auch hier mit sehr hohen Werten angegeben. • Die Schüler/innen fühlen sich von mir ernstgenommen und fair behandelt. Dies ist mir sehr wichtig und ich bin froh, dass die Schüler/innen dies auch spüren. • Sie empfinden Strafen als gerechtfertigt und die Regeln sinnvoll. • Die Lernziele sind ihnen immer klar und sie wissen was ich von ihnen erwarte. • Bei der Individualisierung (Arbeiten mit schwächeren Schüler/innen oder mit stärkeren Schüler/innen) könnte ich noch mehr erreichen. Sie beurteilen es als gut, wobei 3 sich unterfordert fühlen und gerne mehr Individualisierung hätten.
	Konsequenz/ Handlungsbedarf/ Überlegungen	• Die Schüler/innen schätzen das Klassenklima und fühlen sich fair von mir behandelt. Dies möchte ich hüten. • Ich denke der Klassenrat trägt zum angenehmen Zusammenarbeiten bei. • Schüler/innen individueller besser fördern. Auch mit verschiedenen Kooperativen Methoden. (Lernpartnerschaften, Coaching, Expertensystem...) • Klassenrat weiterhin konsequent und regelmässig führen • noch mehr und besser individualisieren (auch für starke Schüler/innen)

Abb. 3.3 Dokumentation des Schüler/innen-Feedbacks (Auszug)

Im Mitarbeitergespräch mit der Lehrperson wurden die Konsequenzen aus dem oben beschriebenen Beispiel konkretisiert (Handlungsbedarf bei Frage 29 festgestellt) und gemeinsam mit der Schulleitung Maßnahmen definiert, wie sich die Lehrperson in diesem Bereich verbessern kann. Auch bei den bestätigenden Feedbacks (bei Frage 2) wird gemeinsam festgehalten, was die Lehrperson tut, um die Qualität zu erhalten.

7. Feedback an die Feedbackgebenden

Nach Abschluss der Auswertung, Analyse, Reflexion und Dokumentation des Feedbacks schreibt der *Prozessstandard 7* (Feedback an die Feedbackgebenden) zwingend vor, dass die Feedbackgebenden eine Rückmeldung erhalten, wie ihr Feedback gedeutet wurde und welche Schlüsse daraus gezogen wurden. Mit Schüler/innen ist meist eine mündliche Validierung möglich bzw. gewinnbringend. Eltern werden meist schriftlich informiert. Auf diese Weise werden die Feedbackgebenden wertgeschätzt und sehen, dass ihr Feedback etwas bewirkt.

8. Kontrolle Seriosität, Plausibilität und Vollständigkeit durch die vorgesetzte Stelle

Gemäß *Prozessstandard 8* stellt jede Lehrperson alle vier Jahre ihre dokumentierten Feedbacks (mindestens vier pro Jahr) in einem sogenannten Portfolio zusammen. Dieses Portfolio wird von der direkt vorgesetzten Schulleitung, dem Personalkoordinator und dem zugeteilten Behördenmitglied gelesen und kommentiert. Die Schulleitung fasst die Kommentare zusammen und es findet abschließend ein vertieftes Portfoliogespräch über die Dokumentation statt. Folgende Punkte werden dabei besprochen:

- Positive Würdigung der Feedback- bzw. Dokumentationsarbeit: was war spannend, interessant, was ist aufgefallen?

- Vorkommende inhaltliche Inputs.

- Wie gut wurde das Ziel der für die Lehrperson hilfreichen Selbstreflexion erreicht?

- Wie gut sind die Vorgaben erfüllt, bzw. die Prozessstandards eingehalten?

- Plausibilitäts- und Vollständigkeitsprüfung.

- Wie groß war der Aufwand für die Feedbackarbeit und die Dokumentation in Relation zum Ertrag?[54]

- Welche Erkenntnisse sind für die Führung oder andere Lehrpersonen wichtig?

Werden die genannten Zielgrößen und Vorgaben nicht erreicht, wird gemeinsam besprochen, welches die Ursachen dafür sind und welche Veränderungen ergriffen werden können/müssen.

---

[54] Der Ertrag muss jederzeit größer sein als der Aufwand.

Parallel zur Arbeit der Selbstevaluation trägt die Auseinandersetzung mit gutem Unterricht auf individueller und auf Team-Ebene dazu bei, dass die Diskussion über Unterrichtsqualität immer präsent und aktuell ist.

9. Weiterbildung

Lehrpersonen verstehen sich an der Schule Dietlikon selbst als Lernende und leiten daraus das Recht auf und die Verpflichtung zu Weiterbildung ab. Der *Prozessstandard 9* definiert die zeitlichen und thematischen Rahmenbedingungen dafür. Jede Lehrperson absolviert gemäß ihrem Anstellungsgrad eine Anzahl Stunden (ungefähr fünf Prozent der Jahresarbeitszeit) an individueller Weiterbildung. Dafür steht ihr ein entsprechend großzügiger Geldbetrag zur Verfügung. Thematisch orientieren sich die Weiterbildungen am Kompetenzprofil für Lehrpersonen der Schule Dietlikon (siehe Prozessstandard 3) bzw. an erhaltenen Feedbacks. Über einen Zeitraum von vier Jahren sollen Weiterbildungen in allen Bereichen des Kompetenzprofils besucht werden. Ist dies nicht der Fall oder entspricht die Weiterbildungstätigkeit nicht den Vorgaben, wird dies im jährlichen Mitarbeitergespräch thematisiert. Auf Ebene Team sind vier Weiterbildungstage für die Auseinandersetzung mit Unterrichtsqualität und Entwicklungsvorhaben der Schule als Ganzes reserviert. Zusätzlich werden gemeinsame oder individuelle „Blicke über den Zaun" geworfen, indem erfolgreiche Schulen mit innovativen Konzepten besucht werden. Anschließend werden im Team die so gesammelten Erkenntnisse ausgetauscht: Was machen andere Schulen besser als wir? Was könnten wir davon umsetzen?

Jährlich findet zudem eine institutionalisierte pädagogische Sitzung statt zum Thema *Was ist guter Unterricht?* bzw. *Was sind Merkmale, die auf guten Unterricht schließen lassen und wie ist er unter den gegebenen Rahmenbedingungen beobachtbar?* Allen Beteiligten ist dabei bewusst, dass Unterrichten eine hochkomplexe Aufgabe ist. *Den guten Unterricht* gibt es nicht. Trotzdem ist es hilfreich, wenn sich die Schulteams in aller Offenheit darüber austauschen. Es existieren an der Schule Dietlikon drei verschiedene Zusammenstellungen von Qualitätsmerkmalen, die für diese Diskussionen hilfreich sein können. Sie weisen jeweils unterschiedliche Detaillierungsgrade auf: von einer rudimentären Merkhilfe mit fünf Begriffen (wie Klarheit, Klima, Konzentration, Kick, Kontrolle) über eine Liste mit zehn Merkmalen hin zu einer hochkomplexen Checkliste, die unzählige Beobachtungspunkte und Indikatoren enthält. Diese Listen werden in der Diskussion ergänzt, kritisiert und angepasst und dienen dann als Orientierung bei der Auseinandersetzung mit Unterrichtsqualität.

10. Sorgenfall

Der *Prozessstandard 10* regelt, wie innerhalb der 360°-Feedbackkultur mit Situationen umgegangen wird, in denen Lehrpersonen ihren Berufsauftrag nicht oder nur ungenügend erfüllen oder die Prozessstandards wiederholt nicht einhalten.

Gemäß den Empfehlungen der ETH-Studie (EvaMAB) wurde die ursprüngliche vierstufige Skala durch eine zweistufige Skala (erfüllt/nicht erfüllt) abgelöst. Jährlich wird an einem sogenannten Personalgespräch entschieden, ob die Lehrpersonen aufgrund aller vorliegenden Informationen (aus den Schulbesuchen, Mitarbeitergesprächen und anderen Angaben) ihren Berufsauftrag erfüllen. An diesem Gespräch nehmen der Schulpräsident, der Vizepräsident, die vorgesetzte Schulleitung und der Schulleitungskoordinator teil. Bei erheblichen Qualitätsdefiziten wird eine Lehrperson zu einem sogenannten *Sorgenfall* erklärt. In Anlehnung an Strittmatter/Ender ist dies der Fall, wenn die Lehrperson

- „[…] in der Auftragserfüllung (wirksamer Unterricht, Mitwirkung an der Schulführung und Schulentwicklung, übertragene Spezialaufgaben) manifest versagt oder gefährdet erscheint bzw.

- andere in deren Auftragserfüllung oder deren Würde erheblich beeinträchtigt bzw.

- in anstößiger Weise anerkannte Regeln (z. B. anstellungsrechtliche Pflichten, Standesregeln, strafrechtlich relevantes Verhalten) verletzt und

- worüber ernstzunehmende Indikatoren vorliegen (Beobachtungen, [anhaltende gleich lautende] Klagen Dritter, womöglich durch verschiedene unabhängige Quellen erhärtet)."[55]

In der Realität ist es jedoch meist so, dass die Einschätzung von Mängeln nicht immer ganz eindeutig und objektivierbar ist bzw. Lehrpersonen teilweise am Sorgenfall „vorbeischrammen". Deshalb muss sorgfältig abgewogen werden und anhand einer definierten Checkliste eine detaillierte Einschätzung der Situation vorgenommen werden, bevor entschieden wird, ob das Sorgenfallprozedere in Gang gesetzt wird. Die Beantwortung der folgenden Fragen haben Auswirkungen auf das weitere Vorgehen (Auszug):

- Wie akut ist das Problem?

- Liegen formale Beschwerden vor?

- Wie objektivierbar bzw. diffus sind die Vorwürfe?

- Verneint die betroffene Person die Situation/die Mängel? Ist ein Lösungswille erkennbar?

- Wer leidet unter der Situation? Die Lehrperson? Die Schüler/innen?

- Welche Bereiche des Kompetenzprofils für Lehrpersonen an der Schule Dietlikon sind gefährdet bzw. betroffen? (siehe Prozessstandard 3)

Diese sorgfältige Prüfung ist nötig, da das Risiko und die Folgen eines „Schadens" für alle Beteiligten bei ungerechtfertigtem, vorschnellem oder ungeschicktem Handeln groß sein können.

Falls die Beteiligten des Personalgespräches zum Schluss kommen, dass eine Person ein Sorgenfall sein könnte, soll das Sorgenfallprozedere zum Schutz aller engagierten Lehrpersonen unmittelbar angegangen werden. Der Ablauf, der nun in Gang gesetzt wird,

---

[55] Strittmatter, Ender (2010), S. 74.

ist genau definiert und jederzeit für alle Beteiligten transparent. So können alle Beteiligten den definierten Prozess auch einfordern. Im Folgenden soll der Ablauf stark vereinfacht beschrieben werden.

Als erster Schritt erfolgt ein Gespräch, an dem die betroffene Lehrperson mit den Mängeln konfrontiert wird. Anschließend unterscheidet sich der weitere Verlauf:

- Falls die Lehrperson in die Vorhaltungen einwilligt, das Problem anerkennt bzw. Veränderungswillen zeigt: Es wird gemeinsam erörtert, welche Maßnahmen zum „Beheben" der Mängel nötig sind (zum Beispiel Zielvereinbarungen, Coaching, Weiterbildung etc.).

- Falls die Lehrperson das Problem verneint und mit Widerstand bzw. Zurückweisung der Vorwürfe reagiert: Auf der Führungsebene wird versucht, mehr Informationen zu erhalten und Abklärungen zu treffen. Gleichzeitig werden die Erwartungen an die Lehrperson definiert und anschließend in einem weiteren Gespräch kommuniziert. Falls die Lehrperson zu diesem Zeitpunkt einwilligt, wird nach dem Ablauf oben verfahren. Willigt sie nicht ein, werden auf der Führungsebene Maßnahmen definiert, die in letzter Konsequenz zur Auflösung des Arbeitsverhältnisses führen können. Dies auch, weil die Grundhaltung des *Besser-werden-wollens* und die Forscherhaltung nicht (mehr) gegeben sind.

Während der Sorgenfallbearbeitung können auch andere Prozessstandards variieren. So kann es vorkommen, dass die Sorgenfall-Lehrperson ihre Feedbacks nicht mehr frei gestalten kann, sondern dass ihr vorgegeben wird, bei wem und zu welchem Thema sie Feedbacks einholen soll.

11. Meta-Evaluation/Wirksamkeit

Mit verschiedenen Maßnahmen soll regelmäßig überprüft werden, ob bzw. wie gut die Prozessstandards 1-10 eingehalten werden. Diese sind wiederum im *Prozessstandard 11* beschrieben. Es wird dabei zwischen interner und externer Evaluation des Systems unterschieden. Intern wird zum Beispiel jährlich eine Ertragskontrolle durchgeführt, indem in einem mündlichen Evaluationsprozess der Aufwand und der Ertrag des 360°-Feedbacks evaluiert und besprochen werden. Dies geschieht einerseits in allen Mitarbeitergesprächen, an denen dieser Punkt ein Standardthema ist. Andererseits wird auch im Schulteam anonym die Ertragskontrolle evaluiert. Auch die periodische Befragung der Anspruchsgruppen zu ihrer Einschätzung und Wirksamkeit der Feedbackarbeit ist fester Bestandteil: Haben die Befragten (z. B. Schüler/innen oder Eltern) den Eindruck, dass ihre Feedbacks ernst genommen werden und dass diese etwas Positives bewirken? Zielgröße ist hier eine klar positive Einschätzung. Falls dies nicht der Fall sein sollte, müssen individuell bzw. in der Q-Gruppe der Veränderungsbedarf bzw. die Konsequenzen formuliert werden.

Da es schwierig ist, bei der individuellen Feedbackarbeit neben formalen auch inhaltliche Standards bzw. objektive messbare Kriterien zu definieren, wurde vereinbart, dass die eingeholten und analysierten Rückmeldungen für die Lehrperson eine strukturierte Selbstreflexion darstellen sollen, die für sie selber hilfreich sind. Ob diese als hilfreich wahrgenommen werden, wird wiederum an einer Selbsteinschätzung gemessen.

In jedem Mitarbeitergespräch ist das Sprechen über Feedbackarbeit ein fester Bestandteil. Dabei wird vom direkten Vorgesetzten thematisiert, wie hilfreich die Selbstevaluation im vergangenen Jahr war. Wenn auf der zehnstufigen Skala (zehn bedeutet ideal hilfreich und null das Gegenteil) nicht mindestens der Wert sieben erreicht wird, ist dies Anlass zur gemeinsamen Suche nach Verbesserungsmöglichkeiten bzw. genauerem Nachfragen, wie im kommenden Jahr der Wert sieben erreicht werden kann.

Die Schule Dietlikon unterzieht sich periodisch externen Meta-Evaluationen. Diese überprüfen die Güte der Selbstevaluation und die Einhaltung der Prozessstandards bzw. deren Auswirkungen. Die Schule Dietlikon erhält so Feedback zu ihrer Entwicklungs- und Evaluationsarbeit. Zielvorgabe bei Meta- bzw. externen Evaluationen ist, in Bereichen wie *Forscherhaltung der Lehrpersonen und der Gesamtschule, Möglichkeit von Eltern und Schüler/innen, sich einbringen zu können, Bemühung um Qualität, Verbesserungsstreben* etc. klar im Gut-Bereich zu liegen bzw. in der externen Evaluation der Fachstelle für Schulbeurteilung deutlich über dem Durchschnitt der vergleichbaren Schulen in der Vergleichsgruppe (Schulen im Kanton Zürich) zu sein. Eine ständige Arbeitsgruppe analysiert neue Ergebnisse und plant bei Nichterreichung der Zielvorgaben die nötigen Maßnahmen. In den letzten zwölf Jahren wurde die Sekundarschule Dietlikon drei Mal einer externen Evaluation durch die Fachstelle für Schulbeurteilung des Kantons Zürich unterzogen, zuletzt im Jahre 2014. Die Fachstelle stützte dabei ihre Beurteilung auf die Dokumentenanalyse, einem dreitägigen Besuch durch ein Team von drei Personen, eine schriftliche Befragung aller Eltern (43 Items), Schüler/innen (42 Items) und Lehrpersonen (64 Items) und Interviews mit allen Lehrpersonen und Fokusgruppen von Schüler/innen und Eltern. Die Resultate und die Beurteilung der Schule wurden nach Abschluss der Evaluation in einem rund 70-seitigen Bericht festgehalten.

Mein Fazit zum Stand des 360°-Feedbacks als Teil der Personalentwicklung

Allgemein kann festgestellt werden, dass die erwünschten Wirkungen, welche mit der Einführung des 360°-Feedbacks und der dazugehörigen Standards angestrebt wurden, erreicht wurden. Die meisten der im Folgenden benannten Auswirkungen lassen sich anhand externer Evaluationen belegen.

Die *neue Mitarbeiterbeurteilung* auf Basis eines 360°-Feedbacks konnte als Förderinstrument der Personalentwicklung etabliert werden. Der Unterricht wurde kontinuierlich verbessert, das Gespräch und die Reflexion zwischen allen Beteiligten über Unterrichtsqualität wurden ermöglicht und vertieft. Die Feedbacks liefern heute wertvolles Steuerungswissen für Entwicklungsvorhaben (auf der individuellen Ebene wie auf der Ebene der Organisation), die Schüler/innen und Eltern haben die Möglichkeit sich einzubringen und übernehmen so auch formal einen Teil der Verantwortung für den Lernerfolg. Mängel und Erfolge werden sichtbar gemacht und Qualitätsnormen/Indikatoren sind geklärt bzw. werden systematisch für alle Veränderungsprozesse definiert.

Die Schule verfügt als wichtigste und wohl wertvollste Folge der Auseinandersetzung mit Feedback, Evaluation und Schulqualität über eine etablierte und allseits anerkannte Evaluationstradition. Aus der jahrelangen individuellen Arbeit mit dem 360°-Feedback entstand eine allgemeine Feedback-Kultur, die sich auf alle Bereiche der Sekundarschule Dietlikon ausweitete. So wurde es selbstverständlich, auf der Ebene der Organisation zu wichtigen Bereichen konsequent Feedbacks einzuholen. Diese Feedbacks und deren sorgfältige Auswertung liefern heute wichtige und unerlässliche Informationen.

Gleichzeitig entwickelte sich mit der Feedbacktradition eine Haltung, bei der es normal ist, dass alle Mitarbeitenden der Schule aktiv Feedback einholen und gut entgegennehmen, auch wenn das Feedback negativ ist, immer im Wissen darum, was man selber gut kann und dem Wunsch, sich selber weiter zu entwickeln. Das ist eine Fähigkeit, die mittlerweile an der Schule Dietlikon zum professionellen Selbstverständnis aller Mitarbeitenden gehört. In der schriftlichen Befragung der externen Schulevaluation beurteilten alle befragten Lehrpersonen die Aussage *Die Qualitätsentwicklung hat an unserer Schule eine grosse Bedeutung* als gut oder sehr gut zutreffend. Die Evaluation von Prozessen ist bei allen Mitarbeitenden zur Selbstverständlichkeit geworden. Jede Planung beginnt mit der Qualitätsdiskussion: Welche Indikatoren sollen erreicht werden und welche davon sind wie messbar? In vielen Bereichen verfügt die Schule zudem über Vergleichszahlen aus den Vorjahren und kann so Entwicklungen, Verschlechterung von Prozessen etc. gut erkennen. Auch die Eltern nehmen gemäß externer Evaluation diese Feedbackkultur wahr: „Fast alle Eltern stimmten der Aussage, dass sich die Schule dafür einsetze, die Qualität zu verbessern, in hohem Maß zu. Das erreichte Resultat dieser Aussage zählt zu den höchsten der bisher erreichten Werte im Kanton (ELT 090). Das Schulteam erweitert sein Wissen in regelmäßigen Weiterbildungen und eine externe Beratungsagentur bringt zusätzliches Fach- und Prozesswissen ein."[56]

Die in ▶ Abb. 3.4 dargestellten Zahlen der letzten externen Evaluation (Befragung aller 192 Eltern mit einem Online-Fragebogen) illustrieren, dass die Feedbackkultur auch von den Eltern deutlich wahrgenommen und geschätzt wird.

Die Feedbackkultur, die bereits vom Kindergarten her aufgebaut wird, hat aber auch wertvolle Auswirkungen auf die Fähigkeiten der Schüler/innen Feedbacks zu geben. Die Quote von undifferenzierten „Rache-Feedbacks" oder „durchgeklickten" Online-Fragebögen tendiert bei den Schüler/innen gegen Null. Die qualitativen verbalen Rückmeldungen von Schüler/innen sind in den letzten Jahren stetig differenzierter und besser formuliert worden. Alle Schüler/innen geben während ihrer ganzen elfjährigen Schulzeit ihren Lehrpersonen unzählige Feedbacks und lernen auf diese Weise selber viel über Unterrichtsqualität und den Umgang mit Lob und Kritik.

So schreiben beispielsweise neunjährige Schüler/innen der 3. Klassen in einer Umfrage zu kooperativem und selbstorganisiertem Lernen: „Mir gefällt, dass man viel zusammen arbeiten kann :-)", „Ich finde es gut, dass wir Placemats zu unseren Themen machen", „Ich habe gerne Rechnen, weil man sich konzentrieren muss. Ich habe sonst noch gerne Klassenrat, weil man dort die Probleme sagen kann." Schüler/innen der Sekundarschule schreiben z. B.: „Ich mag es, dass wir solche Umfragen machen, damit der Lehrer sich auch bewusst ist, wo er sich verbessern sollte und was man von ihm hält. Was mir allgemein

---

[56] Evaluationsbericht der Fachstelle für Schulbeurteilung des Kantons Zürich, Schule Hüenerweid, Dietlikon, Evaluation 2013/2014, S. 33. Vgl. Internetverweise.

gefällt ist, dass wir kooperative Arbeiten machen, damit man sich gegenseitig helfen kann und dass man mehr Freude hat am Lernen mit den anderen.", „Ich finde, das Lernatelier ist ziemlich wichtig. Doch für die dritten Klassen war es dieses Jahr schwer, sich alleine auf die Berufsmittelschul- und Gymnasium-Aufnahmeprüfung vorzubereiten. Dies würde ich ändern. Danke.", „Ich finde das kooperative Lernen gut und es macht auch Spass z. B. das Gruppenturnier oder Lernpartner. Was ich gar nicht mag ist TPS [Think-Pair-Share]. Ich finde das mega unnötig, weil man ständig Sachen präsentieren muss. Da ist man immer nervös, weil man etwas nicht verstanden hat oder nicht weiss, was man sagen soll […]. Ich weiss, dass man lernen muss alleine klarzukommen und in der Klasse etwas beizutragen. Sonst finde ich das selbstorganisierte Lernen sehr gut!!"

Auf dem „Umweg" über die Q-Gruppen ist es in den letzten zehn Jahren gelungen, aus mehr oder weniger einzeln arbeitenden Lehrpersonen gut funktionierende, professionelle Lerngemeinschaften aufzubauen. In den ersten Jahren des 360°-Feedbacks trafen sich die Lehrpersonen in ihrer Q-Gruppe „nur" zu Themen, die mit der Selbstevaluation zu tun hatten (Vorbereiten und Analysieren der 360°-Feedbacks). In der Zwischenzeit wird in diesen Gruppen Unterricht vorbereitet, Leistungen und Verhalten von Schüler/innen diskutiert sowie Fragen, Schwierigkeiten und Sorgen ausgetauscht. So konnten (neben anderen Maßnahmen der Personalentwicklung) gemeinsam geteilte Normen und Werte aufgebaut und die Kooperation gefördert werden. Dies führte auch zu einer Fokussierung auf die Schüler/innen bzw. auf deren Lernprozesse sowie zu einer Kultur der Deprivatisierung des Unterrichts. Es wurde zu einer Selbstverständlichkeit, den reflektierenden Dialog zu pflegen und als stärkendes Element in der täglichen pädagogischen Arbeit wahrzunehmen. Dies stellte auch die letzte externe Evaluation fest und schrieb in ihrem Bericht zum Qualitätsmerkmal der verbindlichen Kooperation: „Die Teammitglieder arbeiten im Schulalltag engagiert und motiviert zusammen. Der Austausch über die Umsetzung von vereinbarten Lehr- und Lernmethoden sowie über ein gemeinsames Verständnis von gutem Unterricht ist hochstehend."[57]

Im Rückblick zeigt sich auch, was bereits bei der Einführung des 360°-Feedbacksystems unsere Überzeugung war: Die Haltung und das Menschenbild aller Beteiligten ist für die Qualität von Personalentwicklung zentral. Die klare Orientierung der Prozessstandards an den Ressourcen, das grundsätzliche Vertrauen in die Mitarbeitenden und die Abkehr von der Fehlersuchhaltung, welche die kantonale Mitarbeiterbeurteilung (zumindest in den ersten vier Jahren) prägte, hin zum positiven Qualitätsverdacht waren wichtige Gelingensfaktoren im Prozess. Es zeigte sich zudem, dass es richtig war, in diesem Prozess viel Spielraum zu lassen und die Lehrpersonen in ihrer Entwicklung nicht zu gängeln, sondern ihnen als *Mitunternehmer* Verantwortung zu übertragen, auch wenn dies von den Vorgesetzen Geduld und Zuversicht brauchte. In den Anfangsjahren wurden von den Lehrpersonen häufig Bereiche abgefragt, von denen sie wussten, dass sie in diesen Bereichen gute Feedbacks erhalten würden („Schönwetterumfragen"). Mit zunehmender Erfahrung und mit der Sicherheit, dass die Schüler/innen sehr wohl fähig und gewillt sind, differenzierte Feedbacks zu geben, trauten sich die Lehrpersonen auch

---

[57] Evaluationsbericht der Fachstelle für Schulbeurteilung des Kantons Zürich, Schule Hüenerweid, Dietlikon, Evaluation 2013/2014, S. 34. Vgl. Internetverweise.

Nr.	Wie gut sind deiner Meinung nach die folgenden Aussagen erfüllt?	(N=192) 5= sehr gut/sehr zufrieden 4 = gut/zufrieden 3 = genügend/teilw. zufrieden 2 = schlecht/unzufrieden 1 = sehr schlecht/sehr unzufrieden / Weiss nicht	Leer	Anteil „gut" und „sehr gut" bzw. „zufrieden" und „sehr zufrieden"	Mittelwert der Schule (Sek Dietikon) und aller Schulen im Kanton ZH	Abweichung vom kantonalen Durchschnitt (Sekundarschulen)	durchschnittlicher Wert der 5% Sekundarschulen mit den höchsten Werten
ELT S 090.00	Die Schule setzt sich dafür ein, die Qualität zu verbessern.		5	90%	4.25 (ø Kanton: 3.86)	+	4.25
ELT S 100.00	Ich fühle mich mit meinen Anliegen von der Schule ernst genommen.		6	84%	4.26 (ø Kanton: 3.79)	+	4.26
ELT S 104.00	Ich weiss, an wen ich mich mit Fragen zur Schule, mit Anregungen oder Kritik wenden kann.		7	91%	4.38 (ø Kanton: 3.96)	+	4.38

ELT S 105.00	Es ist an dieser Schule gut möglich, Anregungen zu machen oder etwas zu kritisieren.	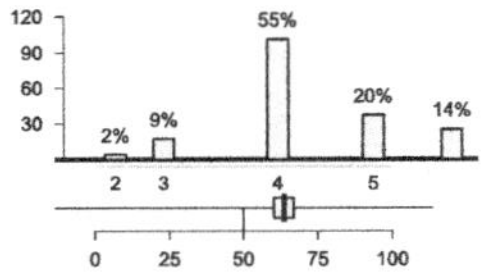	8	75%	4.06 (ø Kanton: 3.51)	+	4.08
ELT S 106.00	Die Schule fragt uns von Zeit zu Zeit nach unserer Meinung über Anlässe, Projekte, Neuerungen etc.	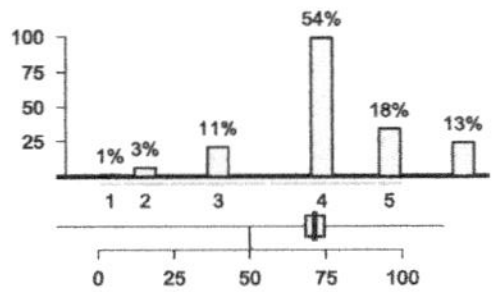	7	72%	3.93 (ø Kanton: 3.13)	+	3.73
ELT S 001.00	Mit dem Klima an dieser Schule bin ich…	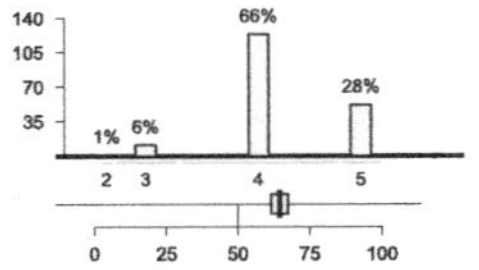	4	94%	4.20 (ø Kanton: 3.67)	+	4.21
ELT S 098.00	Mit der Art, wie die Schule uns Eltern teilhaben lässt, bin ich…	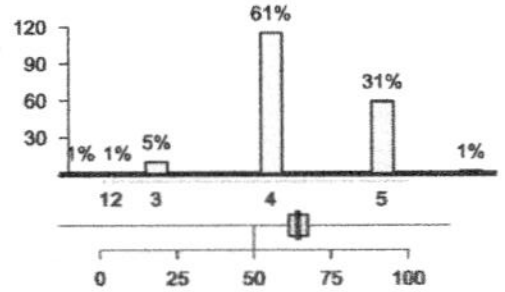	4	90%	4.18 (ø Kanton: 3.69)	+	4.20
ELT S 063.00	Mit der Führung dieser Schule bin ich…	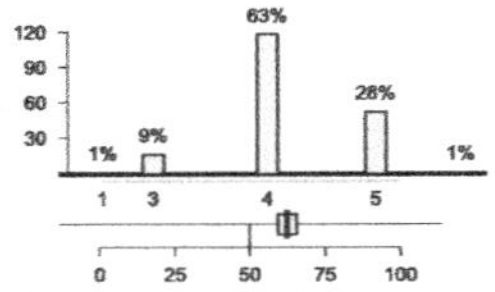	4	93	4.25 (ø Kanton: 3.8)	+	4.34

Abb. 3.4 Resultate der externen Evaluation der Sekundarschule Dietlikon (Auszug Elternbefragung)

in etwas „unbeleuchtete", „staubigere" Ecken zu blicken und auch negatives Feedback entgegenzunehmen, um daraus entsprechende Konsequenzen zu ziehen und wertvolle Entwicklungsvorhaben umzusetzen.

Nach viel Euphorie, Mut, Engagement und Innovation am Anfang kam es nach ungefähr acht Jahren Selbstevaluation bei einigen Lehrpersonen zu einem schleichenden Verlust der Sinnhaftigkeit und der Disziplin in der Durchführung der definierten Prozesse. Einerseits kamen neue Lehrpersonen, welche die Einführung des 360°-Feedbacks nicht mehr miterlebt hatten, in die Teams und andererseits zeichneten sich bei einigen Mitarbeitenden Ermüdungserscheinungen, Routineerleben und Methodenmonotonie ab. Zudem bildete sich in den Schuleinheiten teilweise auch eine divergierende Praxis im Umgang mit den Prozessstandards heraus. Dies ist sicher ein normaler Vorgang, der in allen Organisationen zu beobachten ist, wenn Mitarbeitende in ihrer Praxis zu lange „alleine" gelassen werden. Auch wenn versucht wurde, dieses Problem führungsmäßig mit einer guten Begleitung zu mindern, zeigte sich, dass diesem Phänomen bisher zu wenig Beachtung geschenkt worden war und das System eine Wartung nötig hatte.

Es sollten darum gemeinsam mit allen Beteiligten folgende Fragen geklärt werden: Was läuft gut? Was nicht? Was ist der Ertrag? Wo gibt es Nachbesserungsbedarf in den Prozessstandards? Wie kann dem System wieder neue Energie verliehen werden? An einem Weiterbildungstag mit allen Lehrpersonen der Schule Dietlikon wurden der Sinn, die Ziele, Kernelemente und Prozessstandards der systematischen Selbstevaluation im 360°-Feedback noch einmal aufgezeigt und bekräftigt. Auch erhielten die Lehrpersonen praktische Inputs zur Evaluationsarbeit. Neben der Neuregelung, dass neue Mitarbeitende noch gezielter ins 360°-Feedback eingeführt werden, ergaben sich aus der Arbeit an diesem Tag zahlreiche kleinere Hinweise und Verbesserungen, die umgesetzt werden konnten. Diese Auffrischung war sehr hilfreich und die positiven Auswirkungen auf das System sind seither in den letzten zwei Jahren deutlich spürbar.

Aktuell wird eine Ausweitung der Arbeit mit Kompetenzprofilen auf Schulleitende, Verwaltungsmitarbeitende und evtl. sogar auf Behördenebene diskutiert.

Außerdem sind in verschiedenen Bereichen Evaluationen von Prozessen geplant. Zurzeit finden zum Beispiel erste systematische Befragungen von Bewerber/innen zum Erleben des Selektionsprozesses statt (vgl. ▶ Abb. 3.5). Im Sinne von Employer Branding ist es auch relevant, wie abgelehnte Kandidat/innen das Bewerbungsverfahren wahrgenommen haben. Da keine Vergleichszahlen greifbar sind und die Zahl der Befragten klein ist, lässt sich schwer abschätzen, wie realistisch die im Folgenden genannten Zielvorgaben sind.

Abschließend soll aber auch gesagt sein, dass einem in der intensiven Auseinandersetzung mit Feedbacks, Qualität und deren Messbarkeit immer wieder bewusst wird, dass es auch Bereiche gibt, die (unter den gegebenen Umständen) nicht beschrieben, standardisiert und gemessen werden können. Trotzdem oder gerade deshalb hat sich die Entwicklungsarbeit in den letzten Jahren gelohnt. Die manchmal schwierige, bisweilen auch schmerzhafte Auseinandersetzung mit der eigenen Qualität hat die Schule Dietlikon gestärkt. Es konnten nachhaltige Veränderungen in den Bereichen Personal-, Organisations- und Unterrichtsentwicklung bewirkt werden.

Nr.	Wie gut sind Ihrer Meinung nach die folgenden Aussagen erfüllt?	(N=x) 5= sehr gut 4 = gut 3 = genügend 2 = schlecht 1 = sehr schlecht	Weiss nicht	Leer	Zielvorgabe: Anteil „gut" und „sehr gut"	Zielvorgabe Mittelwert
BEW L 001	Mein allgemeiner Eindruck im Bewerbungsprozess war positiv.			20%	90%	4.5
BEW L 002	Der Bewerbungsprozess war professionell organisiert.			20%	100%	4.5
BEW L 003	Ich fühlte mich an der Schule Dietlikon willkommen.			20%	100%	4.6
BEW L 004	Ich konnte mir ein Bild machen, wie mein Arbeitsgebiet aussehen würde.			20%	90%	4.6
BEW L 005	Die Gesprächsteilnehmenden waren aufmerksam.			20%	90%	4.6
BEW L 006	Die Gesprächsteilnehmenden haben meine Unterlagen vorgängig sorgfältig studiert.			20%	100%	4.5
BEW L 007	Ich habe die Gelegenheit bekommen mich selber und meine Stärken zu präsentieren.			20%	100%	4.5
BEW L 008	Ich habe eine angemessene Absage / Zusage erhalten. ➤ falls nicht: Was hätte anders sein sollen? Was hätten Sie sich gewünscht?,			20%	80%	4.5
BEW L 009	Falls Sie eine Absage bekommen haben: Ich konnte die Gründe für die Absage nachvollziehen.			20%	85%	4
…						

Abb. 3.5 Evaluation Bewerbungsverfahren. Fragebogen zum Bewerbungsverfahren an der Sekundarschule Dietlikon (Auszug)

Dass diese positiven Veränderungen auch mit den „harten" Fakten von externen Evaluationen belegt werden können, gibt allen Beteiligten ein gutes Gefühl, das sich darin zeigt, dass die „Arbeitszufriedenheit der Mitarbeitenden sehr hoch ist und die wohlwollende Stimmung einen positiven Einfluss auf die ganze Schulgemeinschaft und die Zusammenarbeit hat."[58]

Für die Zukunft wünsche ich mir, dass diese Zufriedenheit, die ich jeden Tag in der Arbeit mit meinen Mitarbeitenden, den Schüler/innen und deren Eltern spüre, durch die

---

[58] Evaluationsbericht der Fachstelle für Schulbeurteilung des Kantons Zürich, Schule Hüenerweid, Dietlikon, Evaluation 2013/2014, S. 34, www.schule-dietlikon.ch/sek. Vgl. Internetverweise.

kontinuierliche Pflege der Qualitäts- und Feedbackkultur erhalten werden kann und fühle mich dadurch gestärkt, den eingeschlagenen Weg konsequent weiterzugehen.

1. Vergleichen Sie Ihre Organisation mit der im Fallbeispiel: Worin ähneln sich die beschriebene Organisation und ihr Verständnis von Personalentwicklung und Ihre Organisation? Was unterscheidet sie?

2. Was denken Sie, wo steht diese Organisation im Ausgestaltungsgrad von Personalentwicklung?

3. Was sind die spezifischen Elemente, die diesen Ausgestaltungsgrad kennzeichnen? Nehmen Sie auch Bezug auf das Verständnis von Führung und Entwicklung.

4. Was würden Sie aus Ihrer Sicht im Rahmen des Ausgestaltungsgrades empfehlen zu modifizieren? Begründen Sie.

5. Was ist aus Ihrer Sicht in diesem Fallbeispiel in Bezug auf Personalentwicklung gelungen?

6. Welche der dargestellten Ideen aus dem Fallbeispiel könnten Sie in Ihre Organisation transferieren? Wägen Sie das Potenzial ab und nutzen Sie dazu das Schema *Transfermöglichkeiten* im Anhang.

Fokusfrage

Welche Funktion nimmt *Beurteilung* im Rahmen von Personalentwicklung in der dargestellten Fallbetrachtung ein? Welches Menschenbild liegt aus Ihrer Sicht im Hintergrund? Welchen Ansatz verfolgt Leistungsbeurteilung in Ihrer Organisation?

3.6   Stand der Personalentwicklung an der ZHAW, School of Management & Law, Winterthur, Schweiz. Eine Fallbetrachtung von Petronella Vervoort.

Petronella Vervoort ist Head International Education & Training, stellvertretende Leiterin der Abteilung International Business.
Die nachstehenden Ausführungen beziehen sich auf den organisatorischen Rahmen der School of Management & Law (SML). Es handelt sich um die größte der acht Teilschulen der Zürcher Hochschule der Angewandten Wissenschaften (ZHAW)[59]. Rund 3.800 Studierende gehen an dieser Teilschule in Winterthur ein und aus.

---

[59] Siehe Homepage, Internetverweise.

Seit 2002 gehöre ich, Petronella Vervoort, zur Faculty dieser Fachhochschule und habe in verschiedenen Funktionen und Bereichen gearbeitet. Meistens war meine Tätigkeit mit dem Aufbau von Programmen, Zentren oder ganzen Bereichen verbunden; häufig hatte ich dabei die Leitung inne. Meine reichsten Erfahrungen im Zusammenhang mit Personalentwicklung gehen auf meine Funktion als Leiterin des Zentrums für Didaktik & Methodik zurück. Diese Leitungsfunktion musste ich 2013 abgeben, bevor ich ein Sabbatical bezog.

Aktuell bin ich Head International Education & Training und leite stellvertretend die Abteilung International Business. Damit bin ich immer noch mit qualitativen Themen in der Lehre beschäftigt. Aufgrund meines Studiums (Wirtschaftswissenschaften und Wirtschaftspädagogik, Universität St. Gallen HSG) und meines interkulturellen Hintergrunds (niederländisch und indonesisch) sowie den beruflichen Erfahrungen im betrieblichen Training und im Hochschulbereich, wurde mir die Position in der international ausgerichteten Abteilung vorgeschlagen. Sie besteht erst seit zwei Jahren als eigene Organisationseinheit und ist im Aufbau begriffen.

Im Folgenden werden insbesondere meine Erkenntnisse und Reflexion wiedergegeben, die ich in der Funktion als Leiterin des Zentrums für Didaktik & Methodik gemacht habe. In dieser Funktion wurde ich zu Beginn mit verschiedenen Herausforderungen und Dilemmata konfrontiert, die ich folgendermaßen „reduktionistisch als Thesen" zusammenfassen möchte:

- Die Lehre ist nebensächlich im Vergleich zu Forschung und Beratung.

- Dozierende entwickeln sich in fachlicher oder akademischer Hinsicht.

- Dozierende sind in der Lehre nicht zu hinterfragen.

- Didaktische Themen sind nachrangig oder werden belächelt.

- Der Prophet im eigenen Land ist unbeliebt.

- Es braucht Rahmenbedingungen und (auch exogene und negative) Anreize, um die Qualität der Lehre auf die Agenda der Dozierenden zu bringen.

Die Erfahrungswerte, die ich aus dieser Zeit mitnehme, beeinflussen mein heutiges Verständnis von Personalentwicklung im Rahmen meiner Vorgesetztenfunktion. Zudem hat sich seit dem Zeitpunkt, auf welche sich die Erfahrungen beziehen, die Organisation entwickelt. Es hat ein kultureller Wandel stattgefunden, den ich sehr begrüße.

Die Kernaufgabe einer Schule ist die Lehre. Die Qualität der Lehre hängt maßgeblich von der Qualität der Dozierenden ab. An einer Business School, wie die School of Management & Law, wird die Qualität der Lehre an verschiedenen Faktoren gemessen. Die Herausforderung liegt darin, den unterschiedlichen Ansprüchen der Wirtschaftspartner, des Hochschulumfelds und der Akkreditierungsinstitutionen unter Berücksichtigung der organisationalen Restriktionen gerecht zu werden.

Ein Dozent bewegt sich gemäß Grundauftrag der Fachhochschulen in einem vierfachen Leistungsauftrag: Lehre, Weiterbildung, angewandte Forschung sowie Dienstleistung bzw.

Beratung. An der School of Management & Law sind diese Bereiche nicht organisatorisch getrennt. Ein Dozent hat die Pflicht in verschiedenen Leistungsaufträgen aktiv (und erfolgreich) zu sein. Diese Auflage bringt einige Herausforderungen im Zusammenhang mit der Planung von Personalentwicklungsprogrammen mit sich.

Die Leitung des Zentrums für Didaktik & Methodik widmet ihre Interessen und Aktivitäten vorwiegend der Qualität der Lehre. Das ist ihr Grundauftrag an der Hochschule. Nebst den Studienprogrammen und Modulen steht die Lehrperson dabei im Fokus. Diese sollte nicht nur über ausgewiesene fachliche und wissenschaftliche Kompetenzen verfügen, sondern auch didaktisch methodisch versiert sein. Nur so ist sie in der Lage, die Unterrichtsinhalte zielgruppengerecht zu vermitteln und die Lernenden in ihrer Erfahrungswelt abzuholen. Letzteres ist aus didaktischer Sicht wichtig, damit das Gelernte verstanden und zur Anwendung gebracht werden kann. Es gilt, träges Wissen zu vermeiden. Ein Referent mag über eine ausgewiesene Expertise und reiche Erfahrungen verfügen, was ihn zu einem begnadeten Erzähler macht. Im Unterricht zählt aber mehr als das. Die Lernenden sollten nicht nur mehr Wissen erhalten, sondern dieses Wissen auch anwenden und auf ihren Berufsalltag transferieren können. Hier kommt die Didaktik ins Spiel. Jeder Dozent sollte deshalb über Basiskompetenzen verfügen.

Diese Sichtweise teilen nicht alle Dozierenden. Vor allem wollen sich viele Dozierende aus meiner Erfahrung heraus nicht eingestehen, dass sie ihre Unterrichtsfähigkeiten verbessern könnten. Auch die Vorgesetzten der Dozierenden sehen meist nur einen beschränkten Nutzen darin, dass ihre Mitarbeitenden zu viel Zeit in die Unterrichtsvorbereitung investieren. Wenn ihre Organisationseinheit an Umsatzzielen und Drittmittelerträgen im erweiterten Leistungsauftrag der Forschung und Beratung gemessen wird, hat die Lehre nicht erste Priorität.

Die Herausforderung entsteht also in zweierlei Hinsicht: Die Vorgesetzten der Dozierenden müssen von der Notwendigkeit geeigneter Personalentwicklungsmaßnahmen zur Verbesserung der Lehre überzeugt werden. Die Dozierenden sollten einen Nutzen darin erkennen, den Unterricht nach didaktischen Prinzipien zu gestalten. Ansonsten wird die Maßnahme zur Alibi-Übung, und deren Wirkung verpufft.

Diese Ausgangslage führt zu den folgenden drei *Kernfragen,* die ich als Leiterin des Zentrums für Didaktik & Methodik zu lösen versuchte:

1. Wie können Vorgesetzte davon überzeugt werden, dass ein genereller Bedarf an Personalentwicklungsmaßnahmen zur Qualitätssteigerung in der Lehre besteht, obwohl der Stellenwert der Lehre in der Organisation eher untergeordnet ist?

2. Wie können Dozierende davon überzeugt werden, dass ein individueller Bedarf an Personalentwicklungsmaßnahmen zur Verbesserung ihrer Unterrichtsqualität besteht, obwohl sie persönlich kein Defizit erkennen bzw. zugeben wollen?

3. Welche Rolle spielt das Zentrum für Didaktik & Methodik bei der Planung, Durchführung und Kontrolle von Personalentwicklungsmaßnahmen im Bereich der Lehre an der School of Management & Law?

Die Rahmenbedingungen als Ausgangspunkt für einen Lösungsweg

Gemäß ökonomischem und lernpsychologischem Verständnis braucht es Anreize oder eine innere Überzeugung, damit ein gewünschtes Verhalten eintritt. Das Zentrum für Didaktik & Methodik hatte im vorliegenden Kontext zu wenig strategische Bedeutung oder Weisungsbefugnisse, um eine Veränderung herbeizuführen. Deshalb musste der Anstoß zur Veränderung von anderer Seite erfolgen. Die Lösung beruhte deshalb am Anfang des Change-Prozesses auf einem Top Down-Ansatz. Ausgangspunkt wurde eine systematische Messung der Unterrichtsqualität, die durch die Studiengangleitenden und die Vorgesetzten der Dozierenden ausgewertet werden sollen. Im Gespräch mit den Dozierenden sollte ein Bedarf ermittelt und, falls nötig, Maßnahmen abgeleitet werden. Das Zentrum für Didaktik & Methodik beschränkte seine Aufgabe auf die Bereitstellung eines konkreten Angebots zur Unterstützung der Lehrpersonen bei der Unterrichtsvorbereitung. Es hatte eine beratende Funktion inne.

Wie wurde die Personalentwicklung für Dozierende zum Thema?

Der Unterricht und damit auch die Dozierenden wurden regelmäßig evaluiert. Die Auswertung der Studierenden-Feedbacks gelangte automatisch auch an die Vorgesetzten der Dozierenden. Die Vorgesetzten erhielten im Rahmen ihrer Führungsaufgabe die Anweisung, die Ergebnisse der Unterrichtsevaluationen im Rahmen des jährlich stattfindenden Mitarbeitergesprächs zu thematisieren. Bei Bedarf sollten Maßnahmen abgeleitet werden. Sowohl die Studiengangleitenden der Programme, in welchen die Dozierenden im Einsatz waren, als auch der Departementsleiter hatten Zugriff auf die Evaluationsergebnisse. Wenn die Auswertungen der Unterrichtsevaluationen eines Dozierenden mehrmals hintereinander im roten Bereich lagen, wurde die betreffende Lehrperson von den zuständigen Studiengangleitenden eingeladen, Stellung zu nehmen. Die Dozierenden und ihre Vorgesetzten wurden somit in die Pflicht genommen. Verschiedene Qualitätsaspekte der Lehre fanden auch Eingang in die Jahresplanung der Organisationseinheiten. Die Lehre gewann entsprechend systematisch an Bedeutung.

Welche Personalentwicklungsmaßnahmen kamen in Frage?

Die Schule schaffte geeignete Rahmenbedingungen, indem sie das Zentrum für Didaktik & Methodik dem Bereich Ressourcen & Services unterstellte. Damit war es unabhängig von den Verantwortlichen der Lehre und der Programme. Zudem wurden die Angebote des Zentrums für Didaktik & Methodik von der Schule übergeordnet finanziert. Es erfolgte keine Verrechnung der Kosten an die Dozierenden oder Überwälzung der Kosten auf die betreffende Organisationseinheit. Die Kosten sollten keinen Einfluss auf die Planung und Wahl der Maßnahme haben.

Das Angebotsspektrum des Zentrums für Didaktik & Methodik umfasste sowohl individuelle als auch standardisierte Programme (vgl. ▶ Tab. 3.2) und spiegelte somit ein erweitertes Verständnis von Personalentwicklung wider.

Je nach didaktischem Defizit bzw. Zielsetzung der Personalentwicklungsmaßnahmen konnte das geeignete Format gewählt werden. Meist ergriffen die Dozierenden selber die

Tab. 3.2 Format, Angebot, Fokus

Format	Angebot	Fokus
Individuell und einmalig	Unterrichtsbesuche	Die Dozierenden werden im Unterricht besucht und erhalten danach ein Feedback mit Empfehlungen.
Individuell und systematisch	Dozierenden-Coaching & -Training	Verbindlicher Entwicklungsplan, der sowohl didaktische Kompetenzen, Selbstkompetenzen als auch persönliche Themen integriert.
Kollegial und freiwillig	Kollegiale Hospitation	Freiwillige Tandems, die sich gemäß Anleitung gegenseitig besuchen und Feedback geben.
Standardisiert und zertifiziert	CAS Hochschuldidaktik	Didaktische Weiterbildung mit verschiedenen Leistungsnachweisen. Meist finanziert von der Organisation, nachdem ein Fortbildungsantrag gestellt wurde.
Themen- und Anlassbezogen	Input Sessions	Im Rahmen von verschiedenen Anlässen (Brown Bag Lunch, After-Work-Drink, Zentrums- oder Kommissionssitzungen etc.) wird die Gelegenheit genutzt, einen didaktischen Input zu geben.
Themen- und Expertisebezogen	Literaturempfehlungen	Auf Anfrage (oder bei Gelegenheit) werden Literaturempfehlungen zu bestimmten didaktischen Themen gegeben.
Projekt- und Outcome-orientiert	Didaktische Projekte	Im Rahmen einer Zusammenarbeit zwischen Programmverantwortlichen, Modulleitenden, Dozierenden und Mitgliedern des Zentrums für Didaktik & Methodik werden konkrete Unterrichtsinhalte und -methoden erarbeitet.

Initiative und machten ihrem Vorgesetzten einen Vorschlag. Das Zentrum für Didaktik & Methodik stand beratend zur Seite und stellte das Angebot sowie die Durchführung der Programme sicher.

Welche Wirkung erzielten die Personalentwicklungsmaßnahmen?

Als Indikator für die Unterrichtsqualität gelten die Unterrichtsevaluationen und Feedbacks der Studierenden. Eine Förderung der didaktischen Kompetenzen sollte demnach zu besseren Ergebnissen bei den Unterrichtsevaluationen führen. So war zumindest die Erwartungshaltung der Beteiligten. Dieses Ursache-Wirkungsgefüge wurde in der Organisation nie genauer untersucht. Insgesamt entstand jedoch der Eindruck, dass die Maßnahmen ihre Wirkung zeigten. Die Feedbacks der Studierenden fielen meist besser aus. Im Gespräch mit verschiedenen Dozierenden kam heraus, dass sie motivierter, mutiger und kreativer bei der Unterrichtsgestaltung waren. Die Studierenden erlebten, gemäß Rückmeldungen der Studierenden und Einschätzungen der Dozierenden, einen vielfältigeren und facetten-reicheren Unterricht als zuvor. Leider kam aber auch zum Ausdruck, dass die Dozierenden zu wenig Zeit und Anerkennung seitens der Organisation für ein zusätzliches Engagement in der Lehre bekamen. Insbesondere diejenigen, die sich als Modulleiter zur Verfügung stellten, mussten intrinsisch motiviert ans Werk gehen, zumal sie knappe zeitliche Ressourcen beanspruchen durften und auch keine spezielle Wertschätzung in ihrem Umfeld erhielten.

Letztlich zählen immer noch andere Faktoren: Die Organisationseinheiten und deren Mitarbeitende werden nach wie vor an Umsatzzielen und Drittmittelerträgen gemessen. Diese kommen nicht von der Lehre, sondern aus dem erweiterten Leistungsauftrag. Immerhin konnte im Zuge der Entwicklungen ausgemacht werden, dass die Qualität der Lehre an Relevanz gewonnen und der Stellenwert der Lehre insgesamt auf allen Ebenen zugenommen hatte. Die Anzahl didaktischer Projekte stieg. Einzelne Personen konnten einen Karriereweg als Programm- oder Studiengangleitende einschlagen.

Es war auf jeden Fall ein *kultureller Change* im Gange.

Resultate und Beobachtungen auf Basis des geschilderten Lösungsansatzes

Durch den Kontrollmechanismus wurde zwar der Stellenwert der Lehre gestärkt, aber offensichtlich mit negativen Anreizen verbunden. So wurden die Maßnahmen zu Beginn mehr aus Vermeidungs- als aus Personalentwicklungsgründen ergriffen. Interessanterweise wechselte dennoch mit der Zeit die Optik der Betroffenen. Dozierende und ihre Vorgesetzten wurden immer proaktiver und begannen, vielleicht noch im Sinne ihrer Vermeidungsstrategie, das Angebot des Zentrums für Didaktik & Methodik präventiver nutzen. Unterrichtsbesuche und kollegiale Hospitationen wurden vermehrt nachgefragt. Das Angebot für Dozierenden-Coaching & Training wurde frühzeitig und vorausschauend in Anspruch genommen.

Damit die Dienstleistungen des Zentrums für Didaktik & Methodik nicht dazu missbraucht wurden, um Argumente zu sammeln und Personal loszuwerden, blieben die Daten und Ergebnisse der Unterrichtsbesuche und des individuellen Coachings unter Verschluss. Den Teilnehmenden der kollegialen Hospitationen wurde ebenfalls empfohlen, die Feedbacks vertraulich zu behandeln.

Insgesamt stieg das Interesse für didaktische Themen. Unterstützend für diese Entwicklung waren vermutlich auch weitere Anreize. Die Vergabe von Lehr-Preisen, das Gratulationsschreiben des Departementsleiters für hervorragende Unterrichtsevaluationen sowie die Feedbacks der Studierenden an und für sich hatten einen verstärkenden Einfluss auf das Verhalten der guten Dozierenden. Das Interesse für didaktische Projekte stieg auf jeden Fall stark. Hierzu muss jedoch kritisch angemerkt werden, dass didaktische Projekte wiederum auf Ebene der Gesamtschule finanziert wurden und zu einer Entlastung der Kostenstelle der betreffenden Organisationseinheit führten.

Des Weiteren spielten gemäß individuellen Rückmeldungen folgende Faktoren mit:

- Wer sich für den Professorentitel nominieren wollte, musste unter anderem eine fundierte Didaktik-Ausbildung nachweisen können. Der CAS Hochschuldidaktik erfüllte diese Kriterien.

- Die Qualitätssicherungsagenturen, welche die Akkreditierung der Programme und Institution durchführten, waren an einer systematischen Qualitätssteuerung der Lehre interessiert und begrüßten die Aktivitäten des Zentrums für Didaktik & Methodik.

- Die international wichtigste Akkreditierung für Business Schools, AACSB, erlaubte sogar die Vergabe von Punkten für das Absolvieren des CAS Hochschuldidaktik. Diese Akkreditierung legt Wert auf die kontinuierliche Verbesserung der Lehre und Organisation sowie den Erhalt einer qualifizierten Faculty. Damit die Dozentenschaft (Faculty) aus Sicht der Akkreditierung qualifiziert blieb, musste sie sukzessive daran arbeiten. Dies konnte sie, indem sie Publikationen herausgab, wissenschaftliche Projekte bearbeitete sowie sich weiterbildete. Dafür gab es Punkte; und für den CAS Hochschuldidaktik erhielten die Teilnehmenden vergleichsweise viele Punkte.

- Letztlich war der Vorgesetzte aus finanzieller Sicht daran interessiert, dass seine Dozierenden weiterhin in der Lehre eingesetzt wurden. Dies entlastete seine Kostenstelle und trug zu einem besseren finanziellen Ergebnis seiner Organisationseinheit bei. Denn dieser Teil der Arbeitszeit wurde auf den Kostenträger der jeweiligen Studienprogramme umgeschichtet.

Kritische Würdigung meiner Erkenntnisse

Personalentwicklung für Dozierende als Pfeiler der Organisationsentwicklung

Die oben geschilderte Fallanalyse im Zusammenhang mit der Entwicklung von Dozierenden zeigt das organisatorische und systembedingte Spannungsfeld. Die Lehre ist zwar das Kerngeschäft einer Schule und ihre existenzielle Grundlage für das Weiterbestehen, aber ihr kommt nicht die entsprechende strategische Bedeutung zu. Die Positionierung und die Kompetenzen des Zentrums für Didaktik & Methodik sind derart beschränkt, dass eine Qualitätssteuerung anfänglich nicht möglich ist. Die Dozierenden werden hinsichtlich ihrer didaktischen Qualitäten zwiespältig beurteilt: Sind sie unzureichend, werden sie mit Auflagen konfrontiert. Sind sie gut, erhalten sie zwar im besten Fall einen Lehrpreis oder Gratulationsbrief, aber ihr Engagement wird nicht nachhaltig honoriert. Das Engagement für die Lehre soll sich auf das Nötige beschränken. Zeit ist Geld, und Geld wird in den anderen Leistungsbereichen verdient. Eine Ausnahme ist dann gegeben, wenn eine Personalentwicklungsmaßnahme übergeordneten Zielen entspricht. Die Anwärter auf einen Professorentitel waren sehr am CAS Hochschuldidaktik interessiert und wurden auch entsprechend gefördert. Oder Dozierende, die aus Sicht der Akkreditierung AACSB wieder einmal eine Nachqualifizierung ausweisen mussten, holten sich mit der didaktischen Weiterbildung die nötigen Punkte. In beiden Fällen steht aber nicht die Personalentwicklung im Vordergrund, was sich im Extremfall auch im Engagement und Commitment der CAS Absolventen äußerte: kein echtes Interesse, reine Alibi-Übung.

Die Qualität in der Lehre entspricht somit der Kategorie eines sogenannten *Hygienefaktors*: Fehlen bestimmte qualitative Faktoren (wie beispielsweise *Praxis- und Anwendungsorientierung*), äußert sich eine entsprechende Unzufriedenheit (infolge eines Theorie-Überflusses). Ist eine Qualitätsfacette (wie *Praxis- & Anwendungsorientierung*) aber vorhanden, wird sie in der Regel als selbstverständlich betrachtet und deshalb kaum mit Wertschätzung beachtet. Nur in Ausnahmefällen, wenn der Unterricht außerordentlich gut und einzigartig ist, folgt einmal eine besondere Rückmeldung (beispielsweise mit einem Lehrpreis oder Gratulationsschreiben). Die Anforderungen seitens der Akkreditierungen wirken zwar verstärkend und begünstigend auf die Bedeutung der Lehre. Dennoch bleibt der Eindruck, dass es bei allen Bemühungen der Schule hauptsächlich darum geht, Negatives zu vermeiden, und weniger darum, Positives zu fördern. Dies schlägt sich 1:1 auf den Stellenwert entsprechender Personalentwicklung nieder.

Trotz vieler negativen Vorzeichen hat sich in folgender Hinsicht ein positiver Wandel ergeben: Personalentwicklungsmaßnahmen zur Qualifizierung in der Lehre sind nicht mehr die Ausnahme, wenn auch aus unterschiedlichen Motiven. Eine Karriere im Bereich Lehre ist leider nur Einzelnen vorbehalten, weil es eine beschränkte Anzahl Stellen für Programm- und Studiengangleitungen gibt.

Mein Fazit zum Stand der Entwicklungsmöglichkeiten von Dozierenden im Besonderen und zur Personalentwicklung im Allgemeinen

„In meiner Brust schlagen manchmal zwei Herzen."
Als bleibende Didaktikerin, Dozentin und in meiner jetzigen Funktion als *Head of International Education & Training* betrachte ich die Lehre und Unterrichtsqualität als prioritär. In meiner Funktion als Vorgesetzte und stellvertretende Leiterin einer Abteilung muss ich aber alle Leistungsbereiche als (gleich) wichtig betrachten. Ich werde an Umsatzzielen gemessen, und die Mitarbeitenden der Abteilung müssen zu diesen Umsatzzielen beitragen. Ein Dilemma? Eine Frage der Planung und Gewichtung, die zeitlich geschickt getaktet werden muss. Als Grundlage für die Mitarbeitergespräche und Planung von Entwicklungsrichtungen nutze ich das in ▶ Tab. 3.3 aufgeführte Schema.

Dabei kann es sich um einen Bedarf aus Vorgesetzten- bzw. Organisationssicht oder einen Wunsch des Mitarbeitenden handeln.

Häufig höre ich, dass Dozierende ab einer bestimmten Stufe und ab einem gewissen Alter keine Entwicklung mehr wünschen können. Auf Basis eines solchen Menschenbildes bleibt es dabei, dass Maßnahmen erst reaktiv ergriffen werden. Dann geht es notgedrungen um die Behebung eines Mankos.

Ich bevorzuge und wünsche mir persönlich eine andere Handhabung: Falls eine Möglichkeit besteht, die persönlichen Ziele der Mitarbeitenden so auszulegen, dass die übergeordneten Ziele der Organisation mitberücksichtigt werden und die finanziellen Mittel es erlauben, unterstütze ich den Antrag eines Mitarbeitenden. Manchmal ist es auch eine Frage des Deals: Die Organisation finanziert; der Mitarbeiter stellt einen Teil seiner Zeit zur Verfügung.

Als Mitarbeiterin wurde ich nie auf das Thema Entwicklungsmöglichkeiten angesprochen. Es kam mir nicht in den Sinn, meinerseits das Thema aufzunehmen. So waren es meist institutionelle und strukturelle Veränderungen, die mich weitergebracht hatten.

Zu Beginn meiner Führungstätigkeit erlebte ich dann einmal, dass ein Mitarbeiter das Thema Entwicklungsplanung auf den Tisch brachte. Ich war perplex und reagierte wohl eher

Tab. 3.3 Auswahlkriterien für die Personalentwicklung von Dozierenden

Auswahlkriterien für die Personalentwicklung von Dozierenden: Wo besteht ein konkreter Bedarf oder Wunsch?			
Parameter	**Ausprägungen**		
Lehre	Spezifisches Fachwissen	Allgemeine Unterrichtsmethodik	Spezielle Tools (eLearning)	Rhetorik und Auftritt
Forschung	Grundlegendes Verständnis	Vertiefung zu wissenschaftlichen Methoden	Vertiefung zum Schreiben von Publikationen	Spezielle Aufgaben
Dienstleistung	Beratung	Verkauf	Kalkulation	Umfassend
Fachliche Expertise	Basiswissen	Vertiefung	Erweiterung	Update
Arbeitsmethoden	Allgemeine Skills, wie z. B. Zeit- oder Projektmanagement	Akquise und Drittmittelbeschaffung	Technische Skills, Systeme und Software	Interne Prozesse und Vorlagen
Selbstkompetenz	Zeitmanagement	Teamarbeit	Auftritt & Rhetorik	Persönliche Themen
Projektleitung	Gesamtes Management-System	Nur bestimmte Tools	Nur Führung und Teambildung	Nur spezifische Dokumentation
Führungsstufe	Grundlegende Führungsskills	Spezielle Führungssituationen	Nur Führungsinstrumente und -Tools	Interne Weiterbildung
Kommunikation & (Re-) Präsentation	Sprachliche Skills	Techniken und Dokumentationen	Auftritt und Rhetorik	Außenauftritt (vor Medien)
Anlass für die Entwicklungsmaßnahmen?	Einarbeitung, Einführung	Entwicklungsbedarf	Entwicklungswunsch	Organisationale Veränderung
Fokus?	Individuelle Person	Aufgabenbereich	Teamumfeld	Übergeordnete Ziele
Zeitrahmen?	Noch vom Vorgesetzten festzulegen	Innerhalb eines Jahres	Gemäß Zeitplan der Weiterbildung	Noch gemeinsam festzulegen

etwas abwehrend. Ich nahm es persönlich und fragte mich, ob der Mitarbeiter mit mir nicht zufrieden war. Der Gedanke war natürlich falsch. Der Mitarbeiter blieb noch zwei Jahre, weil ich ihm sukzessive höherwertige Aufgaben, Kompetenzen und Verantwortung gab.

Personalentwicklung darf selbstverständlich nicht nur reaktiv sein, sondern sollte bereits früh im Gespräch mit Mitarbeitenden thematisiert werden. Durch das generelle Aufzeigen der Ansprüche und Möglichkeiten können falsche Vorstellungen gar nicht erst entstehen und

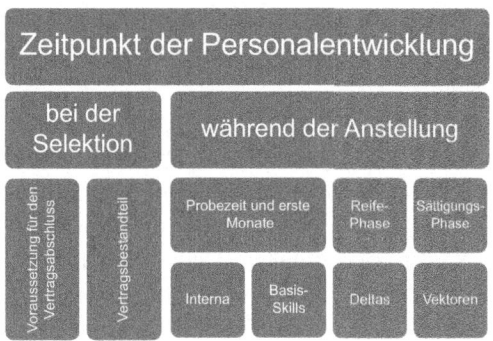

Abb. 3.6 Individuelles Framework Entwicklungsbedarf

mittels regelmäßigen Austauschs zu den konkreten Erwartungshaltungen im Rahmen der Mitarbeitergespräche kann rasch ein Bedarf oder Wunsch identifiziert werden.

Das in ▶ Abb. 3.6 dargestellte Framework ist für mich die gedankliche Basis.

Der Anlass für die Erwägung von Personalentwicklungsmaßnahmen wird je nach Zeitpunkt des Anstellungsverhältnisses anders bedingt sein. Möglicherweise sind gewisse Maßnahmen bereits vor dem eigentlichen Stellenantritt zu ergreifen oder zu planen. Üblicherweise durchläuft der Mitarbeitende verschieden Anstellungsphasen. Je nachdem in welcher Phase (Anfangs-, Reife- oder Sättigungsphase) er sich befindet, wird sich die Personalentwicklung unterscheiden. Benötigt er eine Weiterbildung, wünscht er ein Job Enrichment oder fordert er eine konkrete Karriereplanung?

Personalentwicklung zum Zeitpunkt der Selektion

Bereits während der Personalrekrutierungsphase und Selektion neuer Mitarbeitenden kann das Thema Personalentwicklung aufkommen. So könnte die Einstellung einer Person an Bedingungen geknüpft werden und als Voraussetzung für den Vertragsabschluss definiert werden. In einem konkreten Fall erfüllte der Bewerber alle fachlichen Voraussetzungen und deckte auf einzigartige Weise die gesuchten Facetten des Stellenprofils ab. Er war gerade dabei, seine Doktorarbeit abzuschließen. Während der Phase des Promovierens und der daraus entstandenen Mehrbelastung nebst dem Arbeitspensum und familiären Verpflichtungen, kam die Übung der englischen Sprache zu kurz. Dies war aber für den Einstieg in den Beruf essentiell. Deshalb einigte man sich im Rahmen des Bewerbungsgesprächs darauf, dass ein entsprechender Sprachtrainingskurs vor Stellenantritt zu absolvieren sei. In einem anderen Fall wurde der CAS Hochschuldidaktik als Vertragsbestandteil definiert, damit die Bewerberin gleich von Anfang an und berufsbegleitend auf den Einsatz in der Lehre vorbereitet werden konnte.

Personalentwicklung während der Anstellung

Im Normalfall wird das Thema Personalentwicklung erst nach Stellenantritt ein Thema. In der Probe- oder Einarbeitungszeit kann es darum gehen, sich bestimmte Basis-Skills anzueignen oder typische interne Abläufe kennenzulernen. Die neue Mitarbeiterin besucht beispielsweise einen Kurs zur Bedienung der Lernplattform und erhält eine Einführung ins Stundenbuchungssystem.

Nach ein paar Monaten sind die Mitarbeitenden in ihre Aufgabe hineingewachsen und etablieren sich im Rahmen ihres Aufgabengebiets. Während dieser Phase gibt es in der Regel keinen Bedarf an Entwicklungsmaßnahmen.

Sobald die Reifephase erreicht ist, geht es dann um die Identifizierung von Lücken oder Wünschen, um diese objektiven oder gefühlten „Deltas" zu schließen. Eine Weiterbildung in interkulturellem Management erlaubt es dem Mitarbeitenden, seine Führungsfähigkeiten auszubauen, um besser auf sein multikulturelles Team einzugehen. Die Erlaubnis für einen Kongressbesuch in Singapur oder die Möglichkeit, an einem China-Projekt mitzuwirken, kann ausschlaggebend für die Zufriedenheit des Mitarbeitenden sein.

In der Sättigungsphase fühlt sich der Mitarbeitende unterfordert oder gelangweilt und auf jeden Fall bereit, einen nächsten Schritt für seine Karriere zu unternehmen. Als Vorgesetzte sollte man darauf vorbereitet sein und soweit als möglich abgeklärt haben, welche Entwicklungsmöglichkeiten vorhanden sind und inwiefern ein Interesse besteht, den Mitarbeitenden zu halten. Es ist immer wieder eine Herausforderung, den richtigen Umgang mit einer solchen Situation zu finden. Erfahrungsgemäß hinterlässt es für alle Beteiligten einen besseren Eindruck, wenn das Gespräch positiv, auf Augenhöhe und auf Basis von sachlichen Argumenten und objektiven Kriterien stattfinden kann. Allenfalls kann eine dritte *neutrale* Person zur Entlastung des Klimas beitragen, falls sich zuvor eine Missstimmung angestaut hatte. Es gilt, gemeinsam einen *Vektor* auszumachen, auch wenn dieser weg von der jetzigen Basis zeigt.

Personalentwicklung außerhalb meines Einflussbereichs als Vorgesetzte

Gerade kürzlich musste ich aufgrund einer Reorganisation ein neues Team übernehmen. Trotz Integrationsbemühungen und dem Versuch, ein Vertrauensverhältnis zu schaffen, hatten sich fast alle Mitarbeiter der alten Organisationseinheit, darunter auch eines meiner neuen Teammitglieder, innerhalb eines Jahres neu orientiert. Ich kann die Entscheidung nachvollziehen, denn eine ähnliche Erfahrung durfte ich selber vor einigen Jahren machen. Die damalige Reorganisation machte meine Position überflüssig.

Eine wichtige Erkenntnis bleibt: Personalentwicklung kann auch organisatorisch bedingt und unfreiwillig ein Thema sein. Oder von ganz exogenen Faktoren abhängen. Zwei Mitarbeiterinnen von mir sind gerade schwanger. Sie werden zu einem reduzierten Pensum zurückkommen, was eine Anpassung ihres Aufgabenfelds notwendig macht. Im Rahmen dieser Veränderungen versuche ich sowohl die persönlichen Entwicklungswünsche als auch die Ziele der Gesamtorganisation zu berücksichtigen. „Fair enough" – es ist dann schnell die Frage nach *Gleichbehandlung* auf dem Tapet. Das erachte ich jeweils als besonders schwierig: Gleiches nach Maßgabe seiner Gleichheit gleich bzw. Ungleiches nach Maßgabe ungleich zu behandeln. Nicht selten höre ich von Kollegen, dass etwas *im Sinne der Gleichbehandlung* nicht geht. Versuchen wir es doch mal mit dem Umkehrschluss und versuchen Vieles für viele im Sinne der Gleichbehandlung möglich zu machen. Es ist die schöne Pflicht der Vorgesetzten und der Organisation, die Mitarbeitenden aufzubauen und zu entwickeln, so dass sie beim Verlassen der Organisation auf entscheidende Jahre ihrer Laufbahn zurückblicken können. Das ist hoffentlich nicht nur mein persönliches Commitment.

1. Vergleichen Sie Ihre Organisation mit der im Fallbeispiel: Worin ähneln sich die beschriebene Organisation und ihr Verständnis von Personalentwicklung und Ihre Organisation? Was unterscheidet sie?

2. Was denken Sie, wo steht diese Organisation im Ausgestaltungsgrad von Personalentwicklung?

3. Was sind die spezifischen Elemente, die diesen Ausgestaltungsgrad kennzeichnen? Nehmen Sie auch Bezug auf das Verständnis von Führung und Entwicklung.

4. Was würden Sie aus Ihrer Sicht im Rahmen des Ausgestaltungsgrades empfehlen zu modifizieren? Begründen Sie.

5. Was ist aus Ihrer Sicht in diesem Fallbeispiel in Bezug auf Personalentwicklung gelungen?

6. Welche der dargestellten Ideen aus dem Fallbeispiel könnten Sie in Ihre Organisation transferieren? Wägen Sie das Potenzial ab und nutzen Sie dazu das Schema *Transfermöglichkeiten* im Anhang.

Fokusfrage

Wo stehen Sie in Bezug auf den Entwicklungsansatz der in der Fallbetrachtung dargestellten Organisation? Vergleichen Sie das individuelle Framework der Fallgeberin für die Entwicklung ihrer Mitarbeitenden mit der *lebenszyklusorientierten Personalentwicklung* in ▶ Kap. 4.3.2.

3.7 Personalentwicklung bei der Robert Bosch Stiftung, Stuttgart, Deutschland. Eine Fallbetrachtung von Roland Bender.

Roland Bender ist Bereichsleiter Personal der Robert Bosch Stiftung.

Die Robert Bosch Stiftung gehört mit einem Fördervolumen von jährlich ca. 69 Mio. € zu den großen unternehmensverbundenen Stiftungen in Deutschland und beschäftigt mit Sitz in Stuttgart rund 160 Mitarbeitenden. Dem philanthropischen Vermächtnis des Firmengründers Robert Bosch entsprechend wurden 1964 die zum Nachlass gehörenden Geschäftsanteile der Familie Bosch an der Robert Bosch GmbH auf die von Robert Bosch bereits 1921 gegründete Vermögensverwaltung Bosch GmbH (VVB) übertragen, die 1969 ihren Namen in Robert Bosch Stiftung GmbH änderte.[60]

Robert Bosch hat bereits 1935 in seinen Richtlinien zur Vermögensverwaltung die Zwecke für den späteren Stiftungsauftrag formuliert: *„Meine Absicht geht dahin, neben der Linderung von allerhand Not, vor allem auf Hebung der sittlichen, gesundheitlichen und geistigen Kräfte des Volkes hinzuwirken (…). Es soll gefördert werden: Gesundheit, Erziehung, Bildung, Förderung Begabter, Völkerversöhnung und dergleichen (…)."*[61] Die Robert Bosch Stiftung folgt in ihrer Satzung diesem zentralen Auftrag des Stifters und interpretiert das Anliegen ihres Stifters zeitgemäß: Die ihr zur Verfügung stehenden Mittel[62] werden satzungsgemäß für die Förderung der öffentlichen Gesundheitspflege, der Völkerverständigung, der Wohlfahrtspflege, der Bildung und Erziehung, der Kunst und Kultur sowie der Geistes-, Sozial- und Naturwissenschaften eingesetzt.

Die Stiftungszwecke des Firmengründers Robert Bosch wurden in den vergangenen 50 Jahren also beibehalten, veränderten sich allerdings in den Themen und Zielregionen sowie Zielgruppen, um dem Auftrag im Wandel der Zeit gerecht zu werden:

- Im Bereich der Gesundheitspflege ist die Stiftung seit der Gründung des Robert-Bosch-Krankenhauses (RBK) im Jahre 1940 durch den Stifter Träger des privat geführten Krankenhauses.[63] Mit der Etablierung von Sondereinrichtungen wie Palliativstation oder einem interdisziplinären Notaufnahmezentrum wurde das Krankenhaus kontinuierlich weiterentwickelt und in seiner Versorgungsleistung ergänzt durch eigene Forschungen und durch das im Jahr 1973 eröffnete, im Verbund arbeitende und international wissenschaftlich führende Dr. Margarete Fischer-Bosch-Institut für Klinische Pharmakologie (IKP). Das 1980 gegründete *Institut für Geschichte der Medizin* der Robert Bosch Stiftung (IGM) ist außerdem das einzige außeruniversitäre medizinhistorische Forschungsinstitut in Deutschland.[64] Die Trägerschaft dieser drei Einrichtungen im Gesundheitsbereich wird durch weitere Aktivitäten ergänzt: Vor allem im Bereich der Kranken- und Altenpflege wurden in den letzten 35 Jahren erfolgreiche Praxisprojekte gefördert und Strukturreformen angestoßen.[65] Außerdem engagiert sich die Robert Bosch Stiftung für die Hospiz- und Palliativversorgung und griff schon früh das Thema Demenz auf. Die wachsenden gesellschaftlichen Aufgaben trug die Stiftung erfolgreich in die Gesundheits- und Seniorenpolitik. Aktuelle Themen sind die

---

[60] Die Beteiligung der Stiftung am Stammkapital der Robert Bosch GmbH von 1200 Millionen Euro beträgt 92 Prozent.

[61] Robert Bosch, 1935.

[62] Die Gesamtförderung seit Bestehen der Stiftung betrug 1.302 Mio. Euro (Stand 31.12.2014).

[63] Das Krankenhaus hat heute rund 2.700 Mitarbeitende, 42.000 stationäre Patienten und erwirtschaftete 2012 einen Umsatz von 213 Mio. €.

[64] Sein Ursprung ist eine medizinhistorische Forschungsstelle am RBK, die aufgrund des Interesses von Robert Bosch an der Geschichte des Gesundheitswesens und der Homöopathie eingerichtet worden war.

[65] Vgl. Anmerkungen.

Förderung der interprofessionellen Zusammenarbeit, Stärkung der Kompetenzprofile sowie die Entwicklung von *Leadership im Gesundheitsbereich*.

- Im Wissenschaftsbereich ist seit 2005 die Förderung von Frauen in Führungspositionen in der Hochschule und in Forschungseinrichtungen ein wichtiges Anliegen der Stiftung. Darüber hinaus gibt es Projekte zur Stärkung des Wissenschaftsstandortes Deutschland, Schule trifft Wissenschaft, Vorhaben zum Wissenschaftsjournalismus und zur Schnittstelle Politik, Gesellschaft, Medien und Öffentlichkeit.

- In der Völkerverständigung feierte die Stiftung letztes Jahr ihr 40-jähriges Jubiläum der Förderung der deutsch-polnischen Beziehungen.[66] Bürgergesellschaft und *Good Governance*, Begegnung und Dialog sind die Themen in multilateralen Projekten, die in Ländern der Europäischen Union, Ost- und Südosteuropa, Türkei, Russland, Nordafrika, USA, China, Japan und Indien gefördert werden.

- Seit mehr als 30 Jahren engagiert sich die Stiftung im Bereich Bildung. Das Hauptanliegen der Stiftung sind faire Startbedingungen und die individuelle Förderung für junge Menschen, unabhängig von Herkunft und sozialem Status. Dazu nimmt sie den gesamten Bildungsweg in den Blick, von der frühkindlichen Bildung über Schule, Ausbildung bis hin zur Hochschule.[67] Im September 2011[68] fand der Spatenstich für das United World College (UWC) Robert Bosch College in Freiburg im Breisgau statt: Das UWC ist eine Oberstufenschule für begabte Kinder aus der ganzen Welt[69] und ist das größte Einzelprojekt in der Geschichte der Robert Bosch Stiftung, das sie gemeinsam mit der Robert Bosch GmbH ermöglicht.[70] Eine weitere Institution gründete die Stiftung gemeinsam mit der Heidehof Stiftung Anfang 2015: die Deutsche Schulakademie. Die Deutsche Schulakademie ist eine bundesweit aktive und unabhängige Institution für Schulentwicklung und Lehrerfortbildung. Sie wendet sich mit ihren Angeboten an alle Schulen in Deutschland sowie an Ministerien, Lehrerfortbildungsinstitute, Kommunen und private Schulträger. Ziel der Akademie ist es, die Modelle ausgezeichneter Schulpraxis aus rund zehn Jahren *Deutscher Schulpreis* in die Breite der Schullandschaft zu tragen.

- Ein weiterer wichtiger Förderzweck ist die Wohlfahrtspflege, deren Förderung die Stiftung heute unter dem Begriff *Gesellschaft* zusammengefasst hat. Vor allem die Stärkung der Zivilgesellschaft ist ein Hauptanliegen der Stiftung. Projekte zum demografischen Wandel, zu Migration und Integration sowie Jugend und Demokratie runden das breite Engagement der Stiftung ab.

---

[66] Als die Stiftung zu Zeiten des „Eisernen Vorhangs" 1974 begann, die Förderung aufzunehmen, war dies noch eine Pionierat, zeigte aber bereits ein wichtiges Prinzip der Fördertätigkeit der Stiftung: Den Dialog als privater Akteur im Geiste der Völkerversöhnung Robert Boschs mit den Ländern zu suchen, bei denen ein staatlicher Dialog schwer bis unmöglich scheint.

[67] Die Zukunftsfähigkeit der Gesellschaft hängt ganz wesentlich von einem modernen Bildungssystem ab.

[68] Am 23.09.2011, dem 150. Geburtstag von Robert Bosch.

[69] Vgl. Anmerkungen.

[70] Die Eröffnung feierte die Stiftung nach dreijähriger Bauzeit am 23. September 2014.

Heute setzt die Robert Bosch Stiftung in rund 1.800 laufenden Projekten und jährlich 800 neuen Eigen- und Fremdprojekten die am Gemeinwohl orientierten Förderungsleitlinien der Stiftung um. Die Stiftung selbst ist in vier inhaltlich arbeitende Programmbereiche und einer Repräsentanz in Berlin sowie einem Sonderbereich Geschichte der Philanthropie organisatorisch aufgestellt. Diese Bereiche werden durch unterstützende Einheiten wie den Zentralbereich, eine Kommunikations- und eine Personalstabsstelle ergänzt. Die Geschäftsführung liegt seit dem 1. Juli 2015 bei Prof. Dr. Joachim Rogall und Prof. Uta-Micaela Dürig.

Der Bereich Personal unterliegt meiner Leitung. Diesen habe ich, Roland Bender, im April 2013 übernommen. Unser Bereich besteht neben mir aus vier Mitarbeiterinnen. Wir betreuen zusammen rund 160 Mitarbeitende, die das Management unserer Projekte verantworten. Der Anteil weiblicher Mitarbeiterinnen in der Stiftung ist hoch: etwa 80 % sind Frauen. Wir haben darüber hinaus ein recht junges Team: unser Durchschnittsalter liegt bei 37,8 Jahren. 137 Personen unserer Belegschaft haben einen akademischen Abschluss.

Neben der Förderung von Projekten im Bereich *Familie* und *demografischer Wandel* bieten wir auch als Arbeitgeber vielfältige Möglichkeiten der Vereinbarkeit von Familie und Beruf. Wir sind Mitträger des Betriebskindergartens *Heidehüpfer* und können unseren Mitarbeitenden einen Kita-Platz für unter Dreijährige anbieten. Mit Teilzeitmöglichkeiten und mobilen Arbeitsformen ermöglichen wir den Mitarbeitenden flexible Arbeitszeiten. Die freiwillige Gewährung eines zusätzlichen monetären Kindergeldzuschusses soll dazu beitragen, dass die finanziellen Spielräume der jungen Familien größer sind. Diese Angebote werden durch einen Familienservice ergänzt, in dem die Mitarbeitenden Beratungsangebote und einen Vermittlungsservice für Tagesmütter oder Kinderbetreuungseinrichtungen in ihrem familiären Umfeld in Anspruch nehmen können.

Wir legen als Stiftung in der Tradition des Gründers großen Wert auf die Ausbildung und Qualifizierung unserer Mitarbeitenden; deshalb bieten wir auch Beschäftigungsverhältnisse mit Ausbildungscharakter an. Wir arbeiten derzeit mit etwa 20 Praxisstudenten und sechs Hospitanten pro Halbjahr in acht verschiedenen Bereichen – sowie einem Trainee und drei Studierenden in einer dualen Hochschulausbildung.

Lernen ist für uns eine zentrale Voraussetzung für gesellschaftliche Innovationen. Der Leitgedanke des Stifters Robert Bosch[71], sich nicht mit Erreichtem zufriedenzugeben, findet sich auch in der Vision der Stiftung wieder: „*Wir sind Ideenführer und greifen relevante Themen vor anderen auf. (…) Wir überzeugen durch Inhalt und Qualität und stellen den Menschen in den Mittelpunkt. (…) Mit unseren Projekten zeigen wir modellhafte Lösungsansätze auf und bieten Orientierung an. (…) Wir sind in der Tradition und Werten Robert Boschs verwurzelt. Dies prägt unser Handeln und unsere Kultur, macht uns zukunftsfähig und erfolgreich.*"[72] Aus dieser Vision leitet die Stiftung ihren Anspruch ab, dass es der Stiftung und ihren Partnern und Geförderten idealerweise gelingt, gesellschaft-

---

[71] Bosch, Robert, Rede zur Einweihung des Robert-Bosch-Krankenhauses, in: Bosch-Zünder, 22/1940, S. 40.

[72] Vision der Robert Bosch Stiftung, 2014; internes Dokument.

liche Entwicklungen zu antizipieren, damit frühzeitig Lösungen im Rahmen der eigenen thematischen Schwerpunkte entwickelt werden können. Für uns heißt das, einen kleinen Beitrag zur besseren Lösung einer Problemlage zu leisten.

Dieser Anspruch bedeutet für uns als Stiftung, dass wir uns als *lernende Organisation* begreifen müssen. Wir als Stiftung erwarten darum von unseren Mitarbeitenden, dass jeder Einzelne in Gesprächen und Projekten eine interessiert-neugierige Einstellung einnimmt, und zwar gegenüber allen Themen und Problemen in seinem Verantwortungsbereich. Alle müssen sozusagen „ihre Sensoren ausfahren", um frühzeitig im Gespräch mit den Partnern zu erkennen, welche Problemlagen und gesellschaftliche Fragestellungen sich abzeichnen.

Das setzt allerdings voraus, dass, wie in der Vision beschrieben, die Mitarbeitenden nicht „selbstgenügsam" auf das bereits Geleistete zurückblicken und sich mit dem Erreichten zufriedengeben, sondern immer den Anspruch haben, den Stifterauftrag *noch besser* zu erfüllen, im Sinn von „nur wenn ich erkenne, was ich noch dazu lernen kann, verharre ich nicht in Selbstgewissheit".

Die gesellschaftliche Wirklichkeit entwickelt sich auch ohne Stiftung weiter; der Mitgestaltungswille ist nur möglich zu realisieren, wenn eine Sensibilität gegenüber den gesellschaftlichen Entwicklungsprozessen besteht. Neben der inneren Haltung einer *produktiven Unruhe*, was man noch besser machen könnte, ist es aus meiner Sicht wichtig, eine Lerneinstellung zu entwickeln, die die Akteure in Forschung und Praxis als die eigentlichen Know-how-Träger wahrnimmt, und dass man/frau von diesen Personen lernen kann. Als Stiftungsmitarbeiter und -mitarbeiterin sollte man immer daran interessiert sein, am Wissen und an der Erfahrungen der Partner anzuknüpfen, damit eine neue Beziehung aufgebaut und so zu gesellschaftlichen Lösungen beitragen werden kann. Darum hat Lernen in der Robert Bosch Stiftung den zentralen Zweck, den Stifterauftrag zu erfüllen. Wir als Personalabteilung haben vor diesem Hintergrund Grundsätze für unsere Personalentwicklung formuliert, an denen wir uns bei der Entwicklung unseres Weiterbildungsangebotes orientieren. Das sind zum Beispiel[73]:

- Die Mitarbeiter sollen sich als Unternehmer/Anwalt ihres Themas verstehen; sie haben eine unternehmerische Kompetenz, um mit Leidenschaft und Einsatz als Botschafter ihrer Projekte auf allen Ebenen ihre Themen zu vertreten.

- Sie handeln nach Effizienz- und Wirtschaftlichkeitsprinzipien auf der Basis eines betriebswirtschaftlichen Grundverständnisses.

- Eine hohe Qualität im Projektmanagement dient als Grundlage für eine verlässliche und verbindliche Zusammenarbeit zur Zielerreichung.

- Die Mitarbeiter kennen die betrieblichen und gesetzlichen Regelungen und vertreten diese aktiv nach innen und außen.

---

[73] Bei den abgebildeten Beispielen handelt es sich um Auszüge aus den Leitlinien.

- Transsektorales Denken und das Wissen über alle Förderinstrumente der Stiftung soll unsere Mitarbeiter befähigen, situativ durch lösungsorientiertes Wirken den Erfolg unserer Vision zu realisieren.

- Die Mitarbeiter sind durch frühzeitiges Erkennen von praxisrelevanten Fragestellungen in der Lage, problemadäquate Förderkonzepte zu entwickeln.

- Eine ausgeprägte Dialogfähigkeit und ein multiperspektivisches Denken qualifizieren die Mitarbeiter zu kompetenten Gesprächspartnern mit Akteuren der Zivilgesellschaft.

- Die Mitarbeiter können die Stiftungs-Werte in der Strategieentwicklung und projektbezogenen Ausgestaltung ihrer Themen umsetzen.[74]

Unsere Herausforderungen im Rahmen der Unterstützung des betrieblichen Lernens

Unsere Herausforderung bei der Unterstützung der Lernprozesse unserer Mitarbeitenden besteht in der permanenten Fortentwicklung des Weiterbildungsangebotes und der Verankerung des Wissens im alltäglichen Handeln der Mitarbeiterinnen und Mitarbeiter: Wie gelingt es uns, die wandelnden Anforderungen an die Mitarbeitenden zeitnah in adäquate Fortbildungsangebote zu übersetzen und nachhaltig den Lernerfolg zu sichern? Welche Lernformen sind noch zeitgemäß und tragen den mobilen Arbeitsformen und der stärkeren Ausdifferenzierung der Präsenzzeiten am Arbeitsplatz Rechnung?

Um das Lernen der Mitarbeitenden optimal zu unterstützen, hat sich im Laufe der Zeit in unserem Haus herauskristallisiert, dass wir zwischen den verschiedenen Lerninhalten (Wissensvermittlung auf der Basis von Sachinformationen versus Persönlichkeitsentwicklung) differenzieren und entsprechend verschiedenartige Weiterbildungsformate anbieten müssen. Insbesondere bei Themen wie *Gesprächsführung* oder *Leiten von Besprechungen* zeigte sich, dass eine „prozesshafte mehrgliedrige Weiterbildung" mit Feedback-Optionen und Besprechung von Anwendungssituationen den Transfer der Lerninhalte besonders gut unterstützte.

Ein ganz anderer Aspekt ist die Frage der Arbeitsbelastung der einzelnen Mitarbeitenden. Lernen wird erschwert oder erleichtert durch den Grad der Arbeitsbelastung: Neue Erkenntnisse aus Lernprozessen fallen der Alltagsroutine zum Opfer, wenn die Mitarbeitenden keine Spielräume zur Umsetzung ihrer Erkenntnisse haben bzw. keine bekommen. Wenn die einzelne Mitarbeiterin oder der einzelne Mitarbeiter die Erfahrung machen muss, dass Aufgaben, die während einer Weiterbildung liegen bleiben, hinterher nachgearbeitet werden müssen, wirkt sich dies in vielen Fällen nicht sehr motivierend aus. Das bedeutet, dass wir bei dem Besuch von Weiterbildungen mit längeren Abwesenheiten des Mitarbeitenden auch organisatorische Aspekte (bspw. Regelung der Vertretung) beachten müssen. Führung durch den Vorgesetzten, die Organisationsstrukturen und unsere Weiterbildungsangebote hängen also zusammen.

---

[74] Robert Bosch Stiftung, Personalabteilung: Grundsätze der Personalentwicklung; unveröffentlichtes Manuskript 2014.

Unsere Lösungen zur Unterstützung des betrieblichen Lernens

Fokus Qualitätssicherung

Die Qualitätssicherung von Weiterbildung hat zumindest zwei Dimensionen. Als Verantwortlicher für die Weiterbildungsangebote muss für mich die Qualität der Angebote stimmen. Dies geschieht in einem Regelkreislauf von klarer Zielsetzung des Angebotes, Definition der Lernziele im Kontext der Stiftungsziele, Teilnehmerbewertung des Seminars, Referentenbewertung und Nachbereitung des Seminars mit dem Weiterbildungsverantwortlichen (inkl. Schlussfolgerungen für zukünftige Angebotsgestaltung).

Neben der Sicherung der Qualität der Angebotsseite ist auch eine Sicherung der Lernprozesse bei den Teilnehmern (Nachfrageseite) erforderlich. Wir legen fest, welche Schritte nach dem Besuch einer Weiterbildung gemeinsam mit dem Vorgesetzten geplant werden müssen, um die Lernerkenntnisse in die Alltagspraxis zu implementieren.[75]

Fokus Lernprozesse und Entwicklung im betrieblichen Alltag

Weiterbildung stellt ein zentrales Instrument für die Mitarbeiterentwicklung dar und ist folglich in einen Gesamtprozess der Personalentwicklung eingebunden. Das Weiterbildungsangebot der Stiftung ist darum eingebettet in ein umfassendes Wissensmanagementsystem (Intranet) und wird bestimmt von Regelprozessen der Personalbeurteilung und -entwicklung. Diese basieren auf unserem eingangs dargestellten Selbstverständnis einer *lernenden Organisation.*

In den jährlich stattfindenden Mitarbeitergesprächen werden die Ziele und Aufgaben jedes Einzelnen für die kommende Jahresperiode mit dem Vorgesetzten vereinbart, eine Rückschau auf die vereinbarten Ziele und Aufgaben des Vorjahres gehalten sowie die besuchten Weiterbildungen rückblickend bewertet. Der für die Bewältigung der neuen Aufgaben benötigte Weiterbildungsbedarf ergibt sich sowohl von Seiten des Vorgesetzten, als auch der Geschäftsführung, der Personalabteilung oder durch den Mitarbeitenden selbst.

In einem gesonderten Prozess werden zwischen dem Vorgesetzten und der Personalabteilung einmal im Jahr die individuellen Entwicklungspotentiale jeder Mitarbeiterin und jedes Mitarbeiters besprochen. Jeder hat die Möglichkeit, hierzu einen separaten Termin zur Besprechung von Entwicklungsmöglichkeiten mit dem Vorgesetzten und der Personalabteilung zu vereinbaren.

Die Initiative zum Besuch von Weiterbildungen kann sowohl von den Vorgesetzten als auch von den Mitarbeitenden selbst erfolgen. Die Leitung eines Bereiches bekommt dafür für alle Mitarbeitenden von der Personalabteilung ein Budget zugewiesen, das den prognostizierten Bedarf berücksichtigt und durch die Vorgaben aus dem Wirtschaftsplan beschränkt ist. Der direkte Vorgesetzte entscheidet dann über die fachliche Eignung der Weiterbildung zur Erreichung der vereinbarten Ziele.

Das Weiterbildungsangebot der Stiftung besteht aus formellen und informellen Möglichkeiten des Lernens. Hierfür gibt es ein verbindliches Curriculum, das festschreibt,

---

[75] Vgl. dazu Ausführungen unter „Lernbegleiter" im fortlaufenden Text.

welche Kompetenzen und Wissenselemente je nach Aufgabenstellung die Mitarbeitenden erwerben sollen. Unsere formellen Lernformate sind a) stiftungsspezifische Seminare, b) Seminare der Robert Bosch GmbH, c) individuelle Seminare, d) Fachveranstaltungen:

a. In den stiftungsspezifischen Seminaren lernen die Mitarbeitenden Inhalte kennen, die spezifisch auf die Bedürfnisse der Robert Bosch Stiftung zugeschnitten sind. Diese Inhouse-Seminare vermitteln neben einem dreitägigen Einführungsseminar zu Organisationsabläufen auch Kompetenzen zur Projektarbeit und Evaluation von Projekten. Diese Fortbildungen werden durch interne Referenten bestritten.

b. Zu den Seminaren der Robert Bosch GmbH (allgemeine Weiterbildungsangebote) haben alle Mitarbeitenden der Stiftung Zugang. Hier können die Stiftungsmitarbeitenden aus einem sehr umfangreichen und thematisch breitgefächerten Wissensangebot, das von technischen und kaufmännischen Themen bis zu Sprach- und Methodentrainings sowie EDV-Kursen reicht, auswählen. Für die Stiftungsmitarbeitenden hat dies den Vorteil, dass sie dabei auf die hohen Qualitätsstandards bei den Seminarangeboten und bei der Referenten-Auswahl vertrauen können.

c. Individuelle Seminare können unabhängig von den stiftungs- und firmenspezifischen Angeboten besucht werden. Gemeint sind Fortbildungen auf dem freien Weiterbildungsmarkt, wenn dies den vereinbarten Zielen im Mitarbeitergespräch dienlich ist.

d. Der Besuch von Fachveranstaltungen und Kongressen im eigenen Themenbereich ermöglicht den Mitarbeitenden ihr Fachwissen aufzufrischen oder die neuesten Entwicklungen zu erfahren sowie Kontakte für die eigene Arbeit zu knüpfen.

Zu den informellen Möglichkeiten des Lernens gehören der selbst organisierte Erfahrungsaustausch auf den jeweiligen Hierarchieebenen (bspw. Sekretariatsnetzwerk), der Besuch von öffentlichen Veranstaltungen der Fachkollegen, das vereinbarte oder zufällige Gespräch in der Kantine sowie regelmäßige Veranstaltungen wie das interne Gesprächsforum, in dem Mitarbeitende ihren Kollegen ihre Arbeit präsentieren.

Fokus Transfer

Ein zentraler Punkt bei den zahlreichen Lernangeboten ist die Frage der Sicherung des Transfers der Lernprozesse. Um dem Transfergedanken gerecht werden zu können, muss zu Beginn einer Weiterbildungsmaßnahme eine Festlegung des Lernziels und der Kriterien für den Erfolg der Fortbildung festgelegt werden. Die genaue Bedarfsanalyse und Bedarfsermittlung ist ein erster Schritt zur Festlegung des individuellen Lernangebotes. Mit der schriftlichen Fixierung der Lernziele wird die Voraussetzung für die spätere Beurteilung der Weiterbildungsmaßnahme geschaffen und der reflektierte Prozess des Transfers der neuen Lerninhalte in die eigene berufliche Praxis angestoßen. Je bewusster und konkreter die Lernziele operationalisiert werden, desto klarer lassen sich unterstützende und hinderliche Faktoren beim Transfer der Lerninhalte mit dem jeweiligen Vorgesetzten besprechen.

Wir haben hierzu das Instrument *Lernbegleiter* entwickelt. Das ist ein Formblatt, in dem der Genehmigungsprozess festgehalten ist (Bedarfsermittlung, Begründung der Weiterbildungsmaßnahme inklusive Lernziel und der Genehmigung) – sowie die anschließenden Schritte der Seminarbewertung und die nach einem halben Jahr vorgesehene Besprechung mit dem Vorgesetzten zum Stand der Umsetzung der erlernten Inhalte in den Arbeitsalltag.

Außerdem bewerten die Teilnehmer von Weiterbildungen die Qualität der Angebote in Form von Einzelbewertungen bei individuellen Angeboten oder durch die teilnehmende Gruppe bei Inhouse-Seminaren. Die Gruppenbewertung ist die Grundlage für die Nachbereitung mit dem Referenten durch die Personalabteilung. Ferner findet eine Veröffentlichung der summarischen Auswertung im Intranet statt, so dass interessierte Kolleginnen und Kollegen sich schon ein Bild von dem stattgefundenen Angebot für das nächste Seminar machen können.

Neben der Einzelbewertung des Angebotes erfolgt im jährlichen Mitarbeitergespräch eine Gesamtbewertung aller besuchten Weiterbildungen gegenüber dem Vorgesetzten.

Für die gesamte Stiftung legt die Personalabteilung einmal im Jahr der Geschäftsführung und dem Führungskreis einen Weiterbildungsbericht vor, in dem auch alle mehrtägigen Weiterbildungen mit ihren Bewertungen aufgeführt sind. In diesem Kontext werden auch die strategischen Themen für die zukünftigen Weiterbildungsangebote festgelegt.

Mein Fazit zum Stand des betrieblichen Lernens bei der Robert Bosch Stiftung

Für die Erfüllung des Stifterauftrages ist es zwingend erforderlich, den gesellschaftlichen Veränderungen Rechnung zu tragen. Hierzu bedarf es einer Lernkultur, die sich an einer strategischen Ausrichtung und dem sich daraus ergebenden Qualifizierungsbedarf orientiert.

Weiterbildung ist ein zentrales Element unserer Mitarbeiterqualifizierung und unserer Wertschätzung. Bei positiver Begleitung durch die Führungsverantwortlichen führt sie zu einer Stärkung der Motivation – und zur Erhöhung der Befähigung für die anstehenden Herausforderungen. Darum ist es wichtig, dass die Lernprozesse eng durch Transfer- und Qualitätssicherungsprozesse begleitet werden. Dies erhöht die Glaubwürdigkeit der angestoßenen Lernprozesse und zeigt die Verbindlichkeit der Stiftung in die Investition der Entwicklung von Mitarbeitenden.

Der Nutzen der Weiterbildungsmaßnahmen besteht für mich als Leiter Personal neben der Kompetenzerweiterung der Mitarbeitenden auch in der Bindung der Einzelnen an die Stiftung. Die Stiftung wirkt durch ihre Mitarbeiterinnen und Mitarbeiter; deren Motivation und Begeisterungsfähigkeit für den Stifterauftrag sind die Grundlagen für ein erfolgreiches Stiftungshandeln. Aus diesem Grund planen wir als Personalabteilung das interne Weiterbildungsangebot zu zertifizieren, um auch gegenüber externen Stellen den hohen Qualitätsanspruch zu dokumentieren und die Weiterbildungsaktivitäten der Mitarbeitenden sichtbarer zu machen – sowie wertzuschätzen.

Die Herausforderungen für die Zukunft werden die Fragen der angemessenen Weiterbildungsformate sein: Die Stiftung bietet gegenwärtig noch sehr stark Präsenzseminare an; zukünftig könnten Online-Tools, Webinare oder individualisierte Lernformen dem zeitnahen Bedarf an Wissensinhalten eventuell besser Rechnung tragen.

Inhaltlich werden Fragen des intersektoralen Lernens[76] und der Kompetenzvermittlung über interkulturelle Inhalte eine noch größere Rolle spielen. Die Rolle der Führung wird in dem Dreieck Vision–Strategie–Kultur neu zu definieren sein und die Begleitung und Befähigung der Mitarbeitenden wird noch stärker im Mittelpunkt stehen.

Abschließend möchte ich noch einmal auf das Zitat verweisen, das ich eingangs angegeben habe, denn Wandlung und Veränderung der Stiftung hat der Gründer Robert Bosch bereits bei der Gestaltung der Richtlinien für die Vermögensverwaltung im Jahr 1935[77] vorausschauend formuliert: *„Es soll gefördert werden: Gesundheit, Erziehung, Bildung, Förderung Begabter, Völkerversöhnung und dergleichen (…) Naturgemäß ist diese Form zeitbedingt. Es lag mir ferne, mit meinen Richtlinien ein starres, an keinem Punkte wandelbares System von Vorschriften aufstellen zu wollen, vielmehr bestand meine Absicht hauptsächlich darin, grundsätzlich die Richtung zu bezeichnen, in der die mir vorschwebenden sozialen und kulturellen Ziele verfolgt werden sollen. (…) Daraus ergibt sich die Notwendigkeit, diese Richtlinien auf dem Wege der Fortentwicklung den jeweiligen Veränderungen der Verhältnisse ständig anzupassen.“* [78]

Für mich hat Robert Bosch in diesen zukunftsoffenen Formulierungen beispielhaft aufgezeigt, dass Organisationen sich im Wandel befinden müssen, um den wechselnden gesellschaftlichen Herausforderungen gerecht zu werden. Dies setzt eine offene Lernkultur voraus, die einerseits die Mitarbeiter fordert und fördert, andererseits aber auch durch organisatorische Unterstützungsprozesse und eine umsichtige Führung unterstützt werden muss.

1. Vergleichen Sie Ihre Organisation mit der im Fallbeispiel: Worin ähneln sich die beschriebene Organisation und ihr Verständnis von Personalentwicklung und Ihre Organisation? Was unterscheidet sie?

2. Was denken Sie, wo steht diese Organisation im Ausgestaltungsgrad von Personalentwicklung?

3. Was sind die spezifischen Elemente, die diesen Ausgestaltungsgrad kennzeichnen? Nehmen Sie auch Bezug auf das Verständnis von Führung und Entwicklung.

4. Was würden Sie aus Ihrer Sicht im Rahmen des Ausgestaltungsgrades empfehlen zu modifizieren? Begründen Sie.

5. Was ist aus Ihrer Sicht in diesem Fallbeispiel in Bezug auf Personalentwicklung gelungen?

---

[76] Intersektorales Lernen beinhaltet, dass sich Mitarbeitende in verschiedenen Sektoren der Gesellschaft (Verwaltung, Wirtschaft, Non-Profit-Bereich) Erfahrungen aneignen, um die Handlungsrationalitäten der jeweiligen Organisationen besser zu begreifen und bei Kooperationen die jeweiligen Handlungsweisen besser verstehen zu können.

[77] 19. Juli 1935

[78] Robert Bosch GmbH (Hrsg.), Bosch-Jubiläums-Ausstellung, Katalog, Stuttgart 1986, S.82 f.

6. Welche der dargestellten Ideen aus dem Fallbeispiel könnten Sie in Ihre Organisation transferieren? Wägen Sie das Potenzial ab und nutzen Sie dazu das Schema *Transfermöglichkeiten* im Anhang.

Fokusfrage

Welches Verständnis von *Lernen* zeigt die im Fallbeispiel beschriebene Organisation? Welche Unterschiede und welche Gemeinsamkeiten finden Sie im Vergleich zu dem Lernverständnis und seiner Umsetzung in Ihrer Organisation? Berücksichtigen Sie auch den Transfer von Lernprozessen und vergleichen Sie dazu Aussagen unter *Transfersicherung* in ▶ Kap. 4.

3.8 Stand der Personalentwicklung in der gemeinnützigen Organisation Creativity Castle, Riga, Lettland. Eine Fallbetrachtung von Ieva Kimonte.

Aus dem Englischen übersetzt von Laura Preissler. Ieva Kimonte ist Direktorin von Creativity Castle.

Creativity Castle[79], eine gemeinnützige, lettische Organisation, wurde 2009 von fünf Unternehmern – Jānis Ošlejs, Ivars Skrebelis, Roberts Dlohi, Valdis Tilgalis und Andris Morozovs – in Riga gegründet.

Janis Ošlejs, ein Ökonom und Unternehmer, hat in diesem *Konstrukt* eine besondere Rolle. Er ist als Gründer von Creativity Castle fest im Alltag der Organisation verankert. Er ist außerdem CEO der Firma Primekss, die Systeme für industrielle Betonböden entwirft und als wachsende Firma zwischenzeitlich Partner und Kunden auf vier Kontinenten hat. Beim Aufbau von Primekss, die Jānis Ošlejs quasi aus dem Nichts heraus schuf, setze er innovative Konzepte ein, die ihm die Bedeutung und die Wichtigkeit von Kreativität in seiner Organisation und in der Wirtschaftslandschaft Lettlands deutlich machten. Als Mitgestalter des staatlich initiierten Projekts *Latvia 2030*[80] hat er darum auch an einer Guideline für ein „florierendes" Lettlands mitgearbeitet. Die Schlüsselbotschaft dieser Leitlinie ist, dass *Kreativität* essentiell für den auf Dauer angelegten Wohlstand von Lettland ist.

Creativity Castle orientierte sich an den Leitlinien von *Latvia 2030* und führt auf der Grundlage dieser Richtlinien Maßnahmen auf dem Bildungssektor durch: Das Bildungssystem ist die Grundlage einer Gesellschaft und bildet heute die Führungs- und Fachkräfte von morgen aus, die es im Unterricht nachhaltig prägt. An dieser Stelle möchte Creativity Castle Einfluss nehmen, indem es die Fähigkeit zu Kreativität in Schulen auf verschiedenen

---

[79] Vgl. Homepage, Internetverweise.
[80] Vgl. Guideline, Internetverweise.

Ebenen zu fördern versucht. Das zentrale Anliegen der Gründer und der mit Creativity Castle verbundenen Unternehmer war darum von Beginn an, die Lehrpersonen und Schuldirektoren so zu schulen, dass diese Personen *Kreativität im Unterricht* bestmöglich fördern.

Zunächst bestand Creativity Castle aus fünf aktiven Gründern und einem Projektmanager und vier Personen im Support. Förderer von Creativity Castle unterstützten mit PR-Aktionen, organisierten Veranstaltungsräume, stellten sich als Referenten zur Verfügung und sorgten sogar für Gebäck in den Kaffeepausen. Edward de Bono[81] bildete als führender Vertreter des kreativen Denkens zwölf lettische Trainer und Redner aus, die die Kreativitätsförderung im lettischen Bildungssystem unterstützen sollten. Die von de Bono ausgebildeten Trainer entwarfen ein Kreativitätsprogramm für Lehrer und Lehrerinnen, das aus insgesamt sechs Schulungstagen bestand. Diese Schulungstage wurden in drei Module aufgeteilt und konnten parallel zum Schuljahr gebucht werden. Das Kreativitätsprogramm wurde drei Jahre in Folge in Riga angeboten und wurde pro Jahr von 100 Lehrpersonen aus allen Teilen Lettlands besucht, wobei in der Regel zwei Lehrpersonen pro Schule das Programm in Anspruch nahmen. Sonderreferenten aus dem Wirtschaftssektor sowie andere inspirierende Redner wurden eingeladen, um ihr Wissen mit den Lehrern und Lehrerinnen zu teilen. Darüber hinaus beschäftigte sich mindestens ein Programmtag mit verschiedenen Techniken für kreatives Denken. Die Teilnehmer des ersten Jahres wurden im Anschluss selbst zu Trainern für kreatives Denken ausgebildet.

Im zweiten Jahr traten darum einige Teilnehmer des ersten Jahres als Trainer für die nachfolgende Schulung auf. Die Zusammensetzung des Trainerteams wechselte auf diese Weise über die Zeit hinweg. Das Ausbilden der Lehrer führte dazu, dass immer weniger professionelle Trainer Lehrpersonen in die Techniken der Kreativitätsförderung einführten. Die Weitergabe von de Bonos Ideen erfolgte nun von Lehrperson zu Lehrperson.

In den ersten drei Jahren wurde das Programm kostenlos angeboten, ab dem vierten Jahr erforderte die Teilnahme eine kleine Gebühr. Kreativitätsschulungen wurden in anderen Teilen Lettlands in Zusammenarbeit mit den lokalen Gemeinden weitergeführt, wobei die anfängliche Idee, Lehrpersonen Techniken für kreatives Denken zu vermitteln, immer im Vordergrund stand – eben damit diese Personen die Ideen des kreativen Denkens in ihren Unterricht integrieren.

2011 lud Jānis Ošlejs mich, Ieva Kimonte, und andere junge Forschende der Universität Lettlands ins Creativity Castle ein. Zu diesem Zeitpunkt schloss ich gerade meinen Master in klinischer Psychologie ab. Unser studentisches Forschungsteam wurde von J. Ošlejs beauftragt, in fünfzehn verschiedenen Schulen des Landes die Wirkungen des Kreativitätsprogramms zu untersuchen. Während der Sammlung der Daten zeigte sich, dass die gesetzten Ziele des Programms nicht erreicht wurden – nur wenige Lehrpersonen arbeiteten mit de Bonos Techniken, die ihnen während der Schulung vermittelt wurden. Nach der quantitativen Datensammlung wurde die qualitative Analyse der Daten allerdings abgebrochen, da diese nur dürftig waren und man darum die Glaubwürdigkeit und Verwendbarkeit der

---

[81] Edward de Bono, Jahrgang 1933, ist ein britischer Mediziner und Kognitionswissenschaftler und führender Lehrer für *kreatives Denken*.

Ergebnisse anzweifelte. Dennoch bot die Datensammlung tiefere Einblicke in die Schulen selbst und trug damit zu einem umfassenderen Verständnis zum spezifischen Umgang mit den Kreativitätstechniken im Schulunterricht bei.

Mit dem Ende des Forschungsprojektes war meine Tätigkeit für Creativity Castle eigentlich beendet. Aufgrund meiner Erfahrungen und meines Beitrages im Projekt wurde ich allerdings von den Gründern von Creativity Castle gebeten, meine Arbeit für die Organisation als Direktorin weiterzuführen. Seit Oktober 2011 bin ich darum als Direktorin von Creativity Castle tätig. Seitdem habe ich meine Erfahrungen als Beraterin und Trainerin ausgebaut. In meiner Arbeit verbinde ich Wissen aus der Psychologie mit dem Management von Organisationen. Mit Guna Geikina habe ich außerdem die gemeinnützige Organisation *Resilience* gegründet, die Eltern behinderter Kinder mit Selbsthilfegruppen und anderen Aktionen unterstützt. Daneben habe ich ein weiteres Programm für Eltern entwickelt (in Kooperation mit Anna Reynolds), denn ich sehe Verbindungen zwischen Familien und Organisationen – „gute" Eltern, „gute" Manager, „gute" Lehrpersonen. So habe ich bspw. im Rahmen meiner Forschungstätigkeit an Schulen festgestellt, dass die Motivation und das Interesse der Schüler in Bezug auf ihr Lernen nicht nur stark von ihrem subjektiv empfundenem Wohlbefinden abhängt, sondern auch von der erfahrenen Unterstützung durch die Lehrperson.

Zu Beginn meiner Tätigkeit als Direktorin traf ich mich regelmäßig mit Jānis Ošlejs für unsere Strategiesitzungen, die jeweils mit einem klar ausgearbeiteten Maßnahmenplan endeten. Heute treffe ich die finalen Entscheidungen selbst, wobei ich diese auch von den Prioritäten und Sichtweisen meines Teams abhängig mache. Nach rund einem Jahr stelle ich ein gewachsenes Verantwortungsgefühl im Team fest. Falls Probleme auftauchen, suchen die Mitarbeitenden eigenständig nach Lösungen.

Der Gründer Jānis Ošlejs begleitet meine Arbeit weiterhin als Mentor. Er investiert enorm in meine Entwicklung. Durch sein Mentoring lerne ich viel, was ich selbst anwenden kann.

Als Direktorin stelle ich mich der Herausforderung, nicht direkt zu führen und Anweisungen zu geben. Meine Führung zeichnet sich durch Diskussionen aus, die sich auf konkrete Sachverhalte stützen. Zuhören, schnelles Beurteilen vermeiden und den Fokus auf das Erreichen eines gemeinsamen Ziels auszurichten, kann allerdings auch schwierig sein.

Ich erachte ein positives und realistisches Feedback als essentiell, um Mitarbeitende zu motivieren und damit sie sich in eine Organisation einbringen. Ich versuche immer, die Stärken jeder einzelnen Person anzusprechen und die anderen Mitarbeitenden auf diese aufmerksam zu machen. Ich erwähne zum Beispiel besondere Leistungen und Fortschritte von Mitarbeitenden in Konferenzen. Eine Kollegin hat sich bspw. vor einem Jahr vorgenommen, eine bessere Rednerin zu werden und hielt kürzlich einen brillanten Vortrag. Nicht nur ich gab ihr Feedback, sondern auch die übrigen Zuhörer. Alle im Team lenkten ihre Aufmerksamkeit auf ihren großen Fortschritt, so dass sie sich nicht nur kompetenter fühlt, sondern auch stolz auf ihre Leistung ist.

Mit der Zunahme des *Wir-Gefühls* kamen aber auch Herausforderungen auf mich und das Team zu. Das gewachsene Interesse von Seiten der Mitarbeitenden an der Organisation mit ihren spezifischen Zielsetzungen und Resultaten, führte zu angeregten Diskussionen, die oftmals von einer Brandbreite an Emotionen begleitet wurden. Ich sehe diese Diskussionen allerding als großen Fortschritt im Prozess unserer Organisationsentwicklung und darum auch positiv. Die größte Herausforderung für mich ist, meinen Mitarbeitenden nicht zu viele Vorgaben und Richtlinien zu geben, sondern ihnen dabei zu helfen, ihre eigenen Ziele zu definieren und selbst Lösungen für Probleme zu finden. Obwohl ich meine eigene Vision für Creativity Castle habe, sehe ich einen größeren Wert darin, in Kooperation mit meinen Mitarbeitenden Ziele für unsere Organisation zu setzen. Einerseits kostet diese Herangehensweise mehr Zeit, andererseits spare ich Zeit, weil ich meinen Mitarbeitenden unsere Ziele und die Implementierung nicht weiter erklären muss. Nichtsdestotrotz kann ich bei einer Entscheidungsfindung das letzte Wort haben. Ich beziehe die Ansichten der Teammitglieder aber immer ein und stimme Entscheidungen auf die Punkte, die mir im Team berichtet wurden, ab.

Darüber hinaus biete ich meinen Mitarbeitenden Mentoring- und Coaching-Sessions an. Gegenwärtig arbeite ich einmal pro Monat mit zweien meiner zwölf Mitarbeitenden. Das Interesse an diesem Angebot nimmt zu, da beide Mitarbeitende durch das Coaching sichtlich Fortschritte machen.

Ich plane die Gründung einer Plattform für den Erfahrungsaustausch von Lehrern und Schuldirektoren, da ich der Ansicht bin, dass nicht die Methode selbst verhindert, dass die Förderung der Kreativität im schulischen Unterricht zu kurz kommt, sondern dass das gegenwärtige Umfeld in Lettland für Lehrpersonen nicht günstig ist. Obwohl zahlreiche Projekte im Bereich Kreativität in Riga und anderen großen Städten Lettlands für Lehrer angeboten werden, mangelt es an Kommunikation untereinander und dem Austausch von Erfahrungen zwischen den verschiedenen Regionen, der jedoch aus meiner Sicht essentiell ist. Unser Team denkt gegenwärtig über die Gestaltung einer solchen Plattform nach, deren Realisierung allerdings den Ausbau der personellen Kapazitäten von Creativity Castle bedeutet. Ich denke, dass wir die Umsetzung der Plattform in einem Jahr in Angriff nehmen werden. Bis dahin möchte ich das bestehende Team stabilisieren und anschließend die Plattform einem größeren Publikum zugänglich machen.

Wir haben verschiedene Projekte, deren Inhalte von den spezifischen Erfahrungen der Trainer und ihren Prioritäten abhängen. Die verschiedenen Projekte erfordern ein unterschiedliches Maß an Beteiligung durch die jeweiligen Trainer und Teammitglieder. Meine Verantwortung besteht darin, die verschiedenen Aufgaben „gut" zu verteilen und die Projekte durch Ressourcen von Creativity Castle oder gegebenenfalls selbst zu unterstützen.

Während einige Mitarbeitende die Durchführung der Projekte weitgehend selbstständig planen, verfügen andere über weniger Erfahrung und suchen meine Unterstützung. Ich leite dann auch einzelne Mitarbeitende an andere Mitglieder des Teams weiter, die in einer Fragestellung aufgrund ihrer Erfahrungen und ihres Fachwissens behilflich sein können.

Bei der Konzeptualisierung der Projekte versuche ich immer, die Vorstellungen der Teammitglieder umzusetzen. Um den Prozess der Projektplanung zu erleichtern, plane ich mit meinen Mitarbeitenden ein Assessment durchzuführen, damit alle Teammitglieder eine „objektive" Rückmeldung über ihre Fähigkeiten und die ihrer Kollegen erhalten.

Momentan passiert ein solcher Austausch auf einem intuitiven Level. Es wäre allerdings ein großer Vorteil, wenn das Fachkönnen der Einzelnen auch *sachgemäß* dokumentiert werden könnte und so die verschiedenen Fähigkeiten, die die Mitarbeitenden mitbringen, allen bekannt sind. Im Team werden wir diskutieren, welches Assessment wir anwenden werden, wie das Verfahren dann ablaufen soll und was die genauen Ziele des Verfahrens sein werden.

Die größte Herausforderung für Creativity Castle ist die Nachhaltigkeit. Da wir eine gemeinnützige Organisation sind und die meisten der involvierten Personen auf ehrenamtlicher Basis arbeiten, hat sich die Zusammensetzung des Teams über die letzten Jahre oft geändert. Wie vorgängig erwähnt, ist das Hauptanliegen von Creativity Castle, kreatives Denken im Schulunterricht zu fördern. Wie auch die Forschungsergebnisse zeigten, haben zwar viele Lehrpersonen das Programm in Anspruch genommen, aber die Techniken zur Förderung des kreativen Denkens nicht in ihren Unterricht einfließen lassen. Das stellte uns vor folgende Fragestellungen: Wie können wir unser Programm *nachhaltig* machen? Wie können wir Lehrpersonen weiterhin am Ball halten?

Nach Gesprächen mit Lehrpersonen und Schulleitenden wollten wir die Kreativitätsschulungen für die Lehrer und Lehrerinnen wieder kostenlos anbieten, um die Ausbildung und die anschließende Umsetzung von Kreativitätsförderung im Unterricht zu erleichtern. Weitere Recherchen ergaben jedoch, dass viele der ausgebildeten Lehrpersonen in den Schulen keinen eigenen *Kreativitätsunterricht* hielten oder diesen auf den Nachmittag legten, so dass nur wenige Schüler das Angebot wahrnahmen. Andere Schulen gaben an, keine Zeit für Kreativitätsförderung zu haben und baten uns, sie in Ruhe zu lassen.

Seitens der Schulleitung bestand oftmals kein Interesse, kreatives Denken zu fördern und so die Motivation der Schüler und Schülerinnen im Schulalltag zu verbessern. Aus unternehmerischer Sicht erscheint ein solches Desinteresse, wie es uns gezeigt wurde, abwegig, zumal sich die Lehrpersonen und Direktoren über mangelnde Unterstützung generell, ungenügende Methoden und wenig Motivation seitens der Schüler und Schülerinnen beschwerten. Ich suchte darum weiter nach Gründen und kam zum Schluss, dass der Erfolg einer Schule und die gelungene Umsetzung der Techniken mit der Kultur der schulischen Organisation zusammenhängen müssen. Ich veröffentlichte einige Artikel zur Korrelation zwischen einer Organisationkultur und des Erfolgs der Umsetzungen. Dieses Mal hatte ich offenbar ins Schwarze getroffen: Viele Schulen stimmten mit meiner These überein.

Das Kernproblem waren also nicht die Kreativitätsmethoden an sich. Das Problem war in der Kultur der Schulen zu suchen. Schulen, die von den Schulleitern als Orte des Wachstums betrachtet und entsprechend geleitet wurden, zeigten bei der Umsetzung der Kreativitätsmethoden gute Resultate. Andere Schulen zeichneten sich demgegenüber durch eine „negative" Konkurrenz- und Wettbewerbskultur aus, in denen sich oftmals die Schulleiter und Schulleiterinnen selbst nicht wohl fühlten. Die Umsetzung der Kreativitätstechniken ist an solchen Orten schwierig. Schulen ein und desselben Landes verfolgen ganz offensichtlich unterschiedliche Denkansätze und Lehrmethoden.

Aufbauend auf meinen Beobachtungen und Schlussfolgerungen begann ich auch Creativity Castle als Unternehmen neu zu organisieren. Wir waren alle motiviert, Creativity

Castle neu zu strukturieren, damit wir effektiver arbeiten und genau die Produkte anbieten können, an denen es Lehrpersonen wirklich mangelt. Nach zweieinhalb Jahren, in denen wir neue Lösungen erprobt haben, hat sich das Vertrauen des Markts in unsere Organisation gefestigt. Heute sind unsere Trainings nicht mehr kostenlos, denn wir wollen nur die Personen gewinnen, die tatsächlich an den Inhalten interessiert sind. Wir haben auch unser Auftreten verändert: Früher dachten wir, wir müssten die Lehrpersonen „retten". Heute versuchen wir, die Aufmerksamkeit auf das Problem selbst zu lenken und die Teilnehmer und Teilnehmerinnen zu unterstützen, eigene Lösungen zu finden. Wir haben damit auch unsere Verantwortung auf sie übertragen. Sie müssen sich engagieren, möchten sie etwas für sich mitnehmen. Darüber hinaus reden wir heute offen über verschiedene Methoden und diskutieren Vor- und Nachteile und wir bieten einen sicheren Raum an, indem sie ausprobieren können und *reale* Erfahrungen machen.

Auch das Vertrauen der Mitarbeitenden von Creativity Castle in die Organisation ist gewachsen. Wir haben im letzten Jahr begonnen, ein starkes und motiviertes Team aufzubauen, das an Entscheidungsfindungen aktiv teilnimmt. Wir haben vier Teambildungsevents veranstaltet und jeder der zwölf Mitarbeitenden erhielt die Möglichkeit, ein Schulungsprogramm zu entwerfen.

Ich als Direktorin lade jeden ein, mir seine Prioritäten in der Organisation mitzuteilen. Ich biete den Teammitgliedern zudem die Möglichkeit, mich bei Schulungen zu begleiten, was von ihnen als wertvolle Erfahrung geschätzt wird.

Wir teilen unsere Erfahrungen, unsere Fehler und Lösungen. Das wird auch vom Gründer Jānis Ošlejs[82] gefördert. Seit der Umstrukturierung von Creativity Castle vor zweieinhalb Jahren arbeite ich heute vorwiegend als Haupttrainerin und Repräsentantin. Ich versuche, als Beispiel voranzugehen. Mir ist es sehr wichtig, das Potential der anderen Mitglieder nicht einzuschränken und Creativity Castle nicht durch meine Funktion als Direktorin „zu dominieren". Ich sehe meine Hauptverantwortung darin, ein klares und sicheres Umfeld für die Entwicklung der Teammitglieder zu schaffen, in dem Wachstum, Innovation und Erkenntnis möglich ist. Wir haben aber noch viel Arbeit vor uns, da dies ein langfristiger Prozess ist, der viel Zeit und Förderung in Anspruch nimmt.

Unser Basisprodukt ist das Training von kreativem Denken. Ursprünglich wurden unsere Mitarbeitenden, die dieses Wissen weitergeben, von professionellen Trainern ausgebildet. Heute bietet Creativity Castle andere Wege: Die Mitarbeitenden können Kollegen bspw. auf Schulungen begleiten. Am meisten lernen sie jedoch beim Durchführen von eigenen Schulungen. Das erfordert Vorbereitung, das Besuchen von Seminaren, Recherchen sowie das Sammeln von Datenmaterial. Der Aufwand hängt natürlich auch davon ab, was die Einzelnen bereits mitbringen.

Um die Entwicklung der Trainer in unserer Organisation zu *institutionalisieren*, gibt es eine Art *Unterrichtsteil* in unseren Teammeetings, in dem eine Person ihre Erfahrungen in der Runde teilt und andere Teammitglieder in einem bestimmten Thema schult. Diesen

---

[82] Jānis Ošlejs besitzt aufgrund seiner Vita ein großes Fachwissen und versteht es aus meiner Sicht, Teammitglieder zu inspirieren.

Sommer wird unser zweites dreitägiges Camp stattfinden, welches ein Video-Training und ein Seminar für das *Arbeiten mit Publikum* beinhaltet.

Zum jetzigen Zeitpunkt ist das fachliche Können in unserem Team noch nicht auf einem gleichen Level. Das bedeutet, dass ich die fortgeschrittenen Trainer aufrufe, die anderen Teammitgliedern weiterhin in ihrer Qualifizierung zu unterstützen. Ich bin auch der Ansicht, dass in Seminaren ein Trainer derjenige ist, der am meisten lernt. Unsere zukünftige Planung sieht darum vor, interne Seminare zu veranstalten, die einen Schwerpunkt auf den Austausch von Erfahrungen legen und konstruktives Expertenfeedback nicht nur von mir, sondern auch von den anderen Teammitgliedern zulassen.

Es ist eine Illusion zu glauben, dass Veränderungen schneller zu erreichen sind, wenn nur wenige Personen an der Umsetzung beteiligt sind. Veränderung geschehen nur in meinem Kopf schnell, da ich als Direktorin und Repräsentantin klare Vorstellungen von den strategischen Richtlinien habe.

Ich bin die *zentrale Anlaufstelle*: Alle meine Teammitglieder sind in verschiedenen Städten ansässig. Einmal im Monat kommuniziert das Team im Rahmen einer Telefonkonferenz und vierteljährlich findet, wie bereits erwähnt, ein Teamevent statt. Wochenweise kommunizieren kleinere Gruppen von Mitarbeitenden, um bevorstehende Events, Schulungen oder Konferenzen zu organisieren. Ich initiiere in der Regel alle Aktivitäten von Creativity Castle und bin immer in irgendeiner Weise involviert, was sich mit der Zeit jedoch ändern sollte. Ich sehe es als Notwendigkeit an, den Teammitgliedern mehr Verantwortung in zentralen Entscheidungen zuzusprechen.

Mein Fazit zum Stand des organisationalen Lernens bei Creativity Castle

Lehrpersonen und Schulleitende sind bei uns an ein Umfeld gewöhnt, in dem die Führungsperson Anweisungen gibt und die Verantwortung für alle unternommenen Aktivitäten übernimmt. Auch ich bin vermutlich so sozialisiert. Als „dominante Persönlichkeit" brauche ich Zeit, mich anzupassen und auch mein Team muss sich daran gewöhnen, Verantwortung zu übernehmen. Wir befinden uns alle in einem Lernprozess und ich kommuniziere das in unseren Meetings. Nicht nur ich bin in einer Übergangsphase, *wir* sind das.

Creativity Castle als Organisation in ihrer Gesamtheit befindet sich also in einem Prozess der Transformation. Wir arbeiten momentan an unserer Finanzsituation und haben das Ziel, die Mitarbeitenden für ihre Dienste zu bezahlen. Unsere Unternehmensstrategie wird klarer und die Mitarbeitenden erkennen ihre spezifische Rolle im Unternehmen durch ihre Aufgaben und Verantwortungen. Unser Ziel ist, unsere Strategie so simpel und einfach wie möglich umzusetzen. Das ist nicht einfach. Dieser Prozess fordert das Team heraus und lässt erkennen, wer von den Mitarbeitenden aktiver am Geschehen in der Organisation teilhaben möchte und wer die Organisation lediglich im Rahmen bestimmter Aktivitäten unterstützen will.

Wir wollen dazu beitragen, dass das Fördern von Kreativität in Lettlands Schulsystem verankert wird – eben damit der Wohlstand unseres Landes durch *kreative* Führungskräfte und durch Innovationen in Zukunft gesichert ist. Um das zu erreichen, brauchen wir praktische Beispiele, die zeigen, dass Organisationen, die auf Motivation, Unterstützung und Kreativität als Fundament beruhen, die besten Resultate erzielen können.

Wir als Organisation befinden uns auf dem Weg, genau eine solche Organisation aufzubauen. Wir wollen andere Unternehmen, zum Beispiel Schulen, die sich auf demselben Weg befinden, in diesem Prozess tatkräftig unterstützen.

1. Vergleichen Sie Ihre Organisation mit der im Fallbeispiel: Worin ähneln sich die beschriebene Organisation und ihr Verständnis von Personalentwicklung und Ihre Organisation? Was unterscheidet sie?

2. Was denken Sie, wo steht diese Organisation im Ausgestaltungsgrad von Personalentwicklung?

3. Was sind die spezifischen Elemente, die diesen Ausgestaltungsgrad kennzeichnen? Nehmen Sie auch Bezug auf das Verständnis von Führung und Entwicklung.

4. Was würden Sie aus Ihrer Sicht im Rahmen des Ausgestaltungsgrades empfehlen zu modifizieren? Begründen Sie.

5. Was ist aus Ihrer Sicht in diesem Fallbeispiel in Bezug auf Personalentwicklung gelungen?

6. Welche der dargestellten Ideen aus dem Fallbeispiel könnten Sie in Ihre Organisation transferieren? Wägen Sie das Potenzial ab und nutzen Sie dazu das Schema *Transfermöglichkeiten* im Anhang.

Fokusfrage

Welche Werte erkennen Sie im Hintergrund des in dieser Fallbetrachtung dargestellten Verständnisses von Personalentwicklung? Reflektieren Sie Parallelen und Differenzen in Bezug auf Ihr Führungsverständnis und -handeln.

Anhang: Transfermöglichkeiten

Die nachfolgende, an die Grundidee der SWOT-Analyse angelehnte Aufgabe dient dazu, Transfermöglichkeiten der Ideen und Lösungen der Fälle in Ihre Organisation und in Ihren Führungsalltag abzuwägen.

Aufgabe: Bewerten Sie die Potenziale mithilfe von ▶ Abb. 3.7.

Bei Ihrer Analyse unterstützen Sie die Fragen entlang der Quadranten *Ressourcen*, *Potenziale*, *Herausforderungen* und *Grenzen*. Nutzen Sie die Abbildung zum Notieren Ihrer Gedanken:

1. Quadrant *Ressourcen*: Welche Idee könnte in unserer Organisation heute besonders gut funktionierten? Was spricht in unserer Kultur dafür? Welchen Vorteil schaffen unsere Strukturen für die Umsetzung? Was könnte ich dazu in besonderer Weise beitragen?

Abb. 7 Transfermöglichkeiten

	Gegenwart	Zukunft
positiv	■ Ressourcen	■ Potenziale
negativ	■ Herausforderungen	■ Grenzen

2. Quadrant *Potenziale*: Was liegt derzeit in unserer Organisation brach? Wo hätten wir Potenzial? In welchen Bereichen sollte uns die Idee oder Lösung noch besser machen? Was bräuchte unsere Organisation dazu? Was bräuchte ich als Führungskraft?

3. Quadrant *Herausforderungen*: An welchen Stellen erschweren unsere Strukturen, zum Beispiel unsere Arbeitsorganisation, die Implementation der Idee oder Lösung? Was ist kritisch an dieser Idee und Lösung? Was sollten wir konkret anders machen? Wo „stößt" unsere Kultur an? Was wäre für die Kollegen schwierig? Was für die Führungskräfte? Was für mich?

4. Quadrant *Grenzen*: Mit welchen Einschränkungen müssten wir in unserer Organisation rechnen? Mit welchen Einschränkungen müsste ich als Führungskraft rechnen? Sind Einschränkungen extern und/oder intern zu erwarten? Welche kritischen Faktoren oder Risiken wären bei einer Implementation einzukalkulieren?

Literaturverzeichnis

Bundesverband Deutscher Stiftungen (Hrsg.). Informationsbroschüre „Was ist eine Stiftung". Berlin: Bundesverband Deutscher Stiftungen.

Rheinische Post Verlagsgesellschaft (Hrsg.) (2014). Stiftungen. Das besondere Magazin. Düsseldorf: Rheinische Post Verlagsgesellschaft.

Bundesverband Deutscher Stiftungen (Hrsg.) (2014). Jahresbericht 2014. Berlin: Bundesverband Deutscher Stiftungen.

BBQ Berufliche Bildung gGmbH (Hrsg.) (2014). Bildung kommt an. Geschäftsbericht 2013/2014. Stuttgart: BBQ.

Wehner, Theo et al. (2003). Wissenschaftliche Evaluation der Mitarbeiterbeurteilung für Lehrkräfte der Zürcher Volksschule (EvaMAB). 1,4 MB, 2 Bde.. Zürich: Institut für Arbeitspsychologie.

Jetter, Wolfgang (2008). Effiziente Personalauswahl. 3. Auflage. Stuttgart: Schäffer-Poeschel Verlag.

Strittmatter, Anton; Ender, Bianca (2010). Personalführung an Schulen, Gewährleisten. Unterstützen. Entwickeln. 1. Auflage. Bern Schulverlag Plus.

Bosch, Robert (1935). Richtlinien zur Vermögensverwaltung Bosch GmbH vom 19.7.1935. Internes Dokument.

Bosch, Robert (1940). Rede zur Einweihung des Robert-Bosch-Krankenhauses. In: Bosch-Zünder, 22/1940, S. 40.

Robert Bosch Stiftung (2014). Vision der Robert Bosch Stiftung. Internes Dokument.

Robert Bosch Stiftung, Personalabteilung (2014). Grundsätze der Personalentwicklung. Unveröffentlichtes Manuskript.

Robert Bosch GmbH (Hrsg.) (1986). Bosch-Jubiläums-Ausstellung, Katalog, Stuttgart, S. 82f.

Bender, Roland (2014). Grundlagen der Stiftungspraxis: Personalmanagement. 4/2014. In: Stiftung & Sponsoring, Gütersloh: Stiftung & Sponsoring Verlag GmbH.

Bender, Roland (2014). Lernkultur in der Robert Bosch Stiftung am Beispiel der internen Weiterbildung – Ein Praxisbericht. In: Sandberg, Berit (Hrsg.): Arbeitsplatz Stiftung. Karrierewege im Stiftungsmanagement. Personalmanagement in Stiftungen Band 3, 2014. Essen: Sponsoring Verlag.

Bender, Roland; Portman, Julia; Zeides Roland (2015). Qualität in der Ausbildung: Zusammenhänge vermitteln – Abhängigkeiten erkennen – Spielräume gestalten. In: Stiftung & Sponsoring, 2/2015, Gütersloh: Stiftung & Sponsoring Verlag GmbH.

Abbildungs- und Tabellenverzeichnis

Internetverweise

Fußnote 9: Organisationsstruktur Geschäftsstelle Bundesverband Deutscher Stiftungen
http://www.stiftungen.org/de/verband/verbandsstruktur/geschaeftsstelle.html
Download am 28.06.2015

Fußnote 12: Schule Bühl
http://www.ps-o.ch/xml_2/internet/de/intro.cfm
Download am 12.05.2015.

Fußnote 13: Gemeinde Otelfingen
http://www.otelfingen.ch/xml_1/internet/de/intro.cfm
Download am 12.05.2015.

Fußnote 14: Gewerbeverzeichnis Otelfingen
http://www.otelfingen.ch/xml_1/internet/de/application/d58/f61.cfm
Download am 12.05.2015.

Fußnote 21: Lehrplan 12
https://www.lehrplan.ch/
Download am 28.06.2015.

Fußnote 28: BBQ gGmbH
http://www.biwe.de/biwe_tochtergesellschaften.html
Download am 18.05.2015.

Fußnote 30: Wirtschaft inklusiv
http://www.wirtschaft-inklusiv.de/
Download am 25.06.2015

Fußnote 32: Mobi Pro-EU
http://www.foerderdatenbank.de/Foerder-DB/Navigation/Foerderrecherche/suche.html?get=views;
document&doc=11828
Download am 25.06.2015

Fußnote 34: Family Net
http://www.familynet-bw.de/
Download am 25.06.2015

Fußnote 36: Homepage BBQ, Leitlinien
http://www.biwe-bbq.de/leitlinien.html
Download am 28.06.2015

Fußnote 37: Software
http://www.biwecon.de/
Download am 26.06.2015

Fußnote 38: Quartierverein Auzelg
http://farbigesschwamendingen.ch/auzelg/index.html
Download am 21.05.2015.

Fußnote 39: Quartierverein Auzelg
http://farbigesschwamendingen.ch/auzelg/index.html
Download am 21.05.2015.

Fußnote 40: Quartierverein Auzelg
http://farbigesschwamendingen.ch/auzelg/index.html
Download am 21.05.2015.

Fußnote 41: Stiftung Wohnungen für kinderreiche Familien
https://www.stadt-zuerich.ch/fd/de/index/das_departement/departementssekretariat_aufgaben/
stiftung_wohnungen_fuer_kinderreiche_familien.html
Download am 21.05.2015

Fußnote 43: Quartierverein Auzelg
http://farbigesschwamendingen.ch/auzelg/index.html
Download am 21.05.2015

Fußnote 49: Homepage Schule Dietlikon
http://www.schule-dietlikon.ch/
Download am 28.06.2015.

Fußnote 56 bis 58: Evaluationsbericht
http://www.schule-dietlikon.ch/schuleinheiten/sekundarschule-hueenerweid/portrait/externe-
evaluation/
Download am 28.06.2015.

Fußnote 59: Homepage ZHAW / School of Management and Law
http://sml.zhaw.ch/de/management/kontakt.html
Download am 28.06.2015

Fußnote 79: Creativity Castle
www.radosumapils.lv
Download am 24.05.2015

Fußnote 80: Guidelines
http://www.cbs.nl/NR/rdonlyres/B7A5865F-0D1B-42AE-A838-FBA4CA31674D/0/Latvia_
2010.pdf
Download am 18. Juni 2015

Anmerkungen

Fußnote 2: Rechtsfähige Stiftungen des bürgerlichen Rechts
„Die rechtsfähige Stiftung des bürgerlichen Rechts ist die klassische Stiftungsform. Diese Stiftungen unterstehen der staatlichen Stiftungsaufsicht. Im Rahmen ihrer Errichtung werden sie von den
Aufsichtsbehörden anerkannt und in Stiftungsverzeichnissen veröffentlicht." Stiftungen (2014),
S. 12. Der Begriff „Stiftung" ist nicht geschützt. Darum ist es wichtig, „rechtsfähige Stiftungen
des bürgerlichen Rechts" zu unterscheiden, denn nur diese können formal im Stiftungsverzeichnis
erfasst und somit transparent gemacht werden.

Fußnote 3: Statistische Erfassung von Stiftungen
In Deutschland können lediglich rechtsfähige Stiftungen des bürgerlichen Rechts statistisch erfasst
werden, weil sie der Kontrolle der Aufsichtsbehörden der Bundesländer unterliegen. Diese überprüfen bspw., ob die gesetzlichen Regelungen beachtet werden und die Stiftungsarbeit die Vorgaben
des Stiftungszweckes erfüllt. Vgl. auch Informationsbroschüre „Was ist eine Stiftung" des Bundesverbandes Deutscher Stiftungen. Treuhandstiftungen bspw. können nicht statistisch erfasst werden,
weil sie per Vertrag direkt mit einem Treuhänder und nicht über eine Aufsichtsbehörde gegründet
werden. Vgl. Stiftungen (2014), S. 8 ff.

Fußnote 25: Kompetenzkarten
Insgesamt zählt das Kartenset 105 Indikatoren. Zu den PSO-Kompetenzen zählt zum Beispiel der Schwerpunkt „Interkulturelle Sensitivität". Die Indikatoren „Kann persönliche Überzeugungen zurückstellen und multiperspektiv unterrichten" oder „Differenziert bewusst zwischen eigener ethischer Überzeugung und interkulturellen Lerninhalten" formuliert die Erwartungen eines Kompetenzschwerpunktes.

Fußnote 31: Betriebliches Eingliederungsmanagement (BEM)
Im Hintergrund von BEM (Betriebliches Eingliederungsmanagement) steht eine gesetzliche Regelung in Deutschland: Arbeitgeber sind auf der Grundlage des Sozialgesetzbuches in Deutschland verpflichtet, Arbeitnehmende nach einem längeren, krankheitsbedingten Arbeitsausfall bei der Wiederaufnahme der Arbeit zu helfen. Ziel ist es, die Leistungsfähigkeit des Einzelnen und seine Wiedereingliederung am Arbeitsplatz zu unterstützen. Hierfür können Arbeitgeber Fachberatungen des BBQs in Anspruch nehmen.

Fußnote 32: MobiPro-EU
MobiPro-EU (Förderung der beruflichen Mobilität von ausbildungsinteressierten Jugendlichen und arbeitslosen jungen Fachkräften aus Europa) ist ein Sonderprogramm des Bundesministeriums für Arbeit und Soziales in Deutschland, das zur Sicherung des Fachkräftebedarfs in Deutschland und als Beitrag gegen die hohe Jugendarbeitslosigkeit in Europa entwickelt wurde.

Fußnote 33: Internationale Projekte
Siehe auch Internetverweise, Informationen in der Förderdatenbank des Bundesministeriums für Wirtschaft und Energie in Deutschland. Vgl. auch Geschäftsbericht der BBQ Berufliche Bildung gGmbH, 2013/2014, S. 38 ff: So werden bspw. spanische Jugendliche bei der Robert Bosch GmbH in Stuttgart zu Anlagenmechanikern, Industriemechanikern, Mechatronikern und Zerspannungsmechanikern ausbildet. Die Ausbildung wird durch Sozialpädagogen der BBQ begleitet.

Fußnote 35: Finanzierung von Personalentwicklung
Maßnahmen der Personalentwicklung werden oftmals über sogenannte Gemeinkosten finanziert, das heißt, Weiterbildung wird zum Beispiel über den Verkauf von Projekten finanziert. Da allerdings nicht jedes Projekt den individuellen Qualifizierungsbedarf abdecken kann, trägt letztlich die Summe aller Einnahmen aus den Projekten die Kosten für die Personalentwicklung. Kosten werden also umverteilt, damit jeder Mitarbeitende Weiterbildungen beziehen kann.

Fußnote 42: Stiftung Wohnungen für kinderreiche Familien
Die *Stiftung Wohnungen für kinderreiche Familien* wurde bereits in den 20er-Jahren von der Stadt Zürich gegründet. Sie vermietet heute insgesamt 511 Wohnungen. Die Nachfrage nach den Wohnungen scheint groß, darum führt die Stiftung eine Warteliste, wie sie im Internet informiert. Grundsätzlich kann sich jeder mit drei Kinder unter 18 Jahren und einem jährlichen Einkommen unter 63.000 Schweizer Franken bewerben, wenn er seit zwei Jahren in Zürich gemeldet ist und die Schweizer Staatsbürgerschaft oder mindestens eine sogenannte *C-Bewilligung* besitzt. Vgl. Informationen im Internet zur Stiftung auf der Seite des Finanzdepartments der Stadt Zürich.

Fußnote 46: Projekt Teilautonome Schulen (TaV)
Das Projekt *Teilautonome Schule* ist ein Vorläufer der geleiteten Schulen, die 2005 per Gesetz im Kanton Zürich flächendeckend eingeführt wurde. Die Anfänge reichen in der Stadt Zürich bis ins Jahr 1993 zurück. Insbesondere Tagesschulen und sogenannte *Schülerclubs* wurden teilautonom geführt. Die Bildungsdirektion hat in der Folge das Projekt *TaV – Teilautonome Volksschulen* für

Quartierschulen der Stadt Zürich initiiert. Ziel war es, mehr Handlungskompetenzen in die Schulen zu tragen und Verantwortungsbereiche zu etablieren, unter anderem durch ein Budget, das von den Schulen selbst verwaltet wurde. Damit einher gingen auch die Selbst- und Fremdevaluation von Schulen und ein neues Verständnis von Elternmitarbeit.

Fußnote 65: Pflege

Mit Hilfe der Stiftung hat die Pflege einen intensiven Prozess der Professionalisierung durchlaufen, von dem viele Pflegebedürftige, aber auch die Beschäftigten in diesem Berufsfeld bis heute profitieren. Darüber hinaus ist es gelungen, die Pflege, die lange Zeit nur als Anhängsel der Medizin betrachtet wurde, als eigenständige Disziplin in Deutschland zu etablieren. Das zeigen am eindrucksvollsten die zahlreichen Studiengänge an Universitäten und Hochschulen, die auch dank der Initiative der Stiftung entstanden sind.

Fußnote 69: UWC College

200 Schüler verschiedener Nationalitäten leben und lernen hier gemeinsam und erwerben einen international anerkannten Schulabschluss. Alle Schüler werden von den unabhängigen UWC Nationalkomitees ausschließlich nach Eignung und Begabung ausgewählt. Stipendien stellen sicher, dass das Einkommen der Eltern bei der Vergabe keine Rolle spielt.

Konzept für Personalentwicklung

Dieses Kapitel dient dazu, die Erarbeitung eines Personalentwicklungskonzeptes zu unterstützen, das zum persönlichen Führungshandeln und zur eigenen Organisation passt. Die Passung ist die Voraussetzung zum Gelingen der Entwicklungsvorhaben.

Existiert bereits ein Konzept für die Personalentwicklung in der Organisation, leiten die Fragen in diesem Kapitel das konstruktive Hinterfragen des bestehenden Konzeptes an. Auf diese Weise können wertvolle Hinweise zur Klärung der Ursachen gewonnen werden, die dem „Nichtgelingen" einzelner Maßnahmen Vorschub leisten – und bestätigen, was in der Organisation und in der eigenen Führungspraxis „gut" gelingt.

Als Instrument hierfür dienen diagnostische Fragen[1] entlang der Reifegrade von Personalentwicklung:

- Drei Reifgrade differenzieren die Ausgestaltung von Personalentwicklung, a) Personalentwicklung auf Grundlage der bedarfsorientierten Bildung, b) Personalentwicklung entlang der Personalprozesse und c) Personalentwicklung im Kontext der Entwicklung einer Organisation. Diese Grade bauen aufeinander auf. Ihnen liegt die im ▶ Kap. 2.4 dargestellte Unterscheidung nach *Personalentwicklung im engen, erweiterten und weiten Sinn*[2] zugrunde.

- Damit allerdings jene Fehler vermieden werden, die die Ausgestaltungsgrade begleiten können, wie Studien belegen, werden die Reifegrade als *abgeschlossene* Einheiten abgebildet, die in einer weiteren Stufen „aufgehen" können (nicht *müssen*) – und das nicht aus einer Defizitperspektive heraus, sondern aus einer positiven Entwicklungsperspektive, im Sinne einer Addition oder eines folgerichtigen nächsten Schrittes.

Wichtig ist, dass das Konzept, das auf dieser Basis ausgearbeitet wird, mit der persönlichen Führungspraxis verzahnt ist. Es soll sich also nicht um ein Konzept handeln, das fernab der individuellen Arbeitsrealität in einer Organisationseinheit „verwaltet" wird. Ziel ist es,

---

[1] Die Fragen können selbstverständlich erweitert werden. Anregungen nimmt die Autorin gerne auf.
[2] Vgl. Becker (2013).

ein Gedankenmodell für das eigene Führungshandeln[3] herzustellen – einen Reflexions- und Referenzrahmen, der zugleich Zielbild des gesamtorganisationalen Handelns ist.

4.1 Personalentwicklung auf der Grundlage der bedarfsorientierten Bildung – Ausgestaltungsgrad 1

Die Hauptaufgabe der Personalentwicklung ist in diesem Ausgestaltungsgrad die Qualifizierung der Mitarbeitenden aufgrund des organisationalen Bedarfs.

Die in ▶ Tab. 4.1 aufgeführten Fragen entlang von Weiterbildung, Bildung und Ausbildung unterstützen die Klärung der organisationsspezifischen Inhalte und erlauben den Aufbau einer Systematik.

Tab. 4.1 Fragen zur Personalentwicklung bei bedarfsorientierter Bildung

Aufgaben	Fragen
Weiterbildung	Ermitteln wir den Weiterbildungsbedarf systematisch?
	Auf welche Grundsätze stützt sich unsere Weiterbildung?
	Steht die Weiterbildung für alle Mitarbeitenden offen?
	Wer initiiert *Weiterbildung*? Ist der Prozess definiert?
	Setzen wir bezüglich der zu entwickelnden Qualifikationen Schwerpunkte? Sind diese ausgewogen? Passen sie zur Organisationskultur?
	Welche Maßnahmen beinhaltet die Weiterbildung in unserer Organisation? Sind Ziel und Zweck der Maßnahmen geklärt und erfasst?
	Wie unterstützen wir die Identifikation unserer Führungskräfte mit der Organisation?
	Was tun wir für die Entwicklung unsere Führungskräfte? Stimmt die Passung zur Organisationskultur?
	Wie überprüfen wir den Erfolg von Weiterbildungen?
	Evaluieren wir unsere Weiterbildungsanbieter?
	Wie unterstützen wir *Lernen* in Zeiten des Sparens?
Bildung	Verknüpfen wir die Beurteilung der Mitarbeitenden mit Maßnahmen zur Entwicklung?
	Wenn ja: Wie? Passt die Verknüpfung zu unserer Organisation?
	Fokussieren wir ausgewogen Defizite *und* Potentiale bei der Beurteilung und Entwicklung von Leistung?[4]
Ausbildung	Haben wir ein Anforderungsprofil für unsere Ausbilder? Wie wählen wir diese aus?
	Wie beurteilen wir unsere Ausbilder?
	Wie vernetzen wir unsere Auszubildenden in der Organisation?
	Wie werden die Lernprozesse in der Organisation begleitet?
	Erhalten die Auszubildenden regelmäßig Rückmeldungen zu ihrer Arbeit?
	Orientieren sich die Rückmeldungen an den Regeln des Feedbacks?

---

[3] Damit das Resultat als Arbeitsgrundlage im täglichen Führungshandeln *funktioniert*, muss es natürlich auch im Alltag verankert werden. Dabei hilft es im ersten Schritt, die persönliche Wahrnehmung entsprechend zu fokussieren und das Konzept zum Beispiel sichtbar als Poster oder Flipchart am Arbeitsplatz aufzuhängen.

[4] Zur Defizitorientierung vgl. Studienbefunde: „So wendet sich die Personalentwicklung vieler Unternehmen an Mitarbeiter bzw. Mitarbeitergruppen mit Problembezug." Becker (2009), S. 177.

4.2 Personalentwicklung entlang der organisationalen Personalprozesse – Ausgestaltungsgrad 2

Der gesamte Personalprozess – von der Planung über die Gewinnung bis hin zur Trennung – bietet Ansatzfläche für die Entwicklung der Mitarbeitenden.

Die in ▶ Tab. 4.2 aufgeführten Fragen entlang exemplarischer Aufgabenfelder unterstützen die Profilbildung eines für die Organisation stimmigen Konzeptes. Fragen zu Aspekten der bedarfsorientierten Bildung (vgl. Ausgestaltungsgrad 1) sind analog zu integrieren.

Tab. 4.2 Fragen zur Personalentwicklung im Personalprozess

Aufgaben	Fragen
Grundlagen	Haben wir Führungsgrundsätze oder ein Führungsleitbild mit klaren Bezügen zur Personalentwicklung? Haben wir ein Personalentwicklungskonzept? Basiert dieses auf Grundsätzen, die mit den Anforderungen unserer Organisation verzahnt sind? Erfolgt Personalentwicklung nach einem sogenannten *Funktionszyklus*[5], das heißt, investieren wir Zeit in die Analyse, Planung, Umsetzung und Bewertung von Maßnahmen? Gehen wir konsequent vor? Haben wir eine Übersicht über alle besetzten Stellen in unserer Organisation? Haben wir ein „Gefäß", in dem die spezifischen Kompetenzen der Mitarbeiter/innen in unserer Organisation erfasst sind? Wie lösen wir das Erfassen künftig erforderlicher Kompetenzen? Arbeiten wir mit einem Kompetenzrahmenmodell[6], das unsere Werte integriert und das wir für die Mitarbeiterführung nutzen?
Arbeitsorganisation, Arbeitsplatzgestaltung	Haben wir erfolgsrelevante Anforderungen der Kerntätigkeiten in unserer Organisation erfasst? Arbeiten wir mit Aufgabenbeschreibungen? Sind die (technischen) Rahmenbedingungen erfüllt, damit die Aufgaben optimal ausgeführt werden können? Was müssen wir optimieren? Können die Aufgaben effizient und effektiv erfüllt werden? Haben wir Stellvertretungen benannt? Unterstützen die bei uns üblichen Arbeitsformen die interne Zusammenarbeit? Wie stellen wir das Gelingen der Zusammenarbeit zum Beispiel in altersdurchmischten Teams sicher?
Gewinnung	Sind wir ein/e *attraktive/r Arbeitgeber/in*? Was macht uns attraktiv für unsere Mitarbeitenden und solche, die Mitarbeitende werden könnten? Stellen wir unsere Attraktivität von außen überzeugend wahrnehmbar dar? Nach welchen Kriterien wählen wir neue Mitarbeitende aus? Nutzen wir ein Kompetenzrahmenmodell? Wie überprüfen wir die Passung?

---

[5] Vgl. Becker (2009), S. 286 ff. Vgl. auch 4.3.1 Anmerkungen zur Systematik.

[6] Vgl. Knoch (2014), S. 56 ff. Ein Kompetenzrahmenmodell ist der Konsens über die für alle Mitarbeitenden in der Organisation gültigen Kompetenzen. Ein solches Modell ist die Grundlage in allen Prozessen der Mitarbeiterführung, zum Beispiel bei der Gewinnung oder im Entwicklungsgespräch. Bei Bedarf können weitere Instrumente darauf aufbauen. Ein Kompetenzrahmenmodell spiegelt immer auch die Werte einer Organisation (bspw. Kooperationsfähigkeit oder Integrität).

Tab. 4.2 (Fortsetzung)

Aufgaben	Fragen
	Wie führen wir neue Mitarbeitende ein? Stützt sich die Einarbeitung auf ein Programm, das die neuen Mitarbeitenden in der Organisation vernetzt? Wird die Einarbeitung von *Paten* oder *Mentoren* unterstützt?
Beurteilung	Kennen die Mitarbeitenden die an sie gestellten Anforderungen? Basiert die Beurteilung unserer Mitarbeitenden auf einem transparenten Prozess mit klar definierten Kriterien? Wie beurteilen wir? Defizit- und/oder entwicklungsorientiert? Warum setzen wir einen solchen Schwerpunkt? Wie gehen wir mit Defiziten der Mitarbeitenden um? Wie binden wir Ressourcen der Mitarbeitenden ein? Wie *sanktionieren* wir gezeigte oder nicht gezeigte Leistung? Ist die Beurteilung in eine Struktur eingebunden, zum Beispiel in Verbindung mit einem Zielvereinbarungsgespräch? Wie beurteilen wir unsere Führungskräfte? Arbeiten wir zum Beispiel mit einem 360-Grad-Feedback? Wie gehen wir mit den Ergebnissen um?
Förderung als Aufgabe von Führung	Haben wir ein Konzept für Personalentwicklung? Ist dieses für alle offen zugänglich und bekannt? Was beinhaltet für uns *Fördern* oder was verstehen wir darunter? Leben wir das Konzept konsequent? Wie ermöglichen wir *Entwicklung* im Haus? Definieren wir *Karrierewege*? Was ist bei uns *Karriere*? Integrieren wir *Job Enrichment, Job Enlargement, Job Rotation* in die Arbeitsprozesse und -gestaltung?[7] Passen diese Maßnahmen in unsere Organisation? Wie fördern wir unsere Vorgesetzten? Arbeiten wir mit Förderleitlinien? Haben wir Fördergespräche? Verfügen unsere Führungskräfte über Förderkompetenzen, zum Beispiel Kenntnisse der lösungsorientierten Gesprächsführung, Fertigkeiten aus dem Coaching oder aus dem Umgang mit Konflikten? Arbeiten unsere Vorgesetzten nach den Regeln des Feedbacks? Was brauchen unsere Führungskräfte, damit sie *differenziert* fördern? Unterstützen wir ihre Entwicklung diesbezüglich? Wie unterstützen wir die Motivation der Mitarbeitenden? Wie erhalten wir Leistung? Unterstützen wir kollegiale Fallberatungen und kollegiale Hospitation? Wie gehen wir mit den Bedürfnissen unterschiedlicher Generation in der Organisation um?

---

[7] *Job Enrichment* beinhaltet die Erweiterung der Arbeitstätigkeit auf erhöhtem Anforderungsniveau. Ziel ist, die Eigenverantwortung zu stärken, bspw. durch die Übernahme einer Projektleitung oder durch eine Paten- und Mentorenfunktion. Beim sogenannten *Job Enlargement* werden verschiedene Aufgaben auf gleichem Anforderungsniveau durchgeführt. Die Absicht ist, durch den Wechsel der Tätigkeiten Erholungsphasen einzubauen und Langeweile (Demotivation) entgegen zu wirken. Das *Job Rotation* beinhaltet den Wechsel des Arbeitsplatzes mit dem Ziel, neue Sichtweisen zu gewinnen (bspw. zur Vorbereitung auf eine Führungstätigkeit eine Führungskraft begleiten).

Tab. 4.2 (Fortsetzung)

Aufgaben	Fragen
	Wie werden ältere Arbeitnehmende eingebunden?
	Was tun wir für Teamentwicklung in unserer Organisation? Bewähren sich die Maßnahmen?
Beratung	Ermöglichen wir Gespräche zwischen Vorgesetzten und Mitarbeitenden zu Entwicklungsfragen abseits der üblichen Abläufe?
	Wie integrieren wir *Beratung* in die üblichen Arbeitsprozesse?
	Setzen wir Maßnahmen zum Erhalt der Work-Life-Balance um?
	Geben wir Raum für individuelle Lösungen? Was brauchen unsere Führungskräfte, damit sie *individualisiert* beraten und führen können?
	Arbeiten wir mit Standortgesprächen[8]?
	Arbeiten wir mit Kompetenzportfolios?
	Führen wir Potenzialanalysen durch?
Trennung	Wie sichern wir das Know-how bei Trennungen?
	Werden Austrittsgründe erfasst? Nutzen wir die gewonnenen Informationen zur Verbesserung der Arbeitsorganisation und von Führung?
	Haben wir Leitlinien oder eine Art „Ehren-Codex", an dem wir uns bei einer Kündigung orientieren?
	Bieten wir Outplacement bei Kündigungen an?
	Wie gehen wir generell mit Kündigungen um? Was tun wir für das Team, das „zurückbleibt"?
	Wie bereiten wir unsere Mitarbeitenden auf ihre Pensionierung vor?
Erfolgskontrolle Transfersicherung	Basiert unsere Personalentwicklung auf Grundsätzen, die wir leben und die wir regelmäßig überprüfen?
	Wie ist unsere Personalentwicklung systematisiert und strukturiert?
	Evaluieren wir alle Tätigkeiten der organisationsinternen Personalentwicklung? Zu welchem Zweck? Passt die Evaluation zu unserer Organisation?
	Kennen wir unsere *Erfolgskriterien* für alle Maßnahmen der Personalentwicklung?
	Wie überprüfen wir die Nachhaltigkeit von Weiterbildungsmaßnahmen?
	Was ist für uns *Nachhaltigkeit*?
	Wie sichern wir den Transfer von Weiterbildung in die Organisation?[9]
	Wie nutzen wir Erfahrungen innerhalb der Organisation? Nutzen wir den Austausch in ERFA-Gruppen? In Qualitätszirkeln?[10]

---

[8] Ein Standortgespräch ermöglicht die Auseinandersetzung mit der (aktuellen) beruflichen Situation. Auf dieser Basis können Entscheidungen getroffen werden, Prioritäten gesetzt oder einfach nur nächste Entwicklungsschritte abgesteckt werden.

[9] Vgl. Aussagen zur Transfersicherung: „Dem Thema Transfersicherung in Unternehmen scheint nur eine sekundäre Rolle zuzukommen. In einem Fünftel der befragten Unternehmen bleibt die Transfersicherung völlig ungelöst. Es wird jedoch angestrebt, die Sicherung des Transfers durch die Integration von Lernen und Arbeiten bzw. durch Transferberatung und Umsetzungsfeedback durch die Vorgesetzten zu gewährleisten. Letzteres wird umso häufiger durchgeführt, je mehr Mitarbeiter im Unternehmen beschäftigt sind." Becker (2009), S. 206.

[10] ERFA-Gruppen: Erfahrungsaustausch-Gruppen (bspw. zwischen Führungskräften zur Mitarbeiterentwicklung).

4.3   Personalentwicklung im Kontext der Entwicklung einer Organisation – Ausgestaltungsgrad 3

Ansatzfläche für Personalentwicklung bieten die Kultur, die Strategie und die Strukturen einer Organisation.

Die in ▶ Tab. 4.3 aufgeführten Fragen entlang dieser Felder unterstützen die Profilbildung einer Organisation hin zu einer *lernfähigen Organisation*[11].

Fragen zur bedarfsorientierten Bildung (Ausgestaltungsgrad 1) und zur Personalentwicklung entlang der Personalprozesse (Ausgestaltungsgrad 2) sind analog zu integrieren.

Tab. 4.3 Fragen zur Personalentwicklung im Kontext der Entwicklung einer Organisation

Aufgaben	Fragen
Kultur	Ist uns das *Warum* unserer Handlungen klar? Haben wir die Werte unserer Organisation definiert? Wie gestaltet Personalentwicklung dieses Fundament mit?
	Sind unsere Werte Richtschnur für unsere tägliche Arbeit?
	Diskutieren und aktualisieren wir unsere handlungsleitenden Annahmen/Werte hinsichtlich veränderter Erfordernisse der Organisation?
	Wie gestalten wir den Kulturwandel beim Weggang einer prägenden Generation und beim Eintreten einer neuen Generation?
	Ist Entwicklung Teil unseres organisationalen Selbstverständnisses? Welchen Stellenwert hat Personalentwicklung?
	Nutzen wir Personalentwicklung, um unseren normativen Rahmen in Arbeitsprozessen und in der Zusammenarbeit zum Thema zu machen?
	Wie verwirklichen und unterstützen wir zum Beispiel *Autonomie* und *Eigenverantwortung*?
	Welchen Raum haben Mitarbeitende, die Werte der Organisation zum Thema zu machen?
	Nutzen wir Mentoren als Kulturträger der Organisation?
	Haben wir Anforderungen an das Verhalten unserer Führungskräfte und Mitarbeitenden definiert? Wie *sanktionieren* wir ungenügendes Verhalten passend zu unserer Kultur? Wie unterstützt hierbei die Personalentwicklung?
	Macht Führung die Werte unserer Organisation in der täglichen Kommunikation zum Thema?
	Leben unsere Führungskräfte das Förderparadigma?

---

[11] In Unterscheidung zur *lernenden Organisation*. Die *lernende Organisation* ist ein anspruchsvolles Konzept, das heute viele Organisationen für sich beanspruchen. Bei näherer Betrachtung können manche dem hohen Maßstab allerdings nicht standhalten. Aus diesem Grund wird in diesem Buch bewusst der Begriff *lernfähige Organisation* verwendet, der zudem ideologisch weniger „überfrachtet" ist. Vgl. dazu auch das Ergebnis einer Studie, die 2008 durchgeführt wurde: „Mehr als die Hälfte der befragten Unternehmen betrachtet die Personalentwicklung als ganzheitliche Organisationsentwicklungsaufgabe. Dabei zeigt sich ein positiver Zusammenhang zur Unternehmensgröße. Die in den Unternehmen vordergründig eingesetzten Instrumente der Personalentwicklung sind jedoch den Bereichen der Bildung und Förderung zuzuordnen. So streben die Unternehmen zwar an, dass die Personalentwicklung Organisationsentwicklungsmaßnahmen integriert, zur Anwendung kommen jedoch eher Instrumente der Bildung und Förderung." Becker (2009), S. 172.

Tab. 4.3 (Fortsetzung)

Aufgaben	Fragen
	Wie integrieren wir *Differenzierung* und *Individualisierung* in unsere Kultur und im Führungsalltag? Wie integrieren wir soziale, kulturelle und individuelle Vielfalt? Wie trägt Personalentwicklung hierzu bei?
Strategie	Wirkt Personalentwicklung an der Organisationsstrategie mit dem Fokus *Mensch/Potential* mit? Gestalten wir aktiv den Kulturwandel beim Abgang einer prägenden Generation und durch das Eintreten einer neuen Generation? Ist das Commitment für Entwicklung Teil der Strategie? Wie nutzen wir erfolgreich soziale, kulturelle und individuelle Vielfalt für die Ausrichtung unserer Organisation? Integriert die Strategie die Vision (und Mission) der Organisation? Sind die Werte *gespiegelt*? Wie unterstützt die Personalentwicklung diese Integration?
Struktur	Arbeiten wir kompetenz- und ressourcenbasiert? Gleichen wir die Anforderungen und Erwartungen regelmäßig ab? Ist selbständiges und autonomes Arbeiten gewährleistet? Geben wir der Eigenverantwortung von Mitarbeitenden Raum? Stellt Personalentwicklung den Rahmen her? Unterstützen unsere Arbeitsmethoden *Vernetzung, Autonomie, Problemlösung, Eigenverantwortung, Selbstorganisation*? Ermöglichen unsere Rahmenbedingungen erfolgreiches Arbeiten in Projekten? Haben wir *Lernpartnerschaften* in den Arbeitsprozess integriert? Geben wir dem Lernen in Arbeitsprozessen und bei der Arbeitsgestaltung Raum? Ermöglicht unsere Arbeitsorganisation und -gestaltung *organisationales Lernen*? Wie gehen wir mit Erkenntnissen aus den Arbeitsprozessen um? Wie gehen wir mit Individualität um? Bieten wir zum Beispiel individualisierte Entwicklungsperspektiven an? Geben wir individuellen Bedürfnissen Raum bei der Gestaltung von Aufgaben und Arbeitsprozessen? Nutzen wir *kreative* Arbeitsformen, die die Weitergabe von Erfahrungen in der Organisation einerseits und innovative Neuerungen bestehender Routinen andererseits ermöglichen? Ist Führung ein Kernthema bei uns? Führen unsere Führungskräfte *transformational*[12]? Entwickeln wir Führungskompetenzen hinsichtlich des Umgangs mit sozialer, kultureller und individueller Vielfalt? Zum Beispiel in Bezug auf *divergierende Führungspräferenzen der Generationen* in Teams? Kennen die Teams ihren Beitrag zur Kultur der Organisation? Ihren Beitrag im Rahmen der Strategie und im Rahmen von Vision (Mission)? Wird Teamentwicklung unterstützt? Was leistet Personalentwicklung, damit die Heterogenität in der Organisation tatsächlich Synergien schafft?

---

[12] Transformationale Führung beinhaltet, vorbildhaft zu agieren, visionär zu führen, herauszufordern und gleichzeitig den Einzelnen individuell unterstützen zu können. Ziel ist, Mitarbeitende in ihrer Eigenverantwortung zu stärken. Zum Weiterlesen siehe Felfe (2005).

Anmerkung zu den Methoden und Maßnahmen von Personalentwicklung

Die Bandbreite von Methoden und Maßnahmen der Personalentwicklung ist groß und vielfältig. In diesem Buch wird, wie bereits an verschiedenen Stellen angemerkt, nicht auf die Methoden und Maßnahmen an sich eingegangen. Das vorliegende Buch beschränkt sich darauf, ein Blitzlicht auf die Vielfalt zu werfen. Hinweise zu den Methoden sind in der Literaturliste und in den Anmerkungen abgebildet.[13]

4.3.1 Anmerkungen zur Systematik

Studien weisen immer wieder darauf hin, dass die Nachhaltigkeit von Personalentwicklung mit Systematik korreliert. Darum müssen auch die Maßnahmen im ersten Ausgestaltungsgrad einer gewissen Systematik folgen, wenn sie wirkungsvoll sein sollen.

Systematik liegt vor, wenn Maßnahmen der Personalentwicklung planvoll[14] umgesetzt werden. Ein organisationsspezifisches Konzept, in dem die Grundsätze und die Aufgaben von Personalentwicklung abgebildet sind, hilft dabei.

Maßnahmen der Personalentwicklung richten sich an den Anforderungen der Organisation aus. Diese sind in der Vision und in der Strategie einer Organisation abgebildet und stecken den „groben" Zielhorizont ab. An diesem orientiert sich das Ermitteln des Bedarfs. Fragen, wie: „Wohin will die Organisation?", „Welche Maßnahmen unterstützen hierbei?", helfen bei der Klärung. Das Ergebnis entscheidet über das weitere Vorgehen – zum Beispiel ob neue Mitarbeitende mit bestimmten Kompetenzen gewonnen werden oder bestimmte Kompetenzen zusätzlich intern entwickelt werden.

Die Voraussetzung für das Gelingen ist grundsätzlich eine transparente und sorgfältige Kommunikation zwischen den Vorgesetzten und den Mitarbeitenden. Jeder Mitarbeitende muss verstehen können, wenn sein/ihr Arbeitsbereich tangiert ist. Der Nutzen muss beidseitig transparent und nachvollziehbar sein. So verstanden ist Personalentwicklung eine Intervention, die zur Entwicklung der Mitglieder *und* der Organisation beiträgt. Die Evaluation der Prozesse hilft dabei, Einsichten in die Wirkung zu erhalten. Rückmeldungen, Beobachtungen, Mitarbeitergespräche helfen, Rückschlüsse auf den *Erfolg* zu ziehen.[15]

---

[13] Vgl. Literaturliste, Anmerkungen.

[14] Vgl. Becker (2009), S. 286: „Die dauerhafte Forcierung der Lernprozesse stellt sich in der Praxis als ein zirkulär verlaufender Prozess von Bedarfsanalyse, Zielsetzung, kreativer Maßnahmengestaltung, Durchführung, Erfolgskontrolle und Transfersicherung dar." Becker nennt diesen Prozess den „Funktionszyklus systematischer Weiterbildungsarbeit".

[15] Manche Unternehmen bewerten zum Beispiel eine Personalentwicklungsmaßnahme als *effektiv*, wenn diese bereits aus der Perspektive der Beteiligten akzeptiert und nützlich und sinnvoll empfunden wurde.

Beispiel planvolle Personalentwicklung – Profit-Organisation

Eine Befragung[16] einer Unternehmensberatung im Jahr 2009 von Personalmanagern und Führungskräften von Banken im deutschsprachigen Raum ergab, dass 13 % der Befragten Personalprozesse umfassend planen und 14 % der Befragten ihre Personalprozesse und -methoden konsequent umsetzen. Allerdings überprüfen lediglich 4 % die Ergebnisse ihrer Umsetzung.

Die Verfasser der Studie zogen den Schluss, dass eine Strategie allein keine Erfolgsgarantie darstellt. Wichtig scheint die *Stringenz* beim Transfer, welcher, so die Autoren, ein planvolles Vorgehen und eine konsequente Umsetzung voraussetzt – neben der laufenden Bewertung der Ergebnisse, die hilft, korrigierend zu intervenieren.

1. Bei welchem Ausgestaltungsgrad setzen Sie bei der Ausarbeitung Ihres Konzeptes an? Analysieren und begründen Sie die Passung zu Ihrer Organisation.

2. Sollten Sie bereits ein Konzept haben: Wo steht das Konzept aus Ihrer Sicht in Bezug auf die Ausgestaltungsgrade? Was fällt Ihnen auf? Welche Schlussfolgerungen ziehen Sie?

3. Wo sind die Schwerpunkte im Personalentwicklungskonzept in Ihrer Organisation?

4. Was wird künftig ein Thema für die Personalentwicklung in Ihrer Organisation werden?

4.3.2 Empfehlungen für Schulleitungen

In der Volksschule des Kantons Zürich ist die Personalentwicklung eine Führungsaufgabe, die gesetzlich verankert ist. Damit das Integrieren dieses Auftrages ins Führungshandeln gelingen kann, ist einerseits die Auseinandersetzung mit dem persönlichen Zugang zum Thema *Entwicklung* nötig, und zwar das Klären von Annahmen, Menschenbildern und letztlich Werten, an denen sich das persönliche Führungshandeln orientiert. Andererseits ist ein sachliches Verständnis von Personalentwicklung erforderlich, das schließlich den Transfer in die Organisation Schule ermöglicht und die Voraussetzungen schafft, Wirkung zu erzeugen.

Wo setzt die Führung direkt an, damit die Entwicklung des Lehrkörpers unterstützt werden kann?

Das in ▶ Abb. 4.1 dargestellte Model identifiziert vier Handlungsfelder. Ausgehend von diesen Handlungsfeldern kann ein Konzept für Personalentwicklung in der schulischen Organisation im jeweiligen Ausgestaltungsgrad ausdifferenziert und weitergeführt werden.

---

[16] Vgl. zeb/-HR-Studie Kurzfassung 2009: Die Befragung richtete sich an 401 Personen mit Führungsfunktion sowie Personen aus dem Human Resource. Hasebrook, Maurer (2009).

Abb. 4.1 Handlungspyramide Schulführung nach Knoch (2009)

Zur Organisationsstrategie

Die Personalentwicklung einer Schule ist eingebettet in die strategische Ausrichtung derselben. Die Schule hat einen öffentlichen Auftrag, ist entsprechenden Steuerungsmechanismen und bildungspolitischen Einflüssen ausgesetzt. Strategie bildet sich in der Regel in einem Schulprogramm ab. Die Schulleitung muss also die Rahmenbedingungen kennen, um gestalterisch zu wirken.

Für den Zugang unter personalentwicklerischen Aspekten bedeutet das für die Schulleitung, sich die Frage nach dem Leitbild der Schule, dem normativen Rahmen eines Schulprogramms, zu stellen. Dabei geht es um ein Leitbild, das den gemeinsam ausgehandelten normativen Bezugsrahmen abbildet, also etwas, was für tägliche Arbeit relevant ist und gelebt wird. Viele Leitbilder in der Schule (und in anderen Organisationen) laufen Gefahr, „unkritische" Allgemeinplätze zu besetzen und verlieren damit ihre Wirkung. Darüber hinaus setzen schulische Leitbilder vielfach ausschließlich Bezüge zum Unterricht oder zum Lernen der Schüler. Das Verständnis als Organisation mit entsprechenden Aussagen im Leitbild wird vielfach ausgeblendet. Um dem entgegenzuwirken, muss sich die Schulleitung die Frage stellen, wie sie ihre Haltung in Bezug auf die Führung der Mitglieder der schulischen Organisation und ihr Verständnis von Personalentwicklung im Leitbild zum Ausdruck bringt. Die begleitende Aufgabe ist, Aussagen im Leitbild auch stringent mit den Aktivitäten im Schulalltag zu verzahnen und im Schulprogramm entsprechend abzubilden.

Zur Mitarbeitergewinnung

Neue Lehrer/innen für die Mitarbeit an der Schule zu begeistern, ist eine Kernaufgabe von Schulführung. Der demografische Wandel trägt dazu bei, dass die Gewinnung neuer Mitarbeiterinnen und Mitarbeiter nicht nach Rezept erfolgen kann. Auch hier steht die Besinnung auf die *Attraktivität* einer Schule als Arbeitgeberin im Vordergrund und damit die Klärung, was das besondere Profil einer Schule ausmacht (Verzahnungen mit dem Leitbild sind vorauszusetzen). Das Mitdenken der Veränderungen auf dem Arbeitsmarkt und das Finden kreativer Lösungen abseits der gewohnten „Rekrutierungswege" ist weiterhin ein kritischer Erfolgsfaktor. Damit verbunden ist auch eine klare Vorstellung, welche Qualitäten potentieller Mitarbeiterinnen und Mitarbeiter tatsächlich Synergien in einem bestehenden Team schaffen können.

Zur Mitarbeiterförderung

Auch eine Schulführung steht wie jede Führungsperson im Spannungsfeld der Forderns und Förderns. Dieses Spannungsfeld setzt die Klärung des persönlichen Zugangs voraus. Welche Annahmen beeinflussen das persönliche Verständnis von Personalentwicklung? Wie steht man/frau zu Entwicklung und Lernen? Die Auseinandersetzung bestimmt die Grundlage des *Förderns* von Lehrpersonen in ihrer Entwicklung. Sie klärt das individuelle Führungshandeln und gibt Hinweise, wie die Schulleitung zum Beispiel Raum für Eigenverantwortung gibt oder *Entwicklung* zum Gegenstand von Mitarbeitergesprächen macht – auch über die formal vorgegebenen Wege hinaus (zum Beispiel außerhalb der üblichen Mitarbeiterbeurteilung).

Zur Mitarbeiterführung

Das Führen des Lehrkörpers erfordert zwingend das permanente Reflektieren des persönlichen Führungshandelns, das quasi parallel erfolgt. Entscheidungen müssen getroffen werden, nachteilige Wirkungen ziehen ggf. Korrekturen nach sich. Auch hier hilft die Klarheit der Haltung und des Zielbildes. Der Alltag des Führens liefert täglich Ansatzpunkte. Welche Konsequenzen zieht eine Schulleitung zum Beispiel aus den Ergebnissen einer Mitarbeiterbefragung? Wie geht sie mit den Ergebnissen um? Wie bindet sie die Lehrer/innen ein? Wann ist der Punkt erreicht, an dem ein Prozess tatsächlich abgeschlossen ist? Führungshandeln zieht Implikationen nach sich, die wiederum Positionierung und Lösungen erfordern – ein komplexer Prozess, der nicht berechenbar ist.

Das Nachdenken über das eigene Führungshandeln innerhalb der identifizierten Ansatzfelder Strategie, Führung, Förderung und Gewinnung unterstützt die Klärung der eigenen Haltung und die Verortung innerhalb der zuvor skizzierten Reifegrade von Personalentwicklung.

1. Welche Handlungsfelder stehen in Ihrem aktuellen *Führungsbrennpunkt*?

2. Wo stehen diese Handlungsfelder in Bezug auf die Ausgestaltung der Grade von Personalentwicklung?

3. Was heißt das für Sie?

4.3.3 Funktionen von Personalentwicklung bei der Unterstützung individueller Performanz

Vorausgeschickt werden muss, dass die Bestimmung klar abzugrenzender Funktionen einzelner Maßnahmen immer wieder an ihre Grenzen stößt. Die Fülle der Einordnungen in die Fachliteratur verweist allerdings auf das offensichtlich evidente Bedürfnis, Kriterien zu finden, anhand derer die Messbarkeit und Objektivierung des Zwecks möglich ist, weil sie den Einsatz einer Maßnahme logisch ableitbar machen und somit *legitimieren*.

Es hilft zu wissen, dass Personalentwicklungsmaßnahmen nicht nur ganz unterschiedliche Funktionen im Berufskontext einnehmen können, sondern auch, wie bei Lernprozessen üblich, Wirkungen entfalten, die nicht im Voraus exakt zu bestimmen sind. Das folgende Beispiel soll dies veranschaulichen: Eine Maßnahme wie das Coaching kann ursprünglich zum Zweck eingesetzt worden sein, das Ausüben einer Funktion berufsbegleitend zu unterstützen und stabilisieren. Im Coaching erkennt der Coachingnehmer, dass er einen Stellen- oder Organisationswechsel vornehmen möchte. So erzielt die Maßnahme Coaching letztlich eine berufliche Veränderung, die ursprünglich nicht intendiert war.

Die Passung einer Maßnahme im jeweiligen Kontext sollte also grundsätzlich sorgfältig abgewogen werden. Viele Perspektiven müssen bei der Auseinandersetzung mit der Wirkung und dem Nutzen einer Maßnahme betrachtet werden. Es ist anzunehmen, dass *Flexibilität* hinsichtlich von Entscheidungen und ein individualisiertes Vorgehen die nötigen Voraussetzungen für den Erfolg einer Maßnahme schaffen.

Die folgende Übersicht zeigt charakteristische Positionen des Versuchs einer Einordnung oder *Klassifikation* in der Fachliteratur. Diese geben auch Rückschlüsse auf die im Hintergrund liegenden Definitionen von Personalentwicklung mit ihren (theoretischen und praktischen) Zugängen.

Nach dem *Zweck* einer Maßnahme und ihrem *Nutzen* unterscheidet Mentzel (1997).[17] Welchen Zweck hat eine Personalentwicklungsmaßnahme? Ist sie *berufsvorbereitend*, zum Beispiel im Kontext der (Berufs-) Ausbildung?[18] Ist sie *berufsbegleitend* und dient bspw. der Qualifizierung?[19] Ist sie *berufsverändernd* und ermöglicht so bspw. den Wechsel in eine Führungsposition oder in ein anderes Tätigkeitsgebiet, zum Beispiel durch eine Umschulung[20]?

Nach der *räumlichen Dimension* und ihrer *Wirkung* unterscheidet bereits Meier 1991[21]. Im Mittelpunkt steht die Frage nach dem Ort, an dem die Maßnahme stattfindet, denn der Ort gibt Hinweise auf die Effektivität der Methode. *Maßnahmen am Arbeitsplatz* (Training on-the-job) helfen, „Qualifikationen durch die unmittelbare Arbeitsauf-

---

[17] Vgl. Mentzel (2005). S. 6 ff.

[18] Vgl. Mentzel (2005), S. 7: „Zur berufsvorbereitenden Personalentwicklung zählen die Berufsausbildung, die Einarbeitung von Anlernlingen, die Betreuung von Praktikanten und Volontären sowie die Einführung von Hochschulabsolventen."

[19] Mentzel unterscheidet in diesem Zusammenhang *Anpassungs- und Aufstiegsqualifikation*. Bei einer Anpassungsqualifikation werden „das Wissen und Können der Mitarbeiter an die veränderten Gegebenheiten eines Arbeitsplatzes angepasst". Bei einer Aufstiegsqualifikation wird das Potenzial des Mitarbeiters demgegenüber so entwickelt, „dass sie zur Übernahme anspruchsvollerer Funktionen oder höherwertiger Positionen in der Lage sind". Vgl. Mentzel (2004), S. 8.

[20] Umschulungs- oder Rehabilitationsmaßnahmen können, so Mentzel, aufgrund einer veränderten technisch-wirtschaftlichen Umgebung oder aus persönlichen Gründen erforderlich sein. Vgl. Mentzel (2004), S. 9.

[21] Vgl. Meier (1991), S. 133 ff.

gabe am Arbeitsplatz"[22] zu vertiefen. So eignet sich ein „Shadowing"[23] dazu, reales Verhalten am Arbeitsplatz beobachtbar zugänglich zu machen, um durch die Beobachtungen möglichst „passgenaue" Entwicklungshinweise zu ermöglichen. *Maßnahmen außerhalb einer Organisation* (Training off-the-job) erfolgen „in einer möglichst störungsfreien lernoptimalen Umgebung"[24], die besondere Konzentration auf den Lerngegenstand erlaubt. So unterstützt ein Outdoortraining eine Teamentwicklung, indem es einen ungewohnten Zugang außerhalb der gewohnten Arbeitsroutine zueinander herstellt. *Maßnahmen in der Nähe des Arbeitsplatzes* (Training near-the-job), zum Beispiel nach Arbeitsschluss, erlauben einerseits die Anbindung an den realen Arbeitskontext, andererseits schaffen sie die nötige Distanz, um kontextspezifische Fragen mit (räumlichem) Abstand zu reflektieren (zum Beispiel in Qualitätszirkeln).

Nach dem „Entwicklungszeitpunkt" und der „Nähe zum Arbeitsplatz" unterscheidet Schmidt-Brücken (1996)[25] die Funktion einer Personalentwicklungsmaßnahme: Handelt es sich bspw. um einen Berufs- oder um einen Funktionseinstieg? Je nach Entwicklungszeitpunkt in einer Karriere müssen Einführungsmaßnahmen, die ein Berufseinsteiger oder eine Berufseinsteigerin benötigt, unterschieden werden von jenen, die eine Person benötigt, die innerhalb einer Organisation oder von außen in eine Organisation wechselt (into-the-job). Im Umkehrschluss setzt die Auseinandersetzung mit dem Entwicklungszeitpunkt auch bei jenen Maßnahmen an, die das Ausscheiden aus einer Funktion und der Organisation unterstützen (out-of-the-job). Diese Maßnahmen können sich um Fragen zur Wissenstransfersicherung oder zur Nachfolge- und Ruhestandsplanung drehen. Dazwischen liegt das Spektrum von Maßnahmen, die direkt beim Erfüllung der Aufgaben (on-the-job), bei der Planung des Karriereweges (along-the-job), begleitend zur Funktion (near-the job)[26] und schließlich außerhalb der betrieblichen Routine (off-the-job) zum Einsatz kommen.

Wunderer (2011)[27] schließlich fasst die oben skizzierten Klassifikationsschemata unter dem Gesichtspunkt *Organisationsentwicklung* zusammen und ordnet *typische* Maßnahmen entlang einer Art *linearen Entwicklungslogik* zu (vgl. ▶ Abb. 4.2).

---

[22] Meier (1991), S. 133.

[23] „Shadowing" ist die Begleitung am Arbeitsplatz durch eine professionell geschulte Person (Coach), die zum Ziel hat, individuelles Handeln zum Gesprächsgegenstand zu machen und auf die Situation zugeschnittene Rückmeldungen zu ermöglichen. Professionalisierung wird so durch einen höchst individualisierten Lernprozess ermöglicht.

[24] Meier (1991), S. 134.

[25] Vgl. Abb. 24. In: Schmidt-Brücken (1996), S. 116.

[26] Das kann zum Beispiel ein Qualitätszirkel sein, in dem das besondere Wissen von Mitarbeiterinnen und Mitarbeitern ausgetauscht wird und zur Verbesserung von Abläufen, Strukturen etc. in die Organisation zurück wirkt.

[27] Vgl. Wunderer (2011), S. 362 ff.

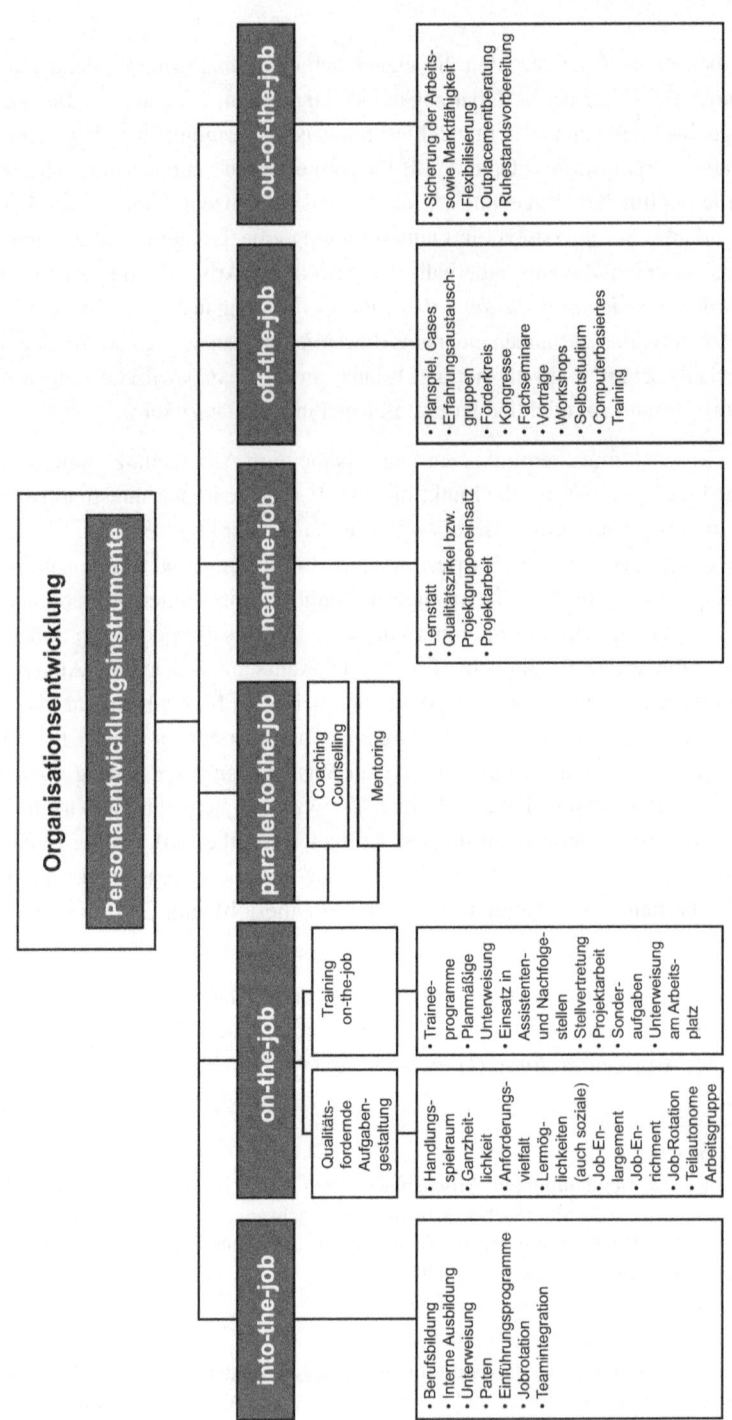

Abb. 4.2 Förderungsmöglichkeiten unternehmerischer Personalentwicklung nach Wunderer[28]

---

1. Welchen Vorteil sehen Sie, die Funktion einer Personalentwicklungsmaßnahme in einer Struktur zu erfassen?

2. Welche Einordnung würden Sie in Ihrer Organisation vornehmen? Begründen Sie.

Die folgende Übersicht gibt Einblick in die aktuell vermutlich differenzierteste Auseinandersetzung mit Funktionen von Personalentwicklungsmaßnahmen im Kontext von Organisation und Individuum. Dieser Ansatz beruht auf der Idee des zyklischen Denkens im evolutionären Sinne – und damit auf der periodischen Wiederkehr des Werdens, Wachsen, Veränderns und Vergehens von Systemen.[29] Eben jener Gedanke wird auf die Zugehörigkeit und die Stelle in einer Organisation übertragen.

Unterscheidung der Funktion nach „Zyklen" - Lebenszyklusorientierte Personalentwicklung nach Graf[30]

Die Grundannahme der lebenszyklusorientierten Personalentwicklung ist, dass die Entwicklung des Menschen zyklisch determiniert ist. Neben biosozialen Zyklen, die das Leben[31] determinieren, prägen familiäre Ereignisse wie Heirat, Geburt, Scheidung den Progress eines Menschen – bis hin zu beruflichen Zyklen, die Berufs- und Karrierewege beinhalten.

Die lebenszyklusorientierte Personalentwicklung setzt an den Karrierewegen eines Individuums in der Organisation an. Graf betrachtet also den „individuellen Lebenszyklus eines Mitarbeiters"[32]. Dieser „umfasst alle informations-, bildungs- und stellenbezogenen PE-Maßnahmen, die zur gezielten Entwicklung sämtlicher Mitarbeiter eines Unternehmens während ihres gesamten betrieblichen Lebenszyklus dienen"[33]. Auf dieser Grundlage differenziert Graf den stellenbezogenen und den betrieblichen Zyklus. Beide stellen Bezugspunkte für individuelle Personalentwicklungsmaßnahmen dar.

---

[29] Die Unterscheidung des menschlichen Lebens in Phasen hat eine Tradition, die bereits in die 70er-Jahre zurück reicht, vgl. unter anderem das Zykluskonzept von Erikson (1973).

[30] Vgl. Graf (2002). Der Begriff „Lebenszyklusorientierte Personalentwicklung" wurde vermutlich bereits von Sattelberger 1989 in die fachwissenschaftliche Diskussion eingeführt. Er bezog sich im Gegensatz zu Graf allerdings auf „Beratungs- und Entwicklungsprogramme", die den Mitarbeiter „in Phasen des Übergangs, der Veränderung und kritischer Entscheidung flankierend begleiten". Vgl. Sattelberger (1989), S. 287 ff.

[31] Biosoziale Lebensphasen erstrecken sich von der Geburt bis zum Tod. Vgl. Edinger (2009) , S. 47 ff.

[32] Graf (2002), S. 32 ff.

[33] Graf (2002), S. 34. Graf grenzt sich von der Definition Sattelbergers einer lebenszyklusorientierten Personalentwicklung ab, da sich diese Betrachtung, so ihre Sicht, lediglich auf *Beratungs- und Entwicklungsprogramme* bezieht. Dies greift nach Meinung von Graf zu kurz. Sie möchte ihren Ansatz „umfassender" verstanden wissen und akzentuiert darum auch Aspekte wie *Sinnhaftigkeit, persönliche Biografie und langfristige Zeithorizonte*. Letztlich zielt ihr Ansatz auf ein ressourcenorientiertes Verständnis von Mitarbeitenden in Unternehmen ab. Vgl. auch Mudra (2004), S. 467 ff.

Graf ordnet ihren Ansatz der lebenszyklusorientierten Personalentwicklung „sowohl mitarbeiter- als auch unternehmensorientiert"[34] ein. Ziel dieser Herangehensweise ist, aufgrund des zyklischen Denkens eine Einschätzung vornehmen zu können, die Aufschluss gibt, in welcher Phase der betrieblichen und stellenbezogenen Zugehörigkeit sich ein/e Mitarbeiter/in befindet.

Diese Einordnung liefert Hinweise darauf,

- welche Herausforderungen die jeweilige Phase für einen Mitarbeitenden mit sich bringen kann, zum Beispiel in Bezug auf die Dauer des Verbleibs innerhalb einer Karrierestufe und

- welche Intervention (Personalentwicklungsmaßnahme) die Bedürfnisse dieser Phase für den Einzelnen und die Organisation adäquat befriedigen helfen.

Die Grundidee der lebenszyklusorientierten Personalentwicklung nach Graf ähnelt der Unterscheidung von Personalentwicklungsmaßnahmen in Entwicklungszeitpunkten nach Schmidt-Brücken. Sie geht in der Differenzierung allerdings weiter.

Graf unterscheidet sowohl beim betrieblichen als auch beim stellenbezogenen Lebenszyklus grundsätzlich vier Phasen: die Phase der Einführung, die Phase des Werdens, die Phase der Reife und die Phase der Sättigung, nach der der Austritt aus einem Zyklus erfolgt sowie der Wechsel in einen anderen Zyklus. Graf betont, dass die Zyklen nicht unbedingt „stur" aufeinander folgen und keinesfalls trennscharf zu unterscheiden sind.

Die Aufgabe und gleichzeitig Herausforderung von Personalentwicklung ist, das geeignete Instrumentarium bereitzustellen, das den Leistungserhalt, die Motivation und die Arbeitszufriedenheit des einzelnen Mitarbeitenden bestmöglich unterstützen hilft. Die Annahme dabei ist, dass positive Effekte zum Erfolg einer Organisation beitragen.

Der betriebliche Lebenszyklus

Der *betriebliche Lebenszyklus* beschreibt die Zugehörigkeit in einer Organisation vom Eintritt bis zum Austritt. Entsprechend richtet sich Personalentwicklung auf Fragen zur Laufbahngestaltung innerhalb der Organisation aus.

Der stellenbezogene Lebenszyklus

Der *stellenbezogene Lebenszyklus* ist ein Unterzyklus des betrieblichen Lebenszyklus. Er beschreibt die Entwicklung eines Mitarbeitenden vom Antritt einer Stelle bis zum Wechsel der Stelle. Der Wechsel kann die Übernahme einer neuen Stelle innerhalb derselben Organisation beinhalten – oder zum Austritt aus der Organisation führen. Entsprechend richten sich die Maßnahmen der Personalentwicklung darauf aus, die Leistungsfähigkeit und Leistungsbereitschaft des Mitarbeitenden zu erhalten.

Wie bereits erwähnt, können sich die Phasen der Zyklen überschneiden. Das ist für die Analyse und die Entscheidung für eine Maßnahme relevant: Wie kann Personalentwicklung bspw. zielgerichtet unterstützen, wenn

---

[34] Graf (2002), S. 34.

- eine Führungsperson privat eine Krise durchlebt (Tod des Partners, Scheidung) und gleichzeitig im Berufsleben ihren Auftrag und die an sie gestellten Anforderungen und Ziele erfüllen muss?

- Mitarbeitende Kinder im Studiums- und Ausbildungsalter unterstützen müssen und parallel ein Elternteil pflegen? Wie können „beanspruchte" Personen in einer Organisation trotz Belastung einen wertvollen Beitrag leisten und wie kann ihre Leistungsfähigkeit erhalten bleiben?

Für die Führung von Mitarbeiter/innen ist die Kenntnis, dass Überschneidungen innerhalb der Zyklen Belastungen erzeugen können relevant, denn die Bewältigung einer Herausforderung innerhalb eines Zyklus erfordert Energie, die für die Bewältigung der Aufgaben innerhalb paralleler Zyklen nicht mehr zur Verfügung steht – so dass das Engagement im Parallel-Zyklus zwangsläufig reduziert wird. In diesem Fall gilt es, den Mitarbeitenden adäquat zu stützen, damit er/sie weiterhin Leistung erbringen kann. Wie, entscheidet die Situation. „Angebote von der Stange" sind in diesem Zusammenhang nicht hilfreich, sondern bewusstes und achtsames Führungshandeln bei der Beurteilung und Unterstützung komplexer Situationen.

Der Nutzen der Funktionsunterscheidung nach der lebenszyklusorientierten Personalentwicklung ist ein differenziertes Modell zur Diagnose zu erhalten, das hilft, Personalentwicklungsmaßnahmen zu differenzieren und zu individualisieren. Damit sind die nötigen Voraussetzungen geschaffen, Wirkung zu erzeugen.

Die lebenszyklusorientierte Personalentwicklung vernetzt die komplexe individuelle Leistungsfähigkeit mit den Anforderungen an eine Aufgabe und denen der Organisation. Das einzelne Mitglied einer Organisation wird als Ressource wahrgenommen und damit als Wertschöpfungsfaktor, dessen Leistungsfähigkeit es zu erhalten gilt und dessen Potenzial eine Organisation zu erschließen versucht.

1. Beschreiben Sie die Kernaussagen der lebenszyklusorientierten Personalentwicklung nach Graf.

2. In welcher Phase des betrieblichen sowie stellenbezogenen Lebenszyklus befinden Sie sich?

3. Welche personalentwicklerischen Maßnahmen würden Sie aktuell „weiterbringen"?

4. Was wünschen Sie sich von Ihrem Vorgesetzten in Ihrer derzeitigen Phase?

Die folgenden Beispiele beschreiben Entwicklungsmaßnahmen zur Förderung der individuellen Leistungsfähigkeit entlang des betrieblichen Lebenszyklus.

Beispiele für Entwicklungsmaßnahmen im betrieblichen Lebenszyklus

Phase der Einführung

In dieser Phase trägt bspw. eine „maßgeschneiderte" Einführung, die das Wesen der speziellen organisationalen Kultur vermittelt, zur Integration in die neue Organisation bei. Manche Unternehmen organisieren sogenannte *Kamingespräche*[35] mit Schlüsselpersonen in der Organisation oder ein gemeinsames Frühstück. Voraussetzung solcher Treffen ist Klarheit und Konsens über die maßgeblichen *Kulturträger* der Organisation. Ebenso unterstützen organisationsspezifische Trainee-Programme, die Einblick in die verschiedene Bereiche bieten, die Einführung (junger) Mitarbeiter/innen.

Phase des Wachstums

In dieser Phase geht es um die Karriere- bzw. Laufbahnplanung innerhalb einer Organisation. Dazu bieten sich sogenannte Standortbestimmungen an, die die besonderen Qualifikationen und Interessen der Betreffenden[36] einzuordnen helfen. Die Mitarbeit oder Leitung eines Projektes unterstützt bei der Vernetzung innerhalb der Organisation. Ein Auslandseinsatz (bei international agierenden Unternehmen) motiviert und erweitert den individuellen Blickwinkel. Maßnahmen innerhalb eines *Job Rotations* ermöglichen neue Sichtweisen auf die Einschätzung der eigenen beruflichen Tätigkeit. In der schweizerischen Volksschule werden zum Beispiel zeitlich begrenzte Wechsel auf eine andere Stufe (aus der Sekundar- in die Primarstufe) ermöglicht.

Phase der Reife

In der Phase der Reife können Mitarbeitende vor dem Hintergrund ihrer Erfahrung, Eignung und Bedürfnisse bspw. die Funktion eines Supervisors, Mentors oder Beraters übernehmen. Vorauszusetzen sind eine längere Dauer der Zugehörigkeit zur Organisation, persönliches *Standing*, Akzeptanz und Erfahrungsknow-how. Diese Personen sind Kulturträger der Organisation und repräsentieren die Organisation nach innen und außen. Darüber hinaus ermöglichen sogenannte *Seitenwechsel* Einblicke in einen anderen Arbeitskontext und damit eine Bewertung und Wertschätzung der eigenen Arbeit aus einer anderen Perspektive. Des Weiteren kann Erfahrungswissen mit Hilfe von Qualitätszirkeln in die Organisation zurückwirken. Der Gewinn ist beidseitig: Die Organisation nutzt die Erfahrungen zur Optimierung und Entwicklung, die Mitarbeitenden erleben sich als wirksam, da sie Einfluss auf Prozesse und Aufgaben der Organisation nehmen.

---

[35] Kamingespräche sind Zusammentreffen in entspannter Atmosphäre mit Führungspersonen (CEO, Vorstände der Organisation), die die Gelegenheit bieten, mit diesen ins Gespräch zu kommen.

[36] Hat der/die Betreffende das Interesse an einer Führungs- oder Fachkarriere? Hat er/sie die erforderliche Motivation und das Potential?

Phase der Sättigung

In dieser den betrieblichen Lebenszyklus abschließenden Phase unterstützen Maßnahmen zur Vorbereitung auf die Pensionierung, Nachfolgeplanungen oder (im Fall
einer Kündigung) Angebote eines Outplacements den Ausstieg aus der Organisation
und die Neuorientierung. Graf (2009) erwähnt in dieser Phase auch das *Downward
Movement*. Da mit einer solchen Veränderung allerdings der „Verlust" einer gewohnten Stellung einhergeht, kann diese Veränderung nur dann für persönliche Zufriedenheit sorgen, wenn sie von der betroffenen Person auch gewünscht ist, zum Beispiel
weil die neue Stelle mit weniger Verantwortung und Stress verbunden ist. Eine
Re-Positionierung ist in jedem Fall sensitiv und erfordert einen achtsamen Umgang.

Die nächsten Beispiele beschreiben Entwicklungsmaßnahmen entlang des stellenbezogenen Lebenszyklus. Auch diese Beispiele sind auf die Unterstützung der individuellen
Performanz ausgerichtet.

Beispiele für Entwicklungsmaßnahmen im stellenbezogenen Lebenszyklus

Phase der Einführung

In dieser Phase unterstützen alle Maßnahmen, die im Zusammenhang mit den Aufgaben der Tätigkeit stehen.[37]

Phase des Wachstums

In dieser Phase steht die kompetente Bewältigung der Aufgaben im Vordergrund, entsprechend kommen Weiterbildungen, zum Beispiel mit fachlichem Fokus, zum Zuge. Denkbar sind auch Maßnahmen, die Fragen zur Zusammenarbeit, zum Beispiel im Projekt,
oder zur Bewältigung komplexer Situationen adressieren, zum Beispiel den Umgang
mit Konflikten. Maßnahmen innerhalb der Wachstumsphase können am Arbeitsplatz
selbst (on the job) oder außerhalb der Organisation erfolgen (off-the-job)[38]. Welche
Maßnahme geeignet ist, entscheidet die Analyse vor Ort: Steht bspw. die Lösung einer
bestimmten Situation im Fokus, können Interventionen wie Mediationen oder Coaching
Sinn machen. Geht es darum, die Kompetenzen generell bei Konfliktlösungen zu vertiefen, kann eine entsprechende off-the-job-Maßnahme einen Beitrag leisten.

Phase der Reife

Diese Phase kennzeichnet, dass der Mitarbeitende seine Funktion kompetent aus-
füllt und tätigkeitsspezifische Erfahrungen erworben hat. Entwicklungsmaßnahmen zielen nun darauf ab, die Motivation und Leistungsbereitschaft hoch zu halten.

---

[37] Zum Beispiel Fragen zur im Haus üblichen Soft- und Hardware oder zu Abläufen.
[38] Bspw. Mentoring am Arbeitsplatz, Besuch organisationsspezifischer Schulungen.

Maßnahmen des Job Enrichments oder Job Enlargements können hierbei unterstützend wirken, zum Beispiel durch zeitlich befristete, neue Aufgaben wie die Leitung eines Projektes oder eine grundsätzliche Erweiterung der bestehenden Tätigkeit durch eine neue Verantwortung, die ggf. weitere Qualifikationen benötigen. So können sich zum Beispiel an den Volkschulen im Kanton Zürich Lehrpersonen zur sogenannten *Praxislehrperson* an der Hochschule ausbilden, die verantwortlich sind für die Betreuung der Lehramtsstudierenden an den Schulen.

Phase der Sättigung

In dieser Phase geht es um den Austritt aus einer Stelle, zum Beispiel um einen Wechsel in einen anderen Bereich oder auf eine andere Funktion[39] innerhalb der Organisation – oder das Verlassen der Organisation. In allen Fällen geht es darum, den Wechsel vorausschauend zu begleiten, Know-how zu sichern und den Übergang oder die Verabschiedung am Arbeitsplatz für alle Betroffenen zu begleiten und gut zu gestalten.

1. Welche PE-Maßnahmen des betrieblichen und stellenbezogenen Lebenszyklus werden in Ihrer Organisation angewandt?

2. Werden die Maßnahmen allgemein akzeptiert und als sinnvoll empfunden?

3. Wenn nicht: Was bräuchte es aus Ihrer Sicht, um eine höhere Akzeptanz und Sinnhaftigkeit herzustellen?

Die Phasen innerhalb des betrieblichen und des stellenbezogenen Lebenszyklus sind nicht zeitlich fixiert. Nicht zuletzt darum benötigen alle Maßnahmen, die sich an Lebenszyklen orientieren, eine flexible Anwendung.[40] Dennoch liefern die Zyklen wertvolle Hinweise zu Entwicklungszeitpunkten und zur Passung von Entwicklungsmaßnahmen. Graf betont, „dass die verschiedenen Lebensphasen eng miteinander verknüpft sind und sich gegenseitig beeinflussen"[41]. Lebensphasen sind also interdependent: „Im Sinne einer ganzheitlichen Personalentwicklung muss jeweils das gesamte Bild betrachtet werden."[42]

Lebenszyklusorientierte Personalentwicklung, so Graf, „öffnet den Blickwinkel in Richtung einer ganzheitlichen Betrachtungsweise bezüglich der in einem Unternehmen tätigen Mitarbeiter"[43].

---

[39] Zum Beispiel die Übernahme einer Führungsposition.

[40] Vgl. Graf (2002), S. 436: „Wird noch einmal an die Frage der Zuverlässigkeit von Zykluskonzepten angeknüpft, dann muss Kritikern insofern recht gegeben werden, als die einzelnen Phasen nicht als starre Konstrukte mit einem klar festgelegten zeitlichen Rahmen angesehen werden dürfen. Es braucht eine gewisse Flexibilität bei der Anwendung solcher Modelle."

[41] Graf (2002), S. 425.

[42] Graf (2002), S. 425.

[43] Graf (2002), S. 436.

▶ Tab. 4.4 veranschaulicht entlang der Idee der *lebenszyklusorientierten Personalentwicklung* Maßnahmen, die die Entwicklung einer Führungskraft bei der Übernahme einer Vorgesetztenfunktion unterstützen können.

Tab. 4.4 Personalentwicklung entlang einer Führungskarriere – stellenbezogener Lebenszyklus

Phase	Maßnahme	Ziel
	Talent Management Führungsausbildung	Führungspotential identifizieren und Nachwuchs fördern
Einführung	Coaching	Herausforderungen im Rahmen der Funktionsübernahme professionell begegnen
	Mentoring	Werteverständnisse der Organisation vermitteln und Commitment erzeugen
	Netzwerkbildung Peer-Coaching	Bindung und Aufbau eines gemeinsamen Verständnisses von Führung durch die Vernetzung mit Führungspersonen in der Organisation ermöglichen
Wachstum	Weiterentwicklung in den Themen Management, Leadership	Wissen und Kenntnisse zum Führen[44] durch den Besuch von Weiterbildungen, Tagungen, Kongresse vertiefen
	Netzwerkbildung	Innovationen ermöglichen durch die Vernetzung mit relevanten externen und internen Anspruchsgruppen, Etablieren verbindender Plattformen[45]
Reife	Coaching	Reflexion berufsrelevanter Fragestellungen in einem Coaching, zum Beispiel zur Passung der individuellen Werte mit denen der Organisation; individuelle Leistungsfähigkeit und Motivation erhalten
	Repräsentanz-Funktionen	Anerkennen und Auszeichnen von Leistung durch Repräsentanz-Funktion intern und extern (zum Beispiel als Vertreter in einem für die Organisation wichtigen Thema)
	Standortbestimmung	Erhalt der Leistungsfähigkeit und Schaffen neuer Motivation durch das gezielte Identifizieren von Entwicklungspotential in einem Development Center; Ziel ist, die weitere Ausrichtung zu schärfen
	Weiterentwicklung Professionalisierung	Stärken und Schwächen anhand eines 180- oder 360-Grad-Feedbacks im Abgleich mit dem Kompetenzmodell einer Organisation identifizieren
	Nachwuchsförderung	Aktive Mitarbeiterentwicklung als integraler Bestandteil von Führung, zum Beispiel durch den Aufbau eines Talent Pools

---

[44] Das können zum Beispiel Fragen zur Mitarbeiterführung, zur Mitarbeiterentwicklung oder zum Selbstmanagement sein.

[45] Zum Beispiel durch die Teilnahme an ERFA-Gruppen oder Mitgliedschaften in Verbänden.

Tab. 4.4 (Fortsetzung)

Phase	Maßnahme	Ziel
	Mentorenrolle	Bindung festigen, neue Motivationsquellen erschließen, Weitergabe von Erfahrung als Mentor in internen und externen Netzwerken
	Weiterentwicklung	Vorbereitung auf die nächsthöhere Führungsstufe
	Job Enlargement	Leistungsbereitschaft erhalten durch die Erweiterung der Tätigkeit anhand neuer Verantwortung
	Job Enrichment	Motivation halten, Ermüdung entgegenwirken durch neue, zeitlich befristete Aufgaben (zum Beispiel in strategisch relevanten Projekten)
Sättigung	Downward-Movement	Leistungsfähigkeit und Motivation erhalten durch einen Hierarchiewechsel (Abgabe von Verantwortung der Führungsfunktion, Wechsel in Expertenrolle)
	interner Positionswechsel	Motivation und Leistungsbereitschaft erhalten durch Querwechsel in eine gleichgestellte Position
	Hierarchieanstieg	Mitarbeiterbindung, für die Organisation relevantes Wissen in der Organisation halten durch das Fördern des Wechsels auf höhere Führungsstufe
Austritt aus der Organisation	Austritt aus der Organisation	Wissenstransfer in Bezug auf die Funktion sicherstellen
Ruhestand	Übergang Ruhestand	Kulturwandel begleiten, Ruhestandsplanung sichern und Wissenstransfer durch eine aktive Nachfolgeplanung gewährleisten (von der Auswahl bis zur Einarbeitung)

1. Gibt es in Ihrer Organisation Maßnahmen zur Führungskräfteentwicklung, die in dieser Darstellung nicht genannt werden?

2. Welche der genannten Maßnahmen haben aus Ihrer Sicht eine besonders hohe Wirkung? Begründen Sie.

Fazit

Das Erarbeiten eines Konzepts für Personalentwicklung ist Gegenstand des vierten Kapitels.

Der Ausgestaltungsgrad von Personalentwicklung muss zur Organisation mit ihrer sozialen, kulturellen und individuellen Vielfalt passen. Das schließt die eingangs formulierten Prämissen für Personalentwicklung inklusive Fragen zum Führungsverständnis und -handeln zwingend ein.

Die Entwicklung eines Konzepts für Personalentwicklung erfolgt vor diesem Hintergrund mit Hilfe von *diagnostischen* Fragen entlang der Ausgestaltungsgrade 1 bis 3:

- Personalentwicklung auf der Grundlage der bedarfsorientierten Bildung,

- Personalentwicklung entlang der organisationalen Personalprozesse,

- Personalentwicklung im Kontext der Entwicklung einer Organisation.

Jeder Ausgestaltungsgrad ist als „in sich geschlossene Einheit" zu verstehen. Er kann jederzeit differenziert werden – in Übereinstimmung mit der jeweiligen organisationalen Realität. Schließlich bildet das Konzept im wechselseitigen Prozess die Entwicklung einer Organisation ab.

Die Fragen dienen dazu, ein bestehendes Konzept zu hinterfragen oder ein neues Konzept zu entwickeln. Die Diagnose auf einer solchen Grundlage soll die nötige Voraussetzung schaffen, dass „Fehler"[46], wie sie in Studien zu den Reifegraden von Unternehmens- und Personalentwicklung nachgewiesen wurden, nicht wiederholt werden. So schreibt Becker (2009) in der Bewertung zweier vergleichenden Studien aus den Jahren 2001 und 2008 zu den Zielen von Personalentwicklung in Organisationen: „ Nach wie vor steht die Verbesserung der Leistungsfähigkeit der Mitarbeiter sowie die Anpassung der Personalentwicklungsziele an die Unternehmensziele im Vordergrund. Der Mitarbeiter mit seinen persönlichen Entwicklungswünschen steht eher im Hintergrund."[47] Er schlussfolgert: „Den Unternehmen gelingt es auch heute noch nicht, die organisationalen und individuellen Ziele in Einklang zu bringen."[48]

Führungspersonen aus dem Bereich der Schule sei im Besonderen empfohlen, sich im ersten Schritt einen Überblick über ihre prioritären Einfluss- und/oder Handlungsfelder zusammenstellen. Die Handlungspyramide von Schulführung definiert die Felder *Organisationsstrategie, Mitarbeiterführung, Mitarbeitergewinnung* und *Mitarbeiterförderung*. Die vier Handlungsfelder leiten sich aus den Erfahrungen in der Arbeit von und mit Schulleitenden und aus der fachlichen Auseinandersetzung ab. Sie können – entsprechend dem individuellen Kontext – angepasst werden.

Die Arbeit entlang dieser Handlungspyramide unterstützt die individuelle Analyse. Sie ist ins Gesamtkonzept der Ausgestaltungsgrade eingebettet und nimmt eine Brückenfunktion ein – hin zur Differenzierung eines Konzeptes von Personalentwicklung entlang der Ausgestaltungsgrade.

---

[46] So wies Becker in der Institutionalisierungsphase von Personalentwicklung nach, dass Personalentwicklung weniger systematisch, vielmehr nach einem Belohnung- oder Bestrafung-Sanktionismus erfolgt. Vgl. dazu die Hintergrundinformationen bei den Reifegrad-Konstrukten von Unternehmens- und Personalentwicklung nach Becker (2002).

[47] Becker (2009), S. 215.

[48] Vgl. Becker (2009), S. 215.

Die Nachhaltigkeit von Personalentwicklung korreliert immer mit einer gewissen Systematik. Neben der Systematik tragen auch Überlegungen zur Funktion einer Maßnahme im Entwicklungsprozess zum Gelingen bei. Die Unterscheidung in Zyklen, zum Beispiel nach Graf (2002) in den betrieblichen oder in den stellenbezogenen Lebenszyklus, ermöglicht derzeit die differenzierteste, ganzheitliche Betrachtungsweise: Eine lebenszyklusorientierte Personalentwicklung intendiert, die bestmögliche Übereinstimmung zwischen den individuellen Bedürfnissen, dem organisationalem Kontext und der Maßnahme an sich herzustellen. Damit beinhaltet dieser Zugang zur Entwicklung von Mitarbeitenden in einer Organisation alle nötigen Voraussetzungen für eine *individualisierte Personalentwicklung*, wie sie heute und künftig erforderlich sein wird.

Literaturverzeichnis

Argyris, Chris; A. Schön, Donald (1996). Die lernende Organisation. Grundlagen, Methode, Praxis. Stuttgart: Klett-Cotta.

Becker, Manfred (2013). Personalentwicklung. Bildung, Förderung und Organisationsentwicklung in Theorie und Praxis. 6. Auflage. Stuttgart: Schäffer-Poeschel Verlag.

Becker, Manfred (2009). Personalentwicklung. Bildung, Förderung und Organisationsentwicklung in Theorie und Praxis. 5. Auflage. Stuttgart: Schäffer-Poeschel Verlag.

Becker, Manfred et. al. (2002). Personalentwicklung in Theorie und Praxis. Forschungsstand und weiterführende Forschungsfragen. In: Becker, Manfred et al. (2002). Theorie und Praxis der Personalentwicklung. Aktuelle Beiträge aus Wissenschaft und Praxis. München: Rainer Hampp Verlag.

Becker, Manfred (2011). Systematische Personalentwicklung. Planung, Steuerung und Kontrolle im Funktionszyklus. Stuttgart: Schäffer-Poeschel Verlag.

Becker, Manfred; Beck, Anja; Herz, Andrea (2009). Wandel aktiv bewältigen! Empirische Befunde und Gestaltungshinweise zur reifegradorientierten Unternehmensführung und Personalentwicklung. Mering: Rainer Hampp Verlag.

Berthel, Jürgen; Becker, Fred G. (2010). Personal-Management. Grundzüge für Konzeptionen betrieblicher Personalarbeit. Stuttgart: Schäffer-Poeschel Verlag.

Bonsen, Martin (2011). Von der „failing" zur „turnaround" school. Was Schulleitungen aus der Forschung zu erfolgreicher Umsteuerung von Organisationen lernen können. In: Lernende Schule, 56/2011.

Buhren, Claus G.; Rolff, Hans-Günther (2009). Personalmanagement für die Schule. Ein Handbuch für Schulleitung und Kollegium. Weinheim, Basel: Beltz Verlag.

Day, Christopher; Gurr, David (2014). Leading Schools Successfully: Stories from the Field. London: Routledge.

DeRue, Scott D.; Ashford, Susan J. (2010). Who will lead and who will follow? A social process of leadership identity construction in organization. In: Academy of Management Review, Vol. 35, No. 4 (2010).

Dull, Matthew (2010). Leadership and Organizational Culture. Sustaining Dialogue between Practitioners and Scholars. In: Public Administration Review, November, December 2010.

Edinger, Maria (2009). Lebensphasenorientiertes Arbeiten und altersgerechte Karrieren unter dem Aspekt des betrieblichen Age-Managements. Hamburg: Diplomica® Verlag GmbH.

Erikson, Erik H. (1973). Identität und Lebenszyklus. Berlin: Suhrkamp Verlag.

Felfe, Jörg (2012). Arbeits- und Organisationspsychologie 1. Arbeitsgestaltung, Motivation und Gesundheit. Stuttgart: W. Kohlhammer.

Felfe, Jörg (2012). Arbeits- und Organisationspsychologie 2. Führung und Personalentwicklung. Stuttgart: W. Kohlhammer.

Felfe, Jörg (2005). Charisma, transformationale Führung und Commitment. Köln: Kölner Studienverlag.

Furtner, Marco R. (2010). Transformationales (Self-)Leadership: Self Leadership und Transformationale Führung. In: ZfKE, 58. Jahrgang, Heft 4 (2010).

Graf, Anita (2009). Wissen, wo die Mitarbeitenden stehen. In: Zölch, Martina; Mücke, Anja; Graf, Anita; Schilling, Axel (2009): Fit für den demographischen Wandel? Ergebnisse, Instrumente, Ansätze guter Praxis. Bern, Stuttgart, Wien: Haupt.

Graf, Anita (2002). Lebenszyklusorientierte Personalentwicklung. Ein Ansatz für die Erhaltung und Förderung von Leistungsfähigkeit und -bereitschaft während des gesamten betrieblichen Lebenszyklus. Bern, Stuttgart, Haupt: Paul Haupt Verlag.

Hasebrook, Joachim; Maurer, Maren (2009). zeb/-HR-Studie Kurzfassung 2009. Herausforderungen und Perspektiven deutscher, österreichischer und schweizerischer Kreditinstitute im Personalmanagement.

Hurrelmann, Klaus; Albrecht, Erik (2014). Die heimlichen Revolutionäre. Wie die Generation Y unsere Welt verändert. Weinheim, Basel: Beltz Verlag.

Jacobson, Stephen L.; Johansson, Olof; Christopher, Day (2011). Preparing School Leaders to Lead Organizational Learning and Capacity Building. In: Ylimaki, Rose M.; Jacobson, Stephen L. (Eds.) (2011): US and Cross-National Policies, Practices, and Preparation. Studies in Educational Leadership. Volume 12. Berlin: Springer.

Kämmer, Karla (2014). Personalentwicklung: Von wertschätzender Haltung zu wertschöpfender Entwicklung. Teams bilden und richtig führen. Erfolgsfaktor Mitarbeitermotivation. Soft Skills & Kompetenzen entwickeln. Hannover: Schlütersche Verlagsgesellschaft.

Kieser, Alfred; Walgenbach, Peter (2010). Organisation. Stuttgart: Schäffer-Poeschel Verlag.

Krause, Diana, E. (Hrsg.) (2013). Kreativität. Innovation und Entrepreneurship. Wiesbaden: Springer Gabler.

Krämer, Michael (2007). Grundlagen und Praxis der Personalentwicklung. Göttingen: Vandenhoeck & Rupprecht.

Knoch, Cornelia (2001). Lehren und Lernen in der Wirtschaft. Darstellung aktueller Trainingsmethoden und ihre Beurteilung im Spiegel einer empirischen Untersuchung. Münster, Hamburg, London: LIT Verlag.

Knoch, Cornelia (2014). Werte in der Personalentwicklung einer Schule. In: Pädagogische Führung, 25. Jahrgang, März 2014.

König, Johannes (2012). Teachers' Pedagogical Beliefs. Definition and Operationalisation. Connections to Knowledge and Performance – Development and Change. Münster, New York, München, Berlin: Waxmann Verlag.

Lindenbaum, Dirk; Cartwright, Susan (2010). A Critical Examination of the Relationship between Emotional Intelligence and Transformational Leadership. In: Journal of Management Studies, 47:7 November 2010.

Ling, Yan; Lubatkin, Michael H.; Simsek, Zeki, Veiga, John F. (2008). The Impact of Transformational CEOs on the Performance of Small- to Medium-Sized Firms: Does Organizational Context Matter? In: Journal of Applied Psychology, Vol. 93, No. 4.

Mudra, Peter (2004). Personalentwicklung. Integrative Gestaltung betrieblicher Lern- und Veränderungsprozesse. München: Verlag Vahlen.

Meifert, Matthias T. (Hrsg.) (2013). Strategische Personalentwicklung: Ein Programm in acht Etappen. Wiesbaden: Springer Gabler.

Meier, Harald (1991). Personalentwicklung: Konzept, Leitfaden und Checklisten für Klein- und Mittelbetriebe. Wiesbaden: Gabler Verlag.

Mentzel, Wolfgang (2005). Personalentwicklung. Erfolgreich motivieren, fördern und weiterbilden. München: Deutscher Taschenbuch.

Negri, Christoph (2010) (Hrsg.). Angewandte Psychologie für die Personalentwicklung. Konzepte und Methoden für Bildungsmanagement, betriebliche Aus- und Weiterbildung. Berlin, Heidelberg: Springer.

Peterke, Jürgen (2006). Handbuch Personalentwicklung. Berlin: Cornelsen Verlag.

Rolff, Hans-Günter (2007). Studien zu einer Theorie der Schulentwicklung. Weinheim, Basel: Beltz Verlag.

Rolff, Hans-Günter (2013). Schulentwicklung kompakt. Modelle, Instrumente, Perspektiven. Weinheim: Beltz Verlag.

Rump, Jutta; Völker, Rainer (2007). Employability in der Unternehmenspraxis: Eine empirische Analyse zur Situation in Deutschland und ihre Implikationen. Heidelberg: Physica-Verlag.

Sanders, Karin; Kianty, Andrea (2006). Organisationstheorien. Eine Einführung. Wiesbaden: VS Verlag für Sozialwissenschaften.

Sattelberger, Thomas (1989). Innovative Personalentwicklung. Grundlagen, Konzepte, Erfahrungen. Wiesbaden: Gabler Verlag.

Sattelberger, Thomas; Weiss, Reinhold (Hrsg.) (1999). Human Kapital schafft Shareholder Value – Personalpolitik in wissensbasierten Unternehmen. Köln: Deutscher Instituts-Verlag.

Sattelberger, Thomas (Hrsg.). Handbuch der Personalberatung. Realität und Mythos einer Profession. München: C. H. Beck.

Schreyögg, Gerd (2008). Organisation. Grundlagen moderner Organisationsgestaltung. Mit Fallstudien. Wiesbaden: Gabler GWV Fachverlage GmbH.

Schmidt-Brücken, Burkhard (1996). Benchmarking & Personal. Prozessoptimierung als Voraussetzung für Qualitätssteigerung in der betrieblichen Weiterbildung. Betriebswirtschaft und Personal, Band 1. Hamburg: Schöppe.

Sonntag, Karlheinz (Hrsg.) (2009). Personalentwicklung in Organisationen. Göttingen, Bern, Wien, Toronto, Seattle, Oxford, Prag: Hogrefe.

Straubhaar, Thomas (1997). Auf dem Weg in die Wissensgesellschaft des 21. Jahrhunderts (Mikro- und makroökonomische Aspekte). In: Die Volkswirtschaft, Jg. 70 (1997).

Thom, Norbert; Zaugg, Norbert J. (2009). Moderne Personalentwicklung. Mitarbeiterpotenziale Erkennen, Entwickeln und Fördern. Wiesbaden: Springer Gabler.

Trost, Armin; Jenewein, Thomas (2011). Personalentwicklung 2.0. Lernen, Wissensaustausch und Talentförderung der nächsten Generation. Köln: Luchterhand / Wolters Kluwer Deutschland GmbH.

Wegerich, Christine (2007). Strategische Personalentwicklung in der Praxis. Weinheim: WILEY-VCH Verlag.

Wunderer, Rolf (2006). Führung und Zusammenarbeit. 6., überarbeitete Auflage. München: Luchterhand.

Wunderer, Rolf (2011). Führung und Zusammenarbeit. 9., überarbeitete Auflage. München: Luchterhand.

Hasebrook, Joachim; Maurer, Maren (2009). zeb/-HR-Studie Kurzfassung 2009. Herausforderungen und Perspektiven deutscher, österreichischer und schweizerischer Kreditinstitute im Personalmanagement.

Zölch, Martina; Mücke, Anja; Graf, Anita; Schilling, Axel (2009). Fit für den demographischen Wandel? Ergebnisse, Instrumente, Ansätze guter Praxis. Bern, Stuttgart, Wien: Haupt Verlag.

Abbildungs- und Tabellenverzeichnis

Anmerkungen

Fußnote 13: Fachliteratur Methoden

Literatur zu Methoden der Personalentwicklung liegt, wie bereits erwähnt, zahlreich vor. Die hier vorgestellte Auswahl ist subjektiv und soll Anregung bei der gezielten Suche und Vertiefung bieten: Um eine Übersicht über Methoden und ihre Inhalte und Ziele zu erhalten, vergleiche Knoch (2001). Eine Darstellung zur Vielfalt von Methoden liefert auch Peterke (2006). Zu den Entwicklungsmaßnahmen entlang der Personalprozesse vergleiche Becker (2013), ebenso zum systematischen Einsatz von Personalentwicklungsmaßnahmen vergleiche Becker (2011). Zum Einsatz der Methoden entlang von Analyse, Intervention, Evaluation und Transfer vergleiche Sonntag (2006). Zum Fördergespräch und den Instrumenten von Förderung vergleiche Mentzel (2004). Zur Standortbestimmung vergleiche Graf (2009). Standortbestimmung – Kernelemente einer lebenszyklusorientierten Personalentwicklung. In: Zölch et al. (2009), S. 197 ff. Zu CBT-basierten Lernformen vergleiche Trost und Jennewein (2011). Zu in Schulen gebräuchlichen Personalentwicklungsmaßnahmen mit dem Ziel der *Förderung* und *Fortbildung* vergleiche Buhren und Rolff (2009).

Resümee

Die Investition in die Entwicklung von Mitarbeiterinnen und Mitarbeitern ist ein Beitrag zur „Überlebensfähigkeit" einer Organisation. Der demografische Wandel ist eine Realität, die zur Auseinandersetzung auffordert: Einerseits fehlen Spezialisten, andererseits sind Spezialisten – zum Beispiel im Lehrberuf – „überaltert". So zumindest die Leseweise der Arbeitsmarktdemografen. Gehen diese Personen in den Ruhestand, werden Engpässe zu erwarten sein. Engpässe, die sich im Fall von Lehrerinnen und Lehrern auch auf die Qualität von Schulbildung auswirken werden. Spätestens dann wird eine solche Herausforderung nicht mehr nur auf den Bereich der Organisation *Schule* einzugrenzen sein, sondern auf Teile der Gesellschaft übergreifen, denn welche Eltern wollen nicht gewährleistet sehen, dass ihr Kind eine gute und nachhaltige Ausbildung erhält?

So beschäftigt das Ausscheiden der zurzeit arbeitnehmerstärksten Gruppierung aus der aktiven Erwerbstätigkeit sowohl die Praxis als auch die Theorie. Neu ist, Generationen gezielt zu unterscheiden. Dabei ist der Blick insbesondere auf die sogenannte *Generation Y* (Internetgeneration) gerichtet, deren Einstieg in die Arbeitswelt, so vermuten Sozial- und Bildungswissenschaftler wie Hurrelmann[1], zu einem entscheidenden Paradigmenwechsel am Arbeitsplatz führen wird: Wurde die Work-Life-Balance von den Babyboomern lediglich „gefordert", wird diese Generation die Forderungen umsetzen. Das wird viele Organisationen auf struktureller und auf kultureller Ebene herausfordern. Auch dies ist der vorherrschende Tenor in den Diskussionen um den Umgang mit generationalen Prägungen und Bedürfnissen innerhalb einer Organisation.

Wir „stehen" in der Wissensgesellschaft: Sich immer wieder den verändernden Technologien, die den Alltag durchziehen und flexibles Know-how am Arbeitsplatz erfordern, zu stellen, ist längst zur Gewohnheit geworden. Adaptieren und Anwenden von Inhalten gehören zum lebenslangen Lernen. Dazu zählt auch Anpassungsfähigkeit, denn ein stabiles wirtschaftliches Umfeld, das die Aussicht vermittelt, eine „Lebensstelle" zu besetzen, ist derzeit in vielen Bereichen nicht gegeben.

---

[1] Vgl. Hurrelmann und Albrecht (2014).

Entsprechend muss die Entwicklung von Mitarbeitenden heute und künftig anhand von vier Schwerpunkten ausgerichtet werden. Vier Schwerpunkte, die den Handlungsbedarf festlegen:

- **Individualisierung** beinhaltet, *das Individuum* in den Mittelpunkt von Personalentwicklung zu stellen und entsprechend *individualisierte* Lösungen anzubieten. Lösungen, die die persönliche Entwicklung betreffen oder die Gestaltung der Arbeitsplätze und der Arbeitsorganisation. Das bedingt, das Individuum uneingeschränkt als für die Organisation „wertvolle" Ressource zu sehen. Die Aufgabe der Organisation ist es, diese Ressource adäquat einzubinden und für den Erfolg der Organisation zu nutzen. Das bedingt Flexibilität[2] auf der Seite der Organisation und das Prinzip der *Wechselseitigkeit*[3] als Haltung, die allen Prozessen zugrunde liegt.

- **Führung** beinhaltet, auch tatsächlich individualisiert zu führen, Individualität als Wert anzuerkennen und *Unterschiedlichkeit* im Team für den Erfolg der Organisation zu nutzen. Das bedeutet, sich immer wieder zu reflektieren, zum Beispiel in Bezug auf Stereotype. Auch, die persönlichen Führungskompetenzen kontinuierlich unter professionellen Blickwinkeln zu hinterfragen, damit diese im Zuge einer Karriere *differenziert* werden können. So kann sichergestellt werden, dass Führung – versteht sie sich als Bindeglied zwischen Organisation und Mitarbeitenden – die Vielfalt in einer Organisation *adressatengerecht* abholt und für die Organisation „fruchtbar" macht.

- **Differenzierung** bedeutet, dass die Maßgaben der Individualisierung bei der Entwicklung der Mitarbeitenden in einer Organisation auch tatsächlich umgesetzt werden. Dabei geht es nicht darum, den Grad an Komplexität in einer Organisation zu erhöhen, sondern vielmehr Pragmatik und Flexibilität in den Alltag zu integrieren und mit Konzepten und Rahmenbedingungen zu arbeiten, die einerseits die wesentlichen Eckwerte zur Orientierung abbilden, andererseits Raum für *Gestaltung* und damit Differenzierung geben. In diesem Sinn muss die Personalentwicklung die Strategie einer Organisation mitgestalten und dafür sorgen, dass die Ressourcen als Potential einer Organisation bereits auf dieser Ebene mitgedacht und verankert werden.

- **Attraktivität** beinhaltet, sich als Arbeitgeberin oder Arbeitgeber auf das zu besinnen, was die Organisation auszeichnet und für die Mitarbeitenden „wertvoll" macht. Das beinhaltet, sich konsequent und durch die Organisation hinweg mit den Werten auseinanderzusetzen, die im Hintergrund des Handelns in einer Organisation stehen, und die nötigen Schlüsse und Konsequenzen zu ziehen, die in konkreten Resultaten sicht- und greifbar sind.

---

[2] Flexibilität äußert sich bspw. darin, neben den üblichen Standards Raum für „unübliche" Lösungen und Neues zu geben.

[3] Im Gegensatz zur direktiven Führung, die Anweisungen weitergibt, bedingt das Prinzip der Wechselseitigkeit *Kommunikation auf Augenhöhe* und partnerschaftliches Aushandeln von Lösungen.

Personalentwicklung als eigenes *Aufgabenfeld* blickt nicht auf eine lineare Entwicklung zurück. Das betrifft sowohl die Ausgestaltung, also das Füllen mit *Inhalten*, als auch das Verständnis von Personalentwicklung. Erste Impulse zu einer systematischen Entwicklung von Mitarbeitenden sind mit hoher Wahrscheinlichkeit im amerikanischen Forschungs- und Unternehmenskontext zu finden. Hier sind insbesondere der Michigan- und der Harvard-Ansatz hervorzuheben, die im Hintergrund des Transfers von Personalentwicklung in den deutschsprachigen Raum stehen. Je nach Ansatz wird die unternehmensorientierte oder die mitarbeiterorientierte Perspektive betont. Hierin liegt ein wichtiger Grund, warum die Definitionen von Personalentwicklung in Theorie und Praxis heute zum Teil *diametral* auseinanderliegen. Dieser Spannungsbogen ist auch ideologisch zu deuten, da jeder Ansatz das Bild des Menschen in der Organisation für sich deutet und entsprechend in der Umsetzung „besetzt". Darum ist die Auseinandersetzung mit den Werten einer Organisation ein unverzichtbarer Bestandteil für das „Füllen" der Inhalte von Personalentwicklung und ihre Übertragung in die Organisation.

In der Theorie stellt sich Personalentwicklung heute als Wissenschaftsgebiet dar, das aus verschiedenen fachlichen Disziplinen relevante Informationen erhält. Die Sozialwissenschaften bilden das breite Spektrum ab, welches zum Aufbau eines eigenständigen Wissenschaftsgebiets beiträgt. Die Praxis bildet dieses breite Spektrum in der Personalarbeit analog ab. So sind es die Blickwinkel, Motive, Interessen und Überzeugungen der verantwortlichen Akteure, die die finale Ausgestaltung von Personalentwicklung in einer Organisation bestimmen – und damit auch das Bild der Entwicklung von Mitarbeitenden in einer Organisation.

Damit Personalentwicklung nicht in eine Vielzahl kleinteiliger Betrachtungsweisen auseinanderfällt, sondern in der Summe Synergien schafft und entsprechend Wirkung entfaltet, die für die Praxis relevant ist, ist auf der theoretischen Ebene ein polyvalentes Konzept von Personalentwicklung erforderlich. Ein solches beinhaltet immer die dezidierte Auseinandersetzung mit der Herkunft des Beitrages und seine Integration in einen (fachwissenschaftlich) ausgewogenen Gesamtzusammenhang, der der Dominanz einer Disziplin entgegenwirkt und die Unterschiedlichkeiten transparent macht. Ein solcher Ansatz trägt dazu bei, dass die Personalentwicklung in der Praxis eine Grundlage erhält, die auf der Metaebene differenzierte Indikatoren für die Analyse der Passung und der Wirkung von Personalentwicklung entwickelt – und so Kurskorrekturen oder *Intensivierung* möglich macht.

Die Unterscheidung in Reifegrade von Personalentwicklung hilft, relevante Informationen zur Passung und zur Wirkung von Personalentwicklung in einer Organisation zu erfassen. Beruhend auf empirischen Befunden zu den Wechselwirkungen reifegradorientierter Unternehmensführung und Personalentwicklung (vgl. Becker et al., 2009) und der Unterscheidung von Personalentwicklung im engen, im weiten und im erweiterten Sinn, unterstützt ein solches Diagnoseinstrument beim Erfassen des momentanen „Bildes" von Personalentwicklung im Organisationsalltag. Ein solches Bild hilft, den Handlungsbedarf zu identifizieren und Prioritäten zu setzen. Es unterstützt, Wirkung zu verstärken – zum Beispiel in den Bereichen, in denen Maßnahmen Effekte gezeigt haben. Es erlaubt auch, ins Detail zu gehen und die Inhalte hinsichtlich ihrer Übereinstimmung zwischen den

Menschenbildern (und Werten) in der Organisation zu hinterfragen. Die Übereinstimmung betrifft Fragen zur Führung, zu strukturellen und kulturellen Gegebenheiten – und schließlich zur Strategie der Organisation. So verstanden, erlaubt die Diagnose anhand von Reifegraden eine fundierte und seriöse Auseinandersetzung mit Grundlagen, auf denen eine Organisation beruht und die ihren Erfolg ausmachen.

Für Bereiche wie zum Beispiel Schulen, die kein über die Jahre gewachsenes Verständnis von Personalentwicklung haben und sich dazu im Diskurs über Schulführung befinden, bieten sich große Chancen. Einer solchen Herangehensweise an ein Konzept zur Entwicklung der Mitarbeiterinnen und Mitarbeiter zu folgen, eröffnet die Möglichkeit, Ideologien, Menschenbilder und Werte transparent zu machen, sie breit zu diskutieren und ihre Relevanz für die Ausgestaltung von Personalentwicklung und Schulführung *innovativ* auszuloten. Die Offenheit gegenüber Impulsen aus Theorie und Praxis sowohl von Profit- als auch Non-Profit-Unternehmen ist eine Voraussetzung für einen fruchtbar geführten Prozess, der so erst in innovativen Ergebnissen münden kann.

Zur Unterstützung einer in diesem Sinn geführten Auseinandersetzung bieten darum die Fallbetrachtungen im vorliegenden Buch „subjektive" Blickwinkel aus Schulen und nicht gewinnorientierten Organisationen wie zum Beispiel Stiftungen auf das Thema Personalentwicklung an. Zur Sprache kommen die organisationalen Schwerpunktsetzungen, die den momentanen Stand in den Organisationen abbilden. Führungskräfte und Personen, die mit Personalentwicklung zu tun haben, reflektieren die Entwicklung der Mitarbeitenden in ihrem speziellen Kontext. Sie ermöglichen auf diese Weise eine Außensicht auf die Spannbreite der Verständnisse und der Inhalte von Personalentwicklung. Die Fallbetrachtungen sind somit Ansatzflächen, die dazu dienen, *Ausgestaltungsgrade* von Personalentwicklung zu erkennen und zu verstehen sowie die eigene Organisation und sich selbst in Beziehung zu setzen: Ausgestaltungsgrade von Personalentwicklung sind immer auch ein Spiegel der besonderen Kultur einer Organisation mit ihren jeweiligen, spezifischen Aspekten. So helfen die Fallbetrachtungen letztlich, die eigene Organisation „besser" und differenzierter zu betrachten und zu begreifen.

Am vorläufigen Ende eines solchen Prozesses steht idealerweise ein Konzept, das zum persönlichen Führungshandeln und zur eigenen Organisation passt. Das bedingt Klarheit und ein geteiltes Verständnis über den Ausgestaltungsgrad von Personalentwicklung in der Organisation, der die tatsächliche organisationale Realität wiedergibt. Nur so können die Maßnahmen auch ihre intendierte Wirkung entfalten. Das vorliegende Buch unterscheidet zur Identifikation drei Ausgestaltungsgrade: 1) Personalentwicklung auf der Grundlage einer bedarfsorientierter Bildung, 2) Personalentwicklung entlang der organisationalen Personalprozesse, 3) Personalentwicklung im Kontext der Entwicklung einer Organisation. Im Hintergrund dieser Unterscheidung liegen die in den theoretischen Grundlagen des vorliegenden Buches vorgestellten Modelle.

Die Grade von Personalentwicklung bilden den Bezugsrahmen für ein Konzept ab. Ein Konzept von Personalentwicklung ist ein Beitrag zur Systematisierung aller Entwicklungsbestrebungen in einer Organisation. Es gibt deutliche Hinweise, dass Systematik und Wirkung von Personalentwicklung positiv korrelieren. Empirische Forschungen belegen

zum Beispiel die Bedeutung der Planung und der konsequenten Umsetzung der Maßnahmen für den Erfolg. In der Führungsforschung konnten positive Zusammenhänge
zwischen *Struktur* und *Leistung der Gruppe/Führungskraft*[4] belegt werden. Es geht also
um ein Konzept, das Relevanz hat und die Arbeitsgrundlage allen Führungshandelns im
Kontext von Entwicklung in einer Organisation ist. Das bedingt, dass das Konzept selbst
immer wieder zum Gegenstand der Auseinandersetzung wird und Entwicklungsschritte
entsprechend abbildet.

   Zur Ausarbeitung eines solchen *organisationsrelevanten* Konzeptes stellt das Buch
eine Auswahl an Fragen vor, die entlang der jeweiligen Grade die Bestimmung der Inhalte
und Schwerpunkte ermöglichen und so das Ableiten entsprechender Maßnahmen unterstützen. Die Fragen sind dabei so gewählt, dass jene nachteiligen Effekte, wie sie in den
empirischen Untersuchungen zu den Reifegraden von Unternehmens- und Organisationsentwicklung beschrieben wurden, nicht zum Gegenstand werden. Darum sind die Ausgestaltungsgrade 1 bis 3 auch als abgeschlossene Einheiten zu verstehen. Diese Einheiten
können allerdings aus einer positiven Entwicklungssicht heraus ausgebaut werden und so
die organisationale Entwicklung abbilden.

Entsprechend richten sich die Fragen im vorliegenden Buch

- im Ausgestaltungsgrad 1 an die Schwerpunkte Ausbildung, Weiterbildung, Bildung,

- im Ausgestaltungsgrad 2 an die Schwerpunkte Arbeitsplatzgestaltung & -organisation,
  Gewinnung, Beurteilung, Förderung (als Aufgabe von Führung), Beratung, Trennung,
  Erfolgskontrolle & Transfersicherung,

- im Ausgestaltungsgrad 3 an die Schwerpunkte Kultur, Strategie, Struktur.

Die Ausgestaltungsgrade mit den jeweiligen Schwerpunktsetzungen bilden somit den Rahmen ab, innerhalb dessen alle Maßnahmen zur Entwicklung der Mitarbeitenden und letztlich der Organisation ansetzen. Damit einher geht die Verlagerung einer sogenannten *Mikro*-
Betrachtung von Personalentwicklung als *Katalog von Maßnahmen* hin zu einer *Meta*-Sicht
von Personalentwicklung, die zwingend erforderlich ist, um Personalentwicklung aktiv zur
Gestaltung der organisationalen Realität und des persönlichen Führungshandelns zu nutzen.

   Die Entwicklung von Mitarbeitenden adäquat unterstützen zu können, ist ein hoher
Anspruch an Führung. Er bedingt, wie eingangs erwähnt, die Fähigkeiten zu individualisieren und zu differenzieren. Die Haltung im Hintergrund ist klar und richtet den Blick
uneingeschränkt auf Potentiale und den Wert menschlicher Ressourcen.

   Hier sollten Schulen und der Non-Profit-Bereich ansetzen. Besonders in Schulen hat
Personalentwicklung keine *Tradition*. In weiten Bereichen hat sich darüber hinaus bis
heute kein spezifisches *pädagogisches* Führungsverständnis ausgebildet. *Lernen* und *Entwicklung* sind allerdings die tragenden Pfeiler des *Kerngeschäfts* von Schule. Alle Aktivitäten in einer Schule drehen sich um diese Achsen. Die Chance, ein innovatives und
eigenes Verständnis von Personalentwicklung und damit Schulführung aufzubauen, ist

---

[4] Vgl. Felfe (2009), S. 29.

entsprechend hoch. Das beinhaltet, von anderen Kontexten zu lernen und in die kontext-
gebundenen Erfahrungen zu integrieren, damit etwas Neues entstehen kann. Eine Schule
zu leiten bedeutet in diesem Sinn, Schule über die Unterrichtebene hinaus als Organisation zu begreifen, innerhalb derer alle Mitglieder lernen und sich entwickeln. Das aktive
Gestalten einer Schule und das bewusste Füllen von Personalentwicklung mit Inhalten ist
die Übersetzung auf die Handlungsebene und bedeutet, sich als Schulleitung Fragen zum
normativen Bezugsrahmen einer Schule, zum eigenen Führungsverständnis und -handeln
und zum Fördern *auf Augenhöhe* zu stellen, damit die Einzelschule als attraktiver Arbeits-
ort Wirkung entfalten kann – und so auch den Nachwuchs anspricht.

Der gegenwärtige gesellschaftliche und wirtschaftliche Kontext fordert letztlich sowohl
die Schule als auch den Non-Profit und den Profit-Bereich heraus, adäquate Lösungen für
die Personalarbeit zu finden. Dieses Buch soll darum einen Beitrag zur Diskussion leisten,
sich bewusst und gezielt mit dem Verständnis von Personalentwicklung auseinanderzusetzen. Diese Auseinandersetzung ist die Voraussetzung dafür, Personalentwicklung als
wirkungsvolles Konzept in einer Organisation auszugestalten. Dabei hilft der Blick in die
Historie und auf die unterschiedlichen Zugangsweisen, die das *Spannungsfeld* Personalentwicklung ausmachen. Im Fokus steht das *Was*, damit das *Wie* im spezifischen Kontext
der Organisation entwickelt und Wirkung entfalten kann.

Personalentwicklung bleibt weiterhin ein innovatives Aufgabengebiet, das auch in
Zukunft Pioniere herausfordern und vielfältige Resultate erzeugen wird. Der Spannungs-
bogen bleibt erhalten: Die Unterschiedlichkeit der Zugänge tragen ihren Teil zur weiteren
Entwicklung bei. Interessant bleibt weiterhin die Umsetzung.

Literaturverzeichnis

Argyris, Chris; A. Schön, Donald (1996). Die lernende Organisation. Grundlagen, Methode, Praxis.
    Stuttgart: Klett-Cotta.

Becker, Manfred (2013). Personalentwicklung. Bildung, Förderung und Organisationsentwicklung
    in Theorie und Praxis. 6. Auflage. Stuttgart: Schäffer-Poeschel Verlag.

Becker, Manfred (2009). Personalentwicklung. Bildung, Förderung und Organisationsentwicklung
    in Theorie und Praxis. 5. Auflage. Stuttgart: Schäffer-Poeschel Verlag.

Becker, Manfred et. al. (2002). Personalentwicklung in Theorie und Praxis. Forschungsstand und
    weiterführende Forschungsfragen. In: Becker, Manfred et al. (2002). Theorie und Praxis der Perso-
    nalentwicklung. Aktuelle Beiträge aus Wissenschaft und Praxis. München: Rainer Hampp Verlag.

Becker, Manfred (2011). Systematische Personalentwicklung. Planung, Steuerung und Kontrolle im
    Funktionszyklus. Stuttgart: Schäffer-Poeschel Verlag.

Becker, Manfred; Beck, Anja; Herz, Andrea (2009). Wandel aktiv bewältigen! Empirische Befunde
    und Gestaltungshinweise zur reifegradorientierten Unternehmensführung und Personalentwick-
    lung. Mering: Rainer Hampp Verlag.

Berthel, Jürgen; Becker, Fred G. (2010). Personal-Management. Grundzüge für Konzeptionen
    betrieblicher Personalarbeit. Stuttgart: Schäffer-Poeschel Verlag.

Bonsen, Martin (2011). Von der „failing" zur „turnaround" school. Was Schulleitungen aus der Forschung zu erfolgreicher Umsteuerung von Organisationen lernen können. In: Lernende Schule, 56/2011.

Buhren, Claus G.; Rolff, Hans-Günther (2009). Personalmanagement für die Schule. Ein Handbuch für Schulleitung und Kollegium. Weinheim, Basel: Beltz Verlag.

Day, Christopher; Gurr, David (2014). Leading Schools Successfully: Stories from the Field. London: Routledge.

DeRue, Scott D.; Ashford, Susan J. (2010). Who will lead and who will follow? A social process of leadership identity construction in organization. In: Academy of Management Review, Vol. 35, No. 4 (2010).

Dull, Matthew (2010). Leadership and Organizational Culture. Sustaining Dialogue between Practitioners and Scholars. In: Public Administration Review, November, December 2010.

Edinger, Maria (2009). Lebensphasenorientiertes Arbeiten und altersgerechte Karrieren unter dem Aspekt des betrieblichen Age-Managements. Hamburg: Diplomica® Verlag GmbH.

Erikson, Erik H. (1973). Identität und Lebenszyklus. Berlin: Suhrkamp Verlag.

Felfe, Jörg (2012). Arbeits- und Organisationspsychologie 1. Arbeitsgestaltung, Motivation und Gesundheit. Stuttgart: W. Kohlhammer.

Felfe, Jörg (2012). Arbeits- und Organisationspsychologie 2. Führung und Personalentwicklung. Stuttgart: W. Kohlhammer.

Felfe, Jörg (2005). Charisma, transformationale Führung und Commitment. Köln: Kölner Studienverlag.

Furtner, Marco R. (2010). Transformationales (Self-)Leadership: Self Leadership und Transformationale Führung. In: ZfKE, 58. Jahrgang, Heft 4 (2010).

Graf, Anita (2009). Wissen, wo die Mitarbeitenden stehen. In: Zölch, Martina; Mücke, Anja; Graf, Anita; Schilling, Axel (2009): Fit für den demographischen Wandel? Ergebnisse, Instrumente, Ansätze guter Praxis. Bern, Stuttgart, Wien: Haupt.

Graf, Anita (2002). Lebenszyklusorientierte Personalentwicklung. Ein Ansatz für die Erhaltung und Förderung von Leistungsfähigkeit und -bereitschaft während des gesamten betrieblichen Lebenszyklus. Bern, Stuttgart, Haupt: Paul Haupt Verlag.

Hasebrook, Joachim; Maurer, Maren (2009). zeb/-HR-Studie Kurzfassung 2009. Herausforderungen und Perspektiven deutscher, österreichischer und schweizerischer Kreditinstitute im Personalmanagement.

Hurrelmann, Klaus; Albrecht, Erik (2014). Die heimlichen Revolutionäre. Wie die Generation Y unsere Welt verändert. Weinheim, Basel: Beltz Verlag.

Jacobson, Stephen L.; Johansson, Olof; Christopher, Day (2011). Preparing School Leaders to Lead Organizational Learning and Capacity Building. In: Ylimaki, Rose M.; Jacobson, Stephen L. (Eds.) (2011): US and Cross-National Policies, Practices, and Preparation. Studies in Educational Leadership. Volume 12. Berlin: Springer.

Kämmer, Karla (2014). Personalentwicklung: Von wertschätzender Haltung zu wertschöpfender Entwicklung. Teams bilden und richtig führen. Erfolgsfaktor Mitarbeitermotivation. Soft Skills & Kompetenzen entwickeln. Hannover: Schlütersche Verlagsgesellschaft.

Kieser, Alfred; Walgenbach, Peter (2010). Organisation. Stuttgart: Schäffer-Poeschel Verlag.

Krause, Diana, E. (Hrsg.) (2013). Kreativität. Innovation und Entrepreneurship. Wiesbaden: Springer Gabler.

Krämer, Michael (2007). Grundlagen und Praxis der Personalentwicklung. Göttingen: Vandenhoeck & Rupprecht.

Knoch, Cornelia (2001). Lehren und Lernen in der Wirtschaft. Darstellung aktueller Trainingsmethoden und ihre Beurteilung im Spiegel einer empirischen Untersuchung. Münster, Hamburg, London: LIT Verlag.

Knoch, Cornelia (2014). Werte in der Personalentwicklung einer Schule. In: Pädagogische Führung, 25. Jahrgang, März 2014.

König, Johannes (2012). Teachers' Pedagogical Beliefs. Definition and Operationalisation. Connections to Knowledge and Performance – Development and Change. Münster, New York, München, Berlin: Waxmann Verlag.

Lindenbaum, Dirk; Cartwright, Susan (2010). A Critical Examination of the Relationship between Emotional Intelligence and Transformational Leadership. In: Journal of Management Studies, 47:7 November 2010.

Ling, Yan; Lubatkin, Michael H.; Simsek, Zeki, Veiga, John F. (2008). The Impact of Transformational CEOs on the Performance of Small- to Medium-Sized Firms: Does Organizational Context Matter? In: Journal of Applied Psychology, Vol. 93, No. 4.

Mudra, Peter (2004). Personalentwicklung. Integrative Gestaltung betrieblicher Lern- und Veränderungsprozesse. München: Verlag Vahlen.

Meifert, Matthias T. (Hrsg.) (2013). Strategische Personalentwicklung: Ein Programm in acht Etappen. Wiesbaden: Springer Gabler.

Meier, Harald (1991). Personalentwicklung: Konzept, Leitfaden und Checklisten für Klein- und Mittelbetriebe. Wiesbaden: Gabler Verlag.

Mentzel, Wolfgang (2005). Personalentwicklung. Erfolgreich motivieren, fördern und weiterbilden. München: Deutscher Taschenbuch.

Negri, Christoph (Hrsg.) (2010). Angewandte Psychologie für die Personalentwicklung. Konzepte und Methoden für Bildungsmanagement, betriebliche Aus- und Weiterbildung. Berlin, Heidelberg: Springer.

Peterke, Jürgen (2006). Handbuch Personalentwicklung. Berlin: Cornelsen Verlag.

Rolff, Hans-Günter (2007). Studien zu einer Theorie der Schulentwicklung. Weinheim, Basel: Beltz Verlag.

Rolff, Hans-Günter (2013). Schulentwicklung kompakt. Modelle, Instrumente, Perspektiven. Weinheim: Beltz Verlag.

Rump, Jutta; Völker, Rainer (2007). Employability in der Unternehmenspraxis: Eine empirische Analyse zur Situation in Deutschland und ihre Implikationen. Heidelberg: Physica-Verlag.

Sanders, Karin; Kianty, Andrea (2006). Organisationstheorien. Eine Einführung. Wiesbaden: VS Verlag für Sozialwissenschaften.

Sattelberger, Thomas (1989). Innovative Personalentwicklung. Grundlagen, Konzepte, Erfahrungen. Wiesbaden: Gabler Verlag.

Sattelberger, Thomas; Weiss, Reinhold (Hrsg.) (1999). Human Kapital schafft Shareholder Value – Personalpolitik in wissensbasierten Unternehmen. Köln: Deutscher Instituts-Verlag.

Sattelberger, Thomas (Hrsg.). Handbuch der Personalberatung. Realität und Mythos einer Profession. München: C. H. Beck.

Schreyögg, Gerd (2008). Organisation. Grundlagen moderner Organisationsgestaltung. Mit Fallstudien. Wiesbaden: Gabler GWV Fachverlage GmbH.

Schmidt-Brücken, Burkhard (1996). Benchmarking & Personal. Prozessoptimierung als Voraussetzung für Qualitätssteigerung in der betrieblichen Weiterbildung. Betriebswirtschaft und Personal, Band 1. Hamburg: Schöppe.

Sonntag, Karlheinz (Hrsg.) (2009). Personalentwicklung in Organisationen. Göttingen, Bern, Wien, Toronto, Seattle, Oxford, Prag: Hogrefe.

Straubhaar, Thomas (1997). Auf dem Weg in die Wissensgesellschaft des 21. Jahrhunderts (Mikro- und makroökonomische Aspekte). In: Die Volkswirtschaft, Jg. 70 (1997).

Thom, Norbert; Zaugg, Norbert J. (2009). Moderne Personalentwicklung. Mitarbeiterpotenziale Erkennen, Entwickeln und Fördern. Wiesbaden: Springer Gabler.

Trost, Armin; Jenewein, Thomas (2011). Personalentwicklung 2.0. Lernen, Wissensaustausch und Talentförderung der nächsten Generation. Köln: Luchterhand / Wolters Kluwer Deutschland GmbH.

Wegerich, Christine (2007). Strategische Personalentwicklung in der Praxis. Weinheim: WILEY-VCH Verlag.

Wunderer, Rolf (2006). Führung und Zusammenarbeit. 6., überarbeitete Auflage. München: Luchterhand.

Wunderer, Rolf (2011). Führung und Zusammenarbeit. 9., überarbeitete Auflage. München: Luchterhand.

Hasebrook, Joachim; Maurer, Maren (2009). zeb/-HR-Studie Kurzfassung 2009. Herausforderungen und Perspektiven deutscher, österreichischer und schweizerischer Kreditinstitute im Personalmanagement.

Zölch, Martina; Mücke, Anja; Graf, Anita; Schilling, Axel (2009). Fit für den demographischen Wandel? Ergebnisse, Instrumente, Ansätze guter Praxis. Bern, Stuttgart, Wien: Haupt Verlag.

The manufacturer's authorised representative in the EU is Springer
Nature Customer Service Centre GmbH, Europaplatz 3, 69115 Heidelberg,
Germany. If you have any concerns regarding our products, please
contact ProductSafety@springernature.com

Printed and bound by CPI Group (UK) Ltd, Croydon, CR0 4YY
27/04/2026
02097638-0004